Understanding Statistical Survey by Example

사례를 활용한

# 통계조사의 이해

허명회
강현철
한상태
지음

자유아카데미

# 머리말

우리사회에 대한 과학적 연구과정에서 통계조사에 대한 필요성은 누구나 느낀다. 그러나 통계조사를 실제로 해보고자 할 때 이를 쉽게 안내해 주는 책은 별로 없다. 실제로 통계학 전공 학부 및 대학원 교육에서 표본추출론(sampling theory)과 통계적 자료분석(statistical data analysis)은 잘 다루어져 왔으나, 조사방법론(survey methodology)에 관해서는 소홀하게 다루어져 왔다. 이 책은 통계조사의 계획에서부터 분석 및 보고서 작성에 이르기까지를 일목요연하게 설명하고자 하였다. 따라서 독자들은 이 책을 통해 통계조사의 전 과정에 대한 체계적 학습을 경험할 수 있을 것이다.

이 책은 한 학기 학부 강의의 교재로 사용할 수 있을 정도의 내용을 담으려고 하였으며, 기존에 출간되었던 다음 책들

- 허명회 (2011). ≪통계조사의 길잡이≫, 자유아카데미.
- 허명회 (2010). ≪조사방법론 강의≫, 자유아카데미.
- 허명회 (2010). ≪SPSS 설문지 조사방법: 기본과 활용≫, 한나래아카데미.

의 내용을 종합하여 한 권의 책으로 묶은 것이다. 또한 몇 가지 조사 및 분석 사례들과 사회과학 분야의 조사방법론에서 다루는 주요 용어들에 대한 설명을 추가하였다.

이 책의 제1장은 조사에 대한 개론으로서 학습동기를 부여하고자 하였다. 제2장에서는 조사 설계 단계에서 고려해야 할 사항들을 설명하였다. 제3장에서는 면대면조사, 우편조사, 전화조사 등 전통적인 조사방식들을 포함하여 웹조사, FGI, 공론조사, 패널조사 등을 다루었다. 제4장에서는 표본추출 방법을 다루었는데 확률적 표본추출에 국한하지 않았다. 제5장에서는 설문지를 측정의 도구로 다루었고, 제6장에서는 측정의 타당도 및 신뢰도에 관한 개념을 설명하였다. 제7장에서는 조사 진행 단계에서 고려해야 할 사항들을 설명하였고, 제8장에서는 무응답에 대한 대처 및 한계를 논의하였다. 제9장에서는 자료의 입력 및 조사결과의 보고와 관련된 사항들을 다루었다.

각 장의 부록에는 보다 심화적인 사항들을 수록하였는데, 일부 독자들에게는 이 내용이 유용하게 사용될 수 있을 것이다. 또한 조사방법론에서 필수적인 용어에 대한 간단한 설명을 관련된 본문의 참조와 부록을 통해 제공하였다. 그리고 독자들의 학습을 위해 이 책에서 사용된 데이터들을 출판사의 홈페이지를 통해서 제공하고 있으며(자유아카데미, http://www.freeaca.com), 이 책을 가지고 강의하시는 분들을 위해 별도로 강의자료를

제공하고 있다(출판사에 문의 바람).

이 책은 통계조사를 수행하고자 하는 모든 독자들을 대상으로 한다. 따라서 통계학을 공부하고자 하는 학생뿐만 아니라 사회과학적·계량적 접근을 하는 모든 분야의 연구자들에게 유용할 것으로 믿는다. 또한 사회조사분석사 시험을 대비하기 위한 학습서로서도 가치가 있을 것으로 생각한다.

2015년 10월, 저자들

# 차 례

# 제 1 장
# 조사란 무엇인가?

이 장은 서론에 해당되는 내용을 담고 있다. 조사(survey)의 기원은 인류 문명의 역사와 거의 같지만 조사의 과학화는 불과 100년 남짓하다. 여기서 조사의 과학화라고 함은 수리적 이론의 뒷받침, 그 과정의 객관성과 재현성 등을 칭한다. '비과학적조사'는 의외로 현재에도 빈번하다. 불투명한 과정, 주관적 판단, 체계적 검증의 부재를 틈타 일과적 사이비 조사가 사회 정보로 유통되는 것이다. 과학적 조사와 비과학적 조사를 구별해내는 식견이 요구된다.

## 1.1 조사란 무엇인가?

조사(調査, survey)는 모집단(population)에서 표본(sample)을 취하고 설문지(questionnaire)와 같은 구조화된 서식을 통하여 표본 개체(個體, unit; 응답자, respondent)들에 관한 물리적 사실 또는 그들의 심리적 태도를 측정하는 정보수집 방법이다. 조사의 진정한 가치는 정확한 통계적 정보를 생산해내는 데 있다. '통계적 정보', '정확한 통계적 정보', '조사'의 말뜻은 다음과 같다.

- 통계적 정보(statistical information)는 정보가 개인(individual)에 대한 것이 아니라 집단(group)에 대한 것이라는 의미다. 통계청에서 수행하는 調査(survey)는 통계적 정보를 만드는 데 목표가 있지만, 경찰청이나 국세청에서 수행하는 調査(investigation)는 개인 정보를 만들어 내는 데 목표가 있다. 두 조사는 한자로는 같지만 의미는 많이 다르다.
- 정확한 통계적 정보(accurate statistical information)는 참값과의 차이, 즉 오차가 가급적 작은 통계적 정보를 말한다.
- 조사(調査, survey)는 정량적 자료를 수집하고 이를 통계적으로 정보화하는 체계적인 방법이다.

조사에 대한 구체적인 설명을 하기 전에 조사가 가지는 일반적인 몇 가지 특징을 우선 나열하면 다음과 같다.

- 대다수의 조사에서 표본은 모집단의 일부분이지만 센서스(census, 총조사)에서는 모집단과 표본이 동일하다(참조: http://www.census.go.kr).
- 조사는 구조화된 서식(structured form)을 사용한다. 이는 사전에 정의된 개념에 대한 측정을 의미한다. 상호대화적, 임기응변적, 조사자의 주관적 추측에 의한 정보수집은 허용되지 않는다. 설문지는 종이(paper)라기보다는 도구(instrument)이다.
- 조사 항목은 물리적 사실(physical fact) 또는 심리적 태도(psycholocial attitude)의 측정이다. 개별적 예견들을 종합하여 사실화하고자 하지 않는다.

⟨모집단과 표본⟩

- 모집단(母集團, population): 관심 대상이 되는 모든 가능한 자료값들의 집합.
- 표본(標本, sample): 조사를 위해 모집단에서 추출된 실제 관측값들의 집합.
- 모수(母數, parameter): 모집단의 특성을 나타내는 상수값. 모평균($\mu$), 모분산($\sigma^2$), 모비율($p$) 등.
- 통계량(統計量, statistic): 표본의 정보를 양적으로 축약하여 얻은 표본의 함수값. 표본평균($\bar{x}$), 표본분산($s^2$), 표본비율($\hat{p}$) 등.

조사(survey) 또는 조사연구(survey research)는 정량적 자료(quantitative data)로부터 통계적 정보를 만드는 일련의 체계적 과정(systematic process)임을 다시 강조하고 싶다.

- 수집자료가 정량적이어야 조사라고 한다. 정량적 자료를 수집하기 위해 조사연구자는 흔히 구조화된 조사표(질문지, questionnaire)를 쓴다. 정성적 연구(qualitative research)도 훌륭한 학문적 탐구 방법이지만 조사연구의 범주에 속하지 않는다.
- 조사는 전체를 아우르는 데 있어 치우침이 없고 체계적인 방식으로 작업이 되어야 한다. 특정 부분을 선호하거나 기피한다면, 또는 상황에 맞추어 임기응변(臨機應變, adaptation to circumstances)적으로 작업이 진행된다면, 그것은 제대로 된 조사가 아니다. 때문에 조사는 감정과 융통성이 배제된 냉랭하고 딱딱한 방법이라고 말할 수 있다.

통계적 정보를 생산하기 위한 좋은 조사가 가져야 하는 기본적인 요소로서 다음의 두 가지를 생각할 수 있다.

- 대표적 표본(representative sample): 조사가 전체 집단의 일부를 선택하여 조사하는 경우 선택된 일부(표본, sample)는 전체를 대표할 수 있어야 한다. 모든 개체를 조사하는 센서스(census)의 경우에도 누락과 중복이 없어야 조사의 대표성이 확보된다.
- 양질의 측정(qualitative measurement): 개체(응답자)로부터 얻는 자료값이 타당하고 신뢰할 수 있어야 한다. 측정의 관점에서 최선의 질문지가 마련되어야 한다.

<사례 1.1> 대표성을 가지지 못한 선거여론조사 [1]

2004년 4월의 국회의원 총선거를 앞둔 시점에서 발생한 하나의 에피소드를 살펴보도록 하자.

Y당은 국민참여의 정치를 내세우면서 2004년 선거에서 지역구 후보 지명에 여론조사를 활용하기로 하였다. 서울 강서을의 경우 현역의원인 K씨와 구청장 출신의 R씨가 Y

[1] 한겨레신문(2004/02/09, 02/14)과 매일경제(2004/02/16)의 보도기사로부터 재구성하였다.

당의 지명을 놓고 경합하였다. 한 민간단체 회원을 중심으로 구성된 60여명의 집행부가 약 33,000여 통의 전화를 걸어, 자당을 지지하는 유권자 또는 아무 정당도 지지하지 않는 유권자 995명에게 2월 8일 공항웨딩홀에 나와 선거인단이 되어줄 것을 요청하였다. 그 중에서 310명이 경선장에 나와 후보자의 연설을 들었고 선호투표를 하였다. 그 결과 R씨가 123표, K씨가 110표를 얻었고 이에 따라 R씨가 승자가 되었다.

이 날 투표한 310명의 강서을 선거인단에는 R씨 본인과 배우자, 그리고 아들이 포함되어 있었다. 이에 대하여 R씨는 나는 내 사무실에서 아내는 집에서 각각 전화를 받아 선거인단이 되었고, 40대 이하 선거인단이 모자라자 당의 집행부에서 전체적으로 전화를 다시 돌리면서 집에 두번째 전화가 걸려와 아들이 등록되었다고 설명했다. R씨 가족 외에, 1가구에서 2명 이상이 선거인단에 뽑힌 경우가 10가구(20명)나 되었다. 또 R씨가 산다는 아파트 주민 30여 명이 한꺼번에 선거인단에 포함됐던 것으로 알려졌다. 경선을 관리했던 W씨는 60여 명의 면접원들이 강서을 전체 7만여 선의 전화를 오전 10시부터 밤 9시까지 돌렸는데, 전화를 받지않는 경우가 대부분이어서 R씨와 그의 가족이 전화를 받으려고 기다렸다면 받을 확률이 대단히 높았을 것이라고 말했다.

이와 같은 Y당의 강서을 경선 '조사'는 R씨에 유리하게, K씨에 불리하게 되었으니까 뭔가 문제가 있었던 것처럼 보인다.

Y당 강서을 경선조사가 조사의 기본 요소를 충족시켰는지를 대략적으로 검토해보면, 크지 않은 표본인데도 한 가족의 여러 명이 포함되도록 허용한 점이라든가 눈 빠지게 기다리는 사람들이 결국 표본에 들어올 수 있었다는 점 등에서, 이 조사가 '표본의 대표성'에 적지 않은 문제가 있었다고 하지 않을 수 없다. 조사가 체계적으로 기획되고 진행되었다면 이런 치우침이 생기지 않았을 것이다. 또한 자당의 지지자뿐만 아니라 아무 당도 지지하지 않는 소위 '무당파'들에게도 자당의 후보에 대한 의견을 물어 반영하였다는 것은 중요한 측정상 문제라고 아니할 수 없다. 한 정당에서 국회의원 후보를 내면서 실제로 대다수인 '무당파'의 의견을 따르는 것은 정당제도의 근간을 스스로 흔드는 일이 아니겠는가?

그러면 어떻게 했어야 할까? 이 책에서 이런 것에 대하여 생각해 보게 될 것이다.

---

## 1.2 조사의 목적

통계조사는 왜 하는가? 통계조사를 표집조사(標集調査; sampling survey)와 같은 의미로 사용하고, 전수조사(census; 총조사)나 사례조사(case study) 등을 이에 대한 대안으로 취급하겠다. 영어의 'sampling'을 통계학계에서는 '표본추출'이라고 하고 사회과학 분야에서는 주로 '표집'이라고 하는데, 이 책에서는 두 용어를 혼용하여 쓰게 될 것이다. 결론부터 말하자면 어떤 광범위한 대상집단(모집단)에서의 특정 정보를 과학적인 방법으로 알아내기 위하여 통계조사를 한다고 말할 수 있다.

만약 대상집단이 광범위하지 않다면 굳이 통계조사를 할 필요가 없을 것이다. 예컨대, 우리가 필요로 하는 정보가 기업 A, B, C에 관하여라면 이들 세 기업 모두를 방문하던가 하여 자료를 수집하는 것이 좋을 것이다. 그러나 기업 A, B, C가 속해 있는 산업체 군에 관한 전반적인 실태조사라면 이야기가 달라진다. 관심업체 군에 모두 1,995개의 회사가 속해 있다면 어떻게 할 것인가? 우리의 인력과 예산 및 시간이 모든 회사들을 방문조사할 만큼 충분히 크고 그럴만한 가치가 있다면 몰라도 대부분의 경우 굳이 전수조사까지 할 필요는 없을 것이다.

한편으로, 상당수의 회사가 속한 산업체 군에 관한 실태조사라고 하더라도 꼭 표본추출에 의한 조사방법만이 유용하다고는 할 수 없다. 신문이나 TV 등 언론매체에서 잘하는 수법인 르포 형식의 실태조사도 훌륭한 조사방법의 하나이다. 이런 방법은 일종의 사례조사(또는 사례연구)라고 할 수 있을 터인데, 무엇보다도 뛰어난 현장성(現場性)과 적시성(適時性)이 장점이다.

그러나 몇몇 사례를 통해본 경험은 흔히 일부에 편중되기 쉽다. 한쪽에 치우친 정보는 일목요연하게 논리를 전개하거나 그럴듯한 결론을 끌어내는 데 이득이 되겠지만, 일견 그럴듯한 결론이 꼭 옳은 결론이 아닌 것이 문제이다. 따라서, 좀 더 신중한 정보가 필요한 경우 통계조사를 생각하게 되는 것이다. 확률표집(probabilistic sampling)에 의한 통계조사는 20세기초 이후 이 방면에서 최선의 과학적인 방법으로 자리 잡았다.

<사례 1.2> 편향된 여론조사 [2]

통계조사가 만능인 것은 아니다. 통계조사 또한 비슷한 오류를 범할 수 있는데 다음의 실례를 보도록 하자.

제14대 총선(1992년 3월)을 앞두고, 서울에서 발행되는 큰 신문들이 본격적인 여론조사를 통해 투표율을 예측했었는데, 그 가운데 크게 빗나간 것들이 있었다. 투표를 10여일 앞두고 실시된 조사에서 갑, 을, 병 신문이 예상한 투표율은 각각 71%, 86%, 88%였다. 그러나 실제 투표율은 71%였다. 갑 신문은 "꼭 할 것이다"(71.2%)와 "아마 할 것 같다"(12.3%) 중에서 "꼭 할 것이다"만으로 예측을 했고, 을 신문은 "반드시 하겠다"(68.6%)와 "아마 할 것이다"(17.4%)를 합쳐서 예측을 했고, 병 신문은 응답항목이 구분이 안된 채 "할 것이다"(88.0%)를 가지고 예측을 했다. 결국 갑 신문만이 예측을 제대로 한 것이 된다. ··· (중략) ····. 갑, 을, 병 신문 모두가 표집오차를 ±3~4%로 밝히고 있는데, 위의 예상

[2]오인환 (1992). ≪사회조사방법론: 오차요인 집중연구≫, p. 20-21.

투표율들은 표집오차를 감안하더라도 실제 투표율과의 사이에 상당히 큰 차이를 보이고 있다.

이 예는 우리말의 '아마'가 갖는 모호성에 대하여 우리들의 경각심을 불러 일으킨다. 이것은 이러한 조사상황에서의 '아마'가 긍정이냐, 부정이냐에 대한 판단이 어떤 류의 정량화에 선행하여 중요함을 의미한다. 또한 이 현상은 사회적 요망성 편향(social desirability bias), 즉 응답자가 사회적으로 바람직한 쪽으로 쏠리는 편향(偏向, bias)이 있음을 말해준다. 한 마디로, 실제 통계조사에서 표집오차 못지 않게 비표집오차가 중요하다는 것을 말하는 것이다.

---

조사를 하는 목적은 앞서도 설명했듯이 정량적 정보(quantitative information)를 체계적으로 수집하기 위해서이다. 현대사회에서 정보는 지식(knowledge)의 원천이 된다. 다음과 같이 조사의 목적을 구분할 수 있다. 이들은 상호배반적이지 않다. 조사의 대부분은 다목적(多目的, multipurpose)이다.

- 기술(description): 사람들이 어떻게 생각하는가?(태도, attitude), 사람들이 무엇을 하는가?(행동, action) 등을 기술(記述)한다.
- 설명(explanation): 변수 간 상관관계 또는 인과관계, 즉 무엇($X$)이 무엇($Y$)에 영향을 주는가? 등을 설명한다.
- 평가(evaluation): 시점 간 변화의 파악, 캠페인 또는 정책의 효과 등을 정량적으로 측정한다.
- 예측(prediction): 향후 관심변수 $Y$가 어떻게 될 것인가? 선거예측을 비롯, 구매율, 시장점유율 등에 대한 예상값을 산출해낸다.

<참조> 과학적 연구(scientific research)

과학적 연구는 원리적이고 체계를 세워서 수행하는 연구로서 경험과 측정에 근거한 증거를 사용하여 현상의 원리를 밝히는 과정이다. 과학적 연구의 목적은 규칙의 일반화, 인과관계의 규명, 예측과 통제 등이다.

과학적 연구는 경험적인 진리를 추구하며(경험성), 어떠한 연구자도 혼동이 없이 재현될 수 있도록(재생가능성), 각 단계를 구체적으로 제시하여야 한다(체계성). 또한 다른 다수의 연구를 통해 그 결과가 같음을 검증받아야 하며(간주관성, 상호주관성), 설명에 편견이 개입하는 것을 줄이기 위해 가능한 객관적이고자 한다(객관성). 그리고 과학적 연구에 의한 지식은 확고부동한 것이 아니며 언제나 반증될 가능성이 있다(변화가능성).

---

## 1.3 조사의 절차

조사는 자료를 수집하고 통계적 정보를 생산하는 체계적 과정이며, 다음과 같은 일련의 과정으로 엮어지는 일종의 프로젝트(project)이다.

### 1.3.1 조사의 단계

조사는 일반적으로 다음과 같은 단계를 거쳐 진행된다. 조사의 총체적 품질은 가장 취약한 단계의 것으로 정해지므로, 조사의 각 단계에서 질 확보(quality assurance)를 위한 효율적 관리가 필요하다.

(1) 정의(definition): 연구주제의 선정 등 문제를 정립하고, 조사의 목적 및 주요 항목과 모집단 등을 정의한다. 또한 (작업)가설을 설정한다.
(2) 조사방식(survey mode): 면대면 조사, 전화조사, 우편조사, 웹 조사 등 조사방식을 결정한다.
(3) 표본추출(sampling): 단순임의추출, 계통추출, 층화추출, 집락추출, 층화집락추출 등에 의한 표본추출을 수행한다.
(4) 설문지(questionnaire): 조사하려는 요소들에 대한 개념적·조작적 정의를 수행하고, 조사항목의 구조화를 실시한다. 설문지는 측정도구이다.
(5) 사전 테스트(pre-testing)와 예비조사(pilot survey): 설문지와 자료수집에 대한 사전적 검토를 진행한다.
(6) 자료수집(data collection): 정해진 조사방식에 따른 실사(實査, field work)를 통해 자료를 수집한다.
(7) 자료 코딩, 편집과 정리(data coding, editing, cleaning): 수집된 자료를 분석에 투입하기 위한 사전 작업으로 자료를 정리한다.
(8) 자료분석(data analysis): 자료의 요약 및 탐색과 통계분석 및 모형화 등을 통해 자료를 분석한다.
(9) 보고서 작성과 프리젠테이션(report writing and presentation): 분석된 결과들을 바탕으로 보고서를 작성한다.
(10) 검토(review): 다음 조사를 위해 문제점 및 개선방안 등을 검토한다.

### 1.3.2 조사에서 고려해야 할 요소

조사의 대상과 규모, 항목, 조사방식 등을 결정하는 데 있어 고려해야 하는 요소들은 다음과 같다.

- 정보(information): 무엇을 왜 알고자 하는가? 조사항목을 정한다.
- 모집단(population): 자료수집 범위를 어디까지로 하는가?
- 비용(cost): 조사에는 비용이 수반된다. 예산은 얼마인가?
- 시간(time): 정보는 시간 종속적이다. 일정 시점까지 정보를 획득하여야 한다.

한편, 통계청의 통계품질진단 매뉴얼은 조사의 설계 및 각 단계에서 품질의 확보를 위한 좋은 가이드를 제공하고 있으며, 다음과 같은 6가지 차원으로 공식통계에 대한 통계품질(statistics quality)을 정의하고 있다.[3]

- 관련성(relevance): 이용자 관점에 초점을 둔 측면으로 통계자료가 포괄범위와 개념, 내용 등에 있어서 이용자 요구사항을 충족하는 정도를 말한다. 즉, 통계이용자에게 얼마나 의미 있고 유용한 통계를 작성하여 제공하고 있는가와 관련된 개념이다.
- 정확성(accuracy): 측정하고자 하는 모집단의 특성이나 크기를 얼마나 근사하게 측정했는가를 말한다. 대부분의 통계는 알 수 없는 참값을 추정하게 되는데, 정확성은 미지의 참값과 추정된 값과의 근접성에 관한 개념이다. 따라서 참값과 추정된 값의 차이인 오차가 작을수록 정확성이 높은 통계가 된다.
- 시의성/정시성(timeliness/punctuality): 통계의 시의성은 작성기준시점과 결과발표시점 간의 차이를 나타내는 통계의 현실 반영도와 관련된 개념이고, 정시성은 예고된 공표시기를 정확히 준수하는가에 대한 개념이다.
- 비교성(comparability): 시간 또는 공간이 달라도 통계 자료가 동일한 개념, 분류, 측정도구, 측정과정 및 기초자료 등을 기준으로 집계되어 서로 비교가 가능한지를 나타낸다.
- 일관성(coherence): 동일한 경제·사회현상에 대해 서로 다른 기초 자료나 작성방법에 의해 작성된 통계자료들이 얼마나 유사한 결과를 보이는가를 나타낸다.
- 접근성/명확성(accessibility/clarity): 접근성은 이용자가 통계자료에 얼마나 쉽게 접근할 수 있는지에 대한 정도를 말하며, 명확성은 통계가 어떻게 만들어졌는지에 대한 정보제공 수준을 말한다.

## 1.4 조사 환경과 규범

사회(社會, society)는 살아 움직이는 유기체이다. 한 사회는 구성원과 함께 끊임없이 변화한다. 이에 따라 한 시기에서 잘 통하던 조사방법과 규범이 다른 시기에서는 큰 오류를 낼 수 있다.

[3] http://kostat.go.kr/quality

### 1.4.1 조사 환경의 변화

일본에서 쇼군이 통치하던 막부 시절에는 수확량 조사에 응하지 않거나 부실한 응답을 하는 경우 사무라이 조사원이 농민 응답자를 즉결 처형하였다. 요즘은 어떤가? 국가 공무원인 통계청 조사원조차도 타워나 캐슬 등의 이름이 붙은 고급 주거단지에는 접근이 어렵다고 한다. 면접원이 설혹 접근한다고 하더라도 문전박대가 예사여서 실제 조사가 어렵다고 한다.

조사환경의 측면에서 1인 가구의 증가, 맞벌이 부부의 증가와 개인주의 성향 등이 현대사회의 주요한 특성이다. 예전에는 1인 가구가 매우 특이한 경우였지만, 우리나라에서도 2005년 기준 1인 가구의 비율이 20%를 넘어섰다(2010년 인구주택총조사 기준 23.9%). 그리고 예전에는 여성은 결혼 후 대개 집에서 살림을 하였지만, 요즘은 많은 여성이 결혼 후에도 직장에 다닌다. 당연히 평일 낮에는 아무도 집에 있지 않다. 가구방문 면접이 어렵고 전화로도 통화가 어렵다.

개인주의화는 사생활권(私生活權, privacy)의 가치와 기밀보호(機密保護, confidentiality)의 필요성이 제고되는 결과를 낳았고, 이에 따라 사회 구성원들이 각종 통계조사를 경계하게 되었습다. 이제는 일반인이라도 자기와 직접적 관련이 없고 자기에게 구체적 이득이 없는 사회조사를 위해 자신의 개인시간을 5분조차 소비하길 싫어한다. 개인의 의견을 드러내는 것이 개인정보를 노출시키는 것으로 혼동되기도 한다. 통계조사를 위장한 전화마케팅(telemarketing)이 그런 혼란을 야기시켰다.

통계조사자에게 현대사회의 이러한 추이는 조사 여건의 악화를 의미한다. 예전과 같이 가구방문을 하여 응답을 받는다는 것이 정말 쉽지 않게 되었다. 전화를 해도 부재 중 비율이 60%를 넘고, 통화가 된다고 해도 "이런저런 통계조사를 하는데요"하는 순간 수신자의 50% 이상이 전화를 끊는다.

그럼에도 불구하고 현대사회에서 통계조사의 가치는 더욱 커지고 있다. 현대사회의 복잡성(complexity)은 더욱 사회적 정보의 필요성을 증가시킨다. 국가 및 기관과 기업에서 더 많은 사회적 정보를 요청하고 있다. 시간과 비용이 들더라도 무엇을 알고 나서 일을 하는 것이 모르는 상태에서 일을 하는 것보다 훨씬 낫기 때문이다. 이처럼 사회적 정보가 갖는 부가적 가치는 지속적으로 상승하고 있다.

어려운 여건에서 좋은 정보를 만들기 위해서는 조사 방법론의 개선과 변화가 요구된다. 과거에는 좋은 방법론이었다고 하더라도 현재와 미래에서는 그렇지 않을 수 있다. 변화하는 사회에 맞추어 방법론이 따라 변하지 않으면 안 된다. 이를 위해 방법론적 연구가 필요하다.

### 1.4.2 조사 윤리와 규범

한편으로 통계조사자가 지켜야 할 윤리적, 직업적 규범이 있다. 중요한 것 두 가지를 든다면 하나는 조사대상자에 대한 책임이고 다른 하나는 조사결과의 공표 시 의무이다. 법적 의무도 있다. 우리나라 통계법 제33조는 다음과 같이 조사자에게 비밀보호의 의무를 지우고 있다.[4]

(1) 통계작성과정에서 알려진 사항으로서 개인 또는 법인이나 단체의 비밀에 속하는 사항은 보호되어야 한다.
(2) 통계의 작성을 위하여 수집된 개인이나 법인 또는 단체 등의 비밀에 속하는 자료는 통계작성 외의 목적으로 사용되어서는 아니 된다.

조사자가 지켜야할 윤리적 규범으로 다음과 같은 사항을 들 수 있다(한국조사연구학회 조사윤리강령 제 6조).[5]

(1) 조사자는 조사대상자에게 응답을 강요하지 않고 기만하는 행위를 하지 않으며 모욕하여 수치심을 유발하는 수단과 방법을 사용하지 않는다.
(2) 조사자는 조사대상자의 사생활을 존중하고 익명성을 보장해 주어야 한다.
(3) 조사자는 조사대상자가 자유의사로 조사를 거절하거나 도중에 중단할 수 있는 권리를 존중한다.
(4) 조사자는 연구를 가장해서 판매나 정치적 선거운동과 같은 다른 행위를 하거나 자신들의 연구를 거짓으로 기술해서는 안 된다.
(5) 조사자는 적법한 절차에 의한 조사결과를 사용할 때도 조사대상자의 비밀을 보호하는 윤리적 의무를 준수해야 한다.

예컨대, 선거에서 조사를 가장하여 선거구내 개별 가구들의 지지정당 정보를 얻어내어 특정 정당을 위해 활용한다면 이는 조사윤리 강령을 위반하는 일이 된다.

조사자는 각자 나름대로 보호받고 싶은 노하우(know-how)와 정보가 있을 수 있으나, 자료 사용자를 위하여 조사방법이나 조사결과를 보고함에 있어 다음 사항을 정확하게 밝혀야 할 의무가 있다(한국조사연구학회 조사윤리강령 제8조). – 조사자, 조사의뢰자, 조사목적, 조사시기, 조사장소, 모집단과 표집틀, 표본크기 및 산정방법, 표집방법, 조사방법(면접조사, 전화조사, 우편조사, 인터넷조사 등), 설문지(질문내용), 재통화·재방문·재발송

[4]국가법령정보센터, http://www.law.go.kr

[5]http://www.kasr.org

횟수, 표본대체 규칙, 응답률, 표집오차, 가중치 부여 방식, 기타 조사 및 분석 절차에 관한 사항.[6]

조사자에게 이렇게 많은 사항들을 밝혀야 할 의무를 지우는 이유는 간혹 불순한 의도에 의하여 편향된 통계적 정보를 흘리는 사람들이 있기 때문이다. 일정한 수준이 안되는 통계적 정보가 사회에 유통되는 것을 막기 위해서는 위와 같은 규제가 필요하지만, 실제로 위의 사항들이 모두 공표되는 조사는 드물다.

앞의 16개 사항 중 일부를 현실에 적용하면 다음과 같다. 대부분의 우리나라 전화조사에서는 응답률이 20%를 넘지 않는다. 많이 개선되었지만 아직도 많은 전화조사 결과들이 응답률 없이 공표되는데 이는 조사윤리 강령을 위반하는 일이다. 조사표본을 균형화하기 위하여 가중치를 써서 조사결과를 보정하는 경우엔 가중치 부여 사실을 밝혀야 한다. 조사표본이 모집단과 차이를 보여 가중치로써 조사결과를 보정해야 할 상황에서 그렇게 하지 않았다면 그 이유와 사실을 밝혀야 한다.

조사자에게 앞의 모든 사항들을 공표하라는 또 하나의 이유는 그런 정보가 있어야 조사결과의 품질(quality)을 가늠할 수 있기 때문이다. 같은 숫자라도 품질에 차이가 있을 수 있다. 그렇다면 앞의 16개 사항들이 자료의 질을 평가하는데 왜 중요할까? 이 책을 통해 그 이유를 알 수 있을 것이다.

AAPOR(American Association for Public Opinion Research), CASRO(Council of American Survey Research Organizations), ESOMAR(European Society for Opinion and Marketing Research)와 같은 국제적인 조사기관 협의체들과 한국조사협회(KORA, Korea Research Association)도 모두 나름대로의 직업윤리와 규범을 표방하고 있다. 이들 협회들의 웹 사이트를 방문해 보길 바란다.

## 1.5 조사 사례

유용하고 흥미로운 많은 통계적 정보가 조사를 통해 생산되고 있는데, 조사는 크게 사회조사, 마케팅 조사, 경제조사, 기타로 분류될 수 있다.

- 사회조사(social survey)는 사회에 대한 조사이다. 여론조사(輿論調査, opinion survey)를 위시하여 각종 미디어 조사, 문화조사, 실태조사 등이 수시로 행해진다.

---

[6] 선거여론조사의 경우, 중앙선거여론조사공정심의위원회에서는 객관성·신뢰성을 확보하기 위하여 '선거여론조사 기준'을 정하고, 해당 선거일 전 180일부터 선거여론조사 결과를 공표·보도하려는 때에는 그전에 여론조사 결과를 반드시 등록하도록 규정하고 있다(http://www.nesdc.go.kr).

- 마케팅 조사(marketing survey)는 소비자 행태와 태도를 알기 위한 조사로 고객만족도 조사, 광고효과 측정, 제품 포지셔닝 조사 등이 있다.
- 경제조사(economic survey)는 정부 또는 중앙은행 등 공공기관이 기업과 가구를 대상으로 국가 운영에 필요한 경제적 정보를 획득하기 위해 실시된다.
- 인구주택총조사(census)는 모든 통계적 정보의 기본이다.[7]

조사방법론 공부에서는 이론 못지않게 사례가 중요하다. 사례를 통하여 조사에 대한 감각을 키울 수 있다. 또한 관련 분야의 으뜸 사례(best practice)와 비교해 봄으로써 조사의 질을 높이기 위하여 나가야 할 지향점을 찾을 수 있다.

### 1.5.1 경제활동인구조사

⟨통계청 국가통계포털⟩ http://www.kosis.kr – 경제활동인구조사는 국민의 경제활동 즉, 국민의 취업, 실업 등과 같은 특성을 조사하여 거시경제 분석과 인력자원의 개발 정책 수립에 필요한 기초 자료를 제공하는 데 목적이 있다.

조사대상은 표본조사구 약 33,000 가구 내에 상주하는 매월 15일 현재 만 15세 이상인 사람들로서 현역군인 등은 제외된다.

이 조사에서는 경제활동참가율, 실업률, 고용률 등의 지표가 산출된다. 실업률은 소비자물가지수와 함께 우리나라의 경제적 상황을 모니터링하는 데 있어 가장 중요한 2대 지표이다.

### 1.5.2 기업경기조사

⟨한국은행 경제통계시스템⟩ http://ecos.bok.or.kr – 기업경기조사는 기업들의 경영활동 실적과 전망을 파악하여 경제정책 수립의 기초자료로 활용하기 위해 실시되고 있다.

표본규모는 2,862업체(제조업 1,686개, 비제조업 1,176개)이며, 업종 및 매출액 규모별로 층화하여 가장 규모가 큰 층은 전수조사하고 나머지 층에서는 계통추출을 하여 표본조사한다. 우편조사(자기기입방식) 및 전화조사 방법을 활용하며 업황, 매출, 생산, 신규수주, 가동률, 채산성, 자금사정, BSI 등을 조사한다.

기업경기조사를 통해 생산되는 주요 항목 중 하나인 기업경기실사지수(BSI)는 0~200의 값을 가지며, 100보다 클때는 긍정적 시각의 기업의 수가 부정적 시각의 기업의 수보다

[7] 2015년의 경우 인구주택총조사는 전수조사(등록센서스)와 표본조사(현장조사)를 병행한다. 등록센서스는 전국의 모든 가구를 직접 방문하지 않고, 주민등록부와 건축물대장 등 행정자료를 이용하여 인구·가구·주택에 대한 통계를 생산하는 방식을 말한다. 표본조사는 등록센서스에서 파악되지 않는 인구·가구·주택의 특성을 전국 가구의 20% 가구를 표본으로 선정하여 현장조사한다(http://www.census.go.kr).

많다는 의미이다. "업종별 BSI=(긍정응답비율−부정응답비율)×100+100".

### 1.5.3 선거여론조사

〈조선일보 인터넷 뉴스〉 http://www.chosun.com – "오세훈·한명숙 서울시장 가상 여론조사, '들쭉날쭉' 왜? 1심 판결 언급한 조사에선 지지율 더 높거나 차이 줄어".

한명숙 전 국무총리의 뇌물수수 혐의에 대한 1심 무죄판결 이후 실시된 서울시장 후보 여론조사 결과들이 조사기관마다 달라 혼란스럽다. 9일부터 12일까지 6곳의 기관이 한나라당 오세훈 시장과 민주당 한 전 총리를 상대로 가상대결 여론조사를 했는데, 오 시장이 20.9%포인트 우세한 결과부터 1.6% 포인트 열세까지 다양했다. 한 전 총리의 재판이 열렸던 9일 오후에 실시한 리서치뷰 조사에서는 한 전 총리가 오차범위 내에서 1.6%포인트 앞섰다. GH코리아, 리얼미터, 더피플 등의 조사에선 오 시장이 6.0~7.5%포인트 앞섰지만, 이전의 20%포인트 정도인 차이보다는 많이 줄어든 결과였다. 하지만 ARS(자동응답 전화조사 시스템)로 실시한 이들 4곳 조사와 달리 전화조사로 실시한 미디어리서치와 중앙일보 여론조사팀의 조사는 오 시장이 각각 18.7, 20.9%포인트 우세했고, 이전 조사와 큰 변화가 없었다(조선일보 홍영림 기자, 2010/04/14).

이 여론조사에서 리서치뷰, GH코리아, 리얼미터, 더피플 등의 4개 조사는 ARS 조사였다. 즉, 자동응답기에서 녹음된 설문이 나오면 응답자가 자신의 응답을 해당 번호 버튼을 눌러 응답하는 방식의 조사였다. 반면, 미디어리서치와 중앙일보 여론조사팀의 조사는 전화조사였다. ARS 조사에 대하여 우려되는 점은 극히 저조한 응답률이 예상된다는 것이다.

### 1.5.4 시청률 조사

〈닐슨코리아, TNS미디어코리아(TNmS)〉 – TV 시청률 조사는 피플미터(people meter)라는 전자기기로 이루어진다. 이 기기는 각 조사회사별로 전국 주요 도시의 약 4,000여 가구에 설치되어 있다.

피플미터의 핸드셋에는 개인별 버튼이 있어 가구원 중 누가 보는지를 입력하도록 되어 있다. '누가, 언제, 무엇을 시청하였는가?'에 관한 자료는 피플미터 내에 일시적으로 보관되었다가 매일 일정 시각에 인터넷을 통하여 조사회사 컴퓨터로 전송된다. 이렇게 수집된 자료는 미리 준비된 통계 소프트웨어에 의하여 즉시 분석되어 방송사, 광고기획사, 광고주 등 시청률 사용자에게 제공된다. 조사회사 홈페이지(http://www.agbnielsen.co.kr, http://www.tnms.tv)에 가면 일반인도 TV 프로그램에 대한 최근 시청률 동향을 살펴볼 수 있다.

피플미터에 의한 시청률 조사는 패널조사로 이루어진다. TV 시청자 측정(audience

measurement)은 1년 365일 계속되므로 조사주기는 1일 24시간이라고 할 수 있다. 이탈 패널은 비슷한 가구로 대체된다. 이에 따라 패널 크기와 평균적 속성이 유지되는 편이다.

### 1.5.5 소비자 패널조사

⟨닐슨코리아⟩ http://kr.nielsen.com – 소비자 패널조사는 주로 가정에 설치된 스캐너를 통해 현재 전세계 24개국의 125,000여 가구의 구매 행태를 추적한다.

패널 정보는 소비자가 방문하는 모든 판매점에서 소비자가 구매한 내용을 알려주고 누가 구매하는지, 지불 방식은 무엇인지, 쿠폰을 사용하는지, 그리고 반복 구매자 프로그램에 참여하는지에 대한 정보를 제공한다. 이를 이용하여, 닐슨은 카테고리, 세그먼트 및 제품단계의 실제 소비자 구매 행태를 밝혀내고, 시장 침투율, 구매율, 충성도, 구매 빈도, 인구통계학적 특성, 구매 간격, 반복 구매 및 브랜드 전환과 같은 브랜드 역학을 이해하는데 필요한 기초정보를 산출해낸다.

이를 활용하면 다음과 같은 문제들에 대한 답을 제시할 수 있다. – 누가 자사의 브랜드를 구매하는가? 소비자의 습관은 시간에 걸쳐 어떻게 변하는가? 자사는 자사의 목표 시장에서 실적을 올리고 있는가? 기타 등등.

### 1.5.6 MicroTarget 시스템

⟨인포네트 코리아⟩ http://www.infonetkorea.com – MicroTarget 시스템은 전국의 3,500여개의 행정동(읍/면)과 40,000여개의 우편번호 지역을 인구, 사회, 경제, 소비 행태에 따라 26개의 특성적 마켓 유형으로 분류하고 있다. 이러한 분류는 상권분석 및 타겟 마케팅에 B2C 기업들이 활용한다.

이는 일종의 마이크로 마케팅 시스템으로서 미국에서 보편화되고 타겟마케팅에 유용하게 활용되고 있는 PRIZM, ClusterPLUS, MicroVision과 같은 지리인구적 라이프스타일 군집 시스템을 한국에 맞게 개발한 것이다. 각 군집은 군집의 핵심특성을 제시하는 군집 이름과 특성적 라이프스타일 프로파일이 주어져 있고 생활수준에 의한 군집 순위 코드(최고 S1에서 최하 S26)가 주어져 있다.

예를 들면 군집 S1은 '압구정 일번지'의 프로필로서 아파트 붐 초기에 형성된 전국에서 교육수준이 가장 높은 중장년층 화이트칼라, 전문직들이 거주하는 대도시 아파트 밀집지역, 전국에서 생수, 위스키, 일식, 외제 화장품 소비성이 가장 높고 전국에서 해외 여행자수와 골프를 즐기는 가족이 제일 많으며 대형차소유자도 전국에서 제일 많고 경제신문/잡지 구독률이 높고 TV 프로그램 중 뉴스 시청률이 매우 높다. 대표지역은 서울 서초구 서초2동, 부산 수영구 남천2동 등이다.

## 1.A [부록] 양적연구와 질적연구

과학적 연구(조사)는 자료의 성격에 따라 양적연구(quantitative research)와 질적연구(qualitative research)로 구분될 수 있다.

### ○ **양적연구**(量的硏究, **정량적 연구**)

- 연구대상의 속성을 가능한 한 양적으로 표현하며, 경험적 자료를 수집하고 계량화하여 사회현상을 통계적으로 분석하려는 연구방법이다(실증적, 연역적 연구방식).
- 추상적인 개념을 객관적인 관찰이 가능하도록 하는 개념적·조작적 정의의 과정을 거치며, 질문지나 면접을 사용하여 표본으로부터 수집된 정보를 바탕으로 모집단으로의 일반화를 추구한다.
- 가설을 검증하고 법칙을 발견하는 데 유리하며, 객관적·확증적이고 정밀한 연구가 가능하다.
- 계량화하기 어려운 영역의 연구에 부적합하며, 인간의 의식과 행위에 대한 깊이 있는 접근이 어렵다.

### ○ **질적연구**(質的硏究, **정성적 연구**)

- 연구자의 직관적·주관적 통찰을 바탕으로 사회현상의 의미를 해석하고 이해하려는 연구방법이다(해석적, 귀납적 연구방식).
- 대화록, 관찰일지, 비공식적 문서 등의 자료를 활용하며 인간 행위의 동기, 의미, 가치 등을 중시한다.
- 내용분석 연구(문헌연구의 일종으로 문서화된 내용을 분석), 현상학적 연구(주어진 현상의 본질을 탐구하고 기술), 근거이론 연구(전개되는 관찰들을 비교하여 이론을 도출), 민속지학적 연구(여러 민족의 사회조직이나 생활양식을 기술) 등의 방식이 사용된다.
- 행위자들의 주관적 의식에 대한 심층적 이해가 가능하다.
- 연구자의 주관적인 가치가 개입될 수 있고, 객관적인 법칙을 발견하거나 일반화하기 어렵다.

<참조> 연역법과 귀납법

과학적 연구의 논리 전개 방식은 연역법과 귀납법으로 구분될 수 있다. 과학적 연구에서 연역법과 귀납법은 상호 대립적인 관계가 아니라 서로 대비되는 장·단점으로 인해 상호 보완적인 관계를 가진다.

[연역법] (演繹法, Deductive Method)

- 일반적인 사실이나 원리에서 개별적이고 특수한 사실이나 원리를 이끌어내는 추리의 방법이다.
- 잠정적인 가설을 설정하고 자료에 대한 체계적인 검증을 통해 결론을 도출하는 통계적 추리는 연역법의 한 유형이다.

[귀납법] (歸納法, Inductive Method)

- 개별적인 특수한 사실이나 현상을 관찰함으로써 그러한 사례들이 포함되는 일반적인 결론을 이끌어내는 추리의 방법이다.
- 표본에 대한 관찰이나 실험에 근거해 일반적 결론을 유도하는 통계적인 추리는 귀납법의 한 유형이다.

---

# 제 2 장
# 조사 설계

이 장에서는 통계조사 중 설문지 조사(questionnaire survey)를 위주로 조사목적의 기술, 조사대상의 선정, 조사방법의 결정, 일정표 작성 및 예산 등 조사계획(survey planning) 단계에서 해야 할 사항들을 사례를 들어 설명한다.

## 2.1 조사 목적의 설정

어느 통계조사에서나 조사목적을 명확하게 기술하는 일은 매우 중요한 일이다. 연구문제의 정립을 보다 명확하게 하기 위해 관련된 문헌을 조사할 필요가 있다. 또한 왜 이 조사가 필요한지를 조사 주관자 스스로가 분명하게 인식하고, 이슈를 좀 더 명확히 도출하기 위하여 10명 내외의 의견수렴집단, 즉 포커스 그룹(focus group)을 구성하여 세부적 목적과 내용을 개발할 필요가 있다. 조사목적이 정해지면 글로 써서 문서화하고 관련자들이 그 문서를 회람할 수 있게 조치해야 한다.

<사례 2.1> K대학교 학부 프로젝트의 조사 목적

K대학교 학부 세미나 과목에서 학생 프로젝트로 수강생들 스스로가 정한 조사 목적을 소개하면 다음과 같다. 각 조의 구성원은 3명이었다.

(1조) K대학교와 Y대학교에 재학 중인 여대생들의 소비성향 및 성의식 비교분석

K대학교와 Y대학교에 재학 중인 여학생들을 대상으로 소비성향과 성의식에 대하여 학교와 학년별 차이를 알아보고자 한다.

(2조) 기업 이미지 및 OO그룹의 마케팅전략에 관한 고찰

최근 간접적인 마케팅전략 차원에서 기업 이미지 조사가 활발히 진행되고 있다. 본 연구에서는 기존의 기업 이미지 조사와는 달리 취업대상자인 대학생의 개인성향과 취업희망기업을 조사하고 일반적인 기업 이미지 조사를 병행하고자 한다. 그리고 더 나아가서, 국내 4대 기업군(A, B, C, D)의 이미지를 비교분석한다. 또한 이 결과를 바탕으로 최근 고객만족 경영을 위하여 활발한 마케팅 활동을 하고 있는 A그룹의 마케팅 전략의 문제점과 그 효과를 다음과 같은 내용으로 살펴보고자 한다.

- ◦ 경제발전 기여도, 환경보호, 사회환원, 사원복지, 연구개발, 인재양성, 인사관리, 채용의 공평성, 노사화합 등의 기업 이미지 변수를 조사하고 분석한다.
- ◦ 개인의 성격과 라이프스타일을 설명변수로 하고 취업 희망기업을 종속변수로 하여 통계적 모형 분석을 한다.
- ◦ A그룹의 마케팅믹스를 분석한다.

(3조) K대학교 내 학과별/선후배간 인식도 비교 연구

K대학교 내의 선배와 후배들이 느끼는 학교문화의 변천과정과 그 속에서 변해가는 선후배의 가치관을 통해 K대학교를 K대학교답게 하는 것이 무엇이고, 우리가 지켜 나가야 할 문화는 어떠한 것인가에 대하여 알아보고자 한다.

- 88, 89학번의 학생과 93, 94학번의 학생이 생각하는 K대학교 문화 및 가치관의 차이를 알아본다.
- 학과 간 인식도의 차이를 알아본다.
- 객관적 관점을 유지하면서 작성된 설문지와 의도된 답을 유도하는 설문지 간 응답자 반응 차이를 알아본다.

(4조) 남녀공학대학과 여자대학의 여학생 의식조사

남녀공학대학에 재학중인 여학생과 여자대학에 재학중인 여학생 사이에는 대학생활, 이성관, 사회정치의식 및 취업관 등에 차이점이 있을 것이라 생각된다. 이에 남녀공학대학으로 K대학교를 선정하고 여자대학교로 S여자대학교를 선정해서 두 유형의 대학이 다음 항목에서 차이가 있는지 비교해 보고자 한다.

- 대학생활에 있어 두 유형의 대학 간에 차이가 있는가?
- 이성관과 결혼관에 있어 두 유형의 대학 간에 차이가 있는가?
- 시사적인 측면에서 두 유형의 대학 간에 차이가 있는가?
- 국내기업의 성차별에 관한 인식에 있어 두 유형의 대학간에 차이가 있는가? 또 직업의식에 있어 두 유형의 대학 간에 차이가 있는가?

(5조) 자식의 부모에 대한 호칭과 부모와의 친밀도에 관한 비교 연구

부모에 대한 호칭은 여러 환경에 따라 다를 수 있으며, 호칭이 부모와의 친밀도에 영향을 미칠 것이라 예상할 수 있다. 따라서 본 연구는 K대학교 남녀 재학생을 대상으로, 부모에 대한 호칭이 인구통계적 요인에 따라 차이가 있는지, 호칭에 따라 부모와의 친밀도에 차이가 있는지를 알아보고자 한다. 그리고 중간항의 유무라는 설문지의 유형에 따라 응답자의 반응에 차이가 있는지를 알아보고자 한다.

---

일반적으로 조사목적의 수립시 고려해야 할 것은 제반 현실적 여건이라고 할 수 있어 경우에 따라 매우 다르기 때문에, 여기에서는 조사목적의 서술에 국한하여 논의하기로 하겠다. 가장 중요한 것 하나는 글을 문법적으로 옳고 문맥이 통하게 해야 한다는 것이다. 어떤 글도 정확하게 쓰여져 있지 않으면 아무리 좋은 생각을 담고 있다 해도 소용 없게 된다.

<참조> 작업가설(作業假說, Working Hypothesis)

조사(연구)의 목적은 가설의 형태로 표현되기도 한다. (작업)가설은 조사, 실험, 관찰에 의하여 검증받아야 할 잠정적인 가설로서, 양적연구의 범주 내에서는 **연구가설**(research hypothesis)과 동의어로 사용되기도 한다. 우선 상황에 따라 가설이 세워지고 그 가설을 검증하기 위해 조사, 실험, 관찰에 대한 계획이 세워진다.

가설은 **명료성**(이론적인 근거를 바탕으로 명확해야 한다), **가치중립성**(편견이 개입되면 안된다), **한정성**(구체적이고 현상과 관련성을 가져야 한다), **검증가능성**(실증적으로 검증이 가능해야 한다) 등의 조건을 가져야 한다. 또한 가설을 통해 연구문제를 해결할 수 있어야 하고 가능한 한 광범위한 범위에 적용될 수 있어야 한다.

**이론**(理論, theory)은 경험적으로 검증이 가능하고 어느 정도의 법칙적인 일반성을 포함하는, 체계적으로 연관성을 가지는 일련의 진술이다. 가설은 과학적 연구를 통해서 증명됨으로써 좋은 이론으로 인정받을 수 있으며, 기존의 이론이 다른 연구를 위한 가설을 설정할 때 근거를 제공하기도 한다.

## 2.2 조사 대상의 설정

조사의 대상, 즉 모집단의 선정은 원칙적으로 조사목적에서 파생되는 것이지만 현실적 여건을 충분히 고려하여 결정하여야 한다. 경우에 따라서는 타협이 필요하다.

기획의 초기 단계에서 추론의 대상이 되는 **목표모집단**(target population)을 정해야 한다. 모집단의 범주는 조사 조직과 예산에 의해 제한된다는 점을 이해할 필요가 있다. 전국을 대상으로 하는 조사와 특정 시도를 대상으로 하는 조사는 규모의 차원이 다를 수밖에 없다. 특정 계층(성, 연령대, 직업, 제품 구매자)을 대상으로 할 것인가, 일반인을 대상으로 할 것인가에 따라 조사 방식이 달라질 수 있다. 또한, 조사 방식에 따라 목표모집단에 대한 접근 정도가 달라질 수 있다. 목표모집단은 이상(理想, ideal)이고 실제로는 다른 집단에 접근된다. 이를 **조사모집단**(survey population)이라고 한다. 예를 들어, 선거여론조사에서 목표모집단은 19세 이상 대한민국 국민이지만, 실제 조사모집단은 전화번호부 등재가구 내 유권자로 제한되는 경우가 있다.

**포함률**(coverage rate) $P_{cover}$는 실제 조사되는 부분이 전체에서 차지하는 비율을 뜻한다. 즉, $\Omega_0$를 목표모집단이라고 하고 $\Omega_1$을 조사모집단이라고 할 때 포함률은 다음과 같이 정의된다.

$$P_{cover} = \frac{\Omega_0\text{와 } \Omega_1\text{에 모두 포함되는 조사 단위의 수}}{\Omega_0\text{에 포함되는 조사 단위의 수}}$$

포함률이 100%가 아닌 한, 과소포함(under coverage)되는 부분이 있기 마련이다. 어떤 부분이 포함되지 않는지, 그 부분의 크기는 상대적으로 어느 정도인지를 모집단의 정의 단계에서 고려할 필요가 있다.

예를 들어, 5조 [자식의 부모에 대한 호칭과 부모와의 친밀도에 관한 비교연구]의 경우를 보자.

"...(전략) 본 연구는 고려대학교 남녀 재학생을 대상으로, 부모에 대한 호칭이 인구통계적 요인에 따라 차이가 있는지 ...(중략)... 알아보고자 한다."

이 주제에 관한 연구의 대상을 좀 더 넓게 서울시내 대학교 재학생을 대상으로 한다든지 하면, 여기서처럼 고려대학교 재학생을 대상으로 하는 것보다 훨씬 의미 있는 연구결과물이 나오리라고 누구나 예측할 수 있을 것이다. 그러나 조사연구자의 조직과 예산 및 시간이 넉넉하지 못한 사정에서는 욕심으로 조사대상을 무리하게 넓히는 것보다 적절하게 조사대상을 좁혀 완성도를 높이는 것이 훨씬 바람직하다. 용두사미(龍頭蛇尾) 보다는 차라리 사두사미(蛇頭蛇尾)가 낫다.

어떤 경우에는 조사대상을 좁히다보면 예기치 못하게 조사목적 자체가 흔들거리게 된다. 4조 [남녀공학대학과 여자대학의 여학생 의식조사]의 경우를 보자.

"남녀공학대학에 재학 중인 여학생과 여자대학에 재학 중인 여학생 사이에는 대학생활, 이성관, 사회정치의식 및 취업관 등에 차이점이 있을 것이라 생각된다. 이에 남녀공학대학으로 고려대학교를 선정하고 여자대학교로 성신여자대학교를 선정해서 두 유형의 대학이 다음 항목에서 차이가 있는지 비교해보고자 한다. ... (후략)"

'여학생의 경우 남녀공학과 여자대학 어느 쪽이 나은가?'에서 출발한 이 연구가 조사대상을 각 유형의 대학 하나씩으로 제한하다 보니, 조사결과가 남녀공학과 여자대학의 차이인지 고대와 성신여대의 차이인지 구별할 수 없게 되고 말았다. 따라서 조사결과는 이런 면에서 제한적일 수밖에 없을 것이고, 이런 한계를 보고서에 명확하게 기술하여야 할 것이다.

좁은 대상의 조사연구라도 보다 넓은 대상의 여러 구역에서 반복되면, 조사연구결과에 대한 종합분석인 메타분석(meta-analysis)을 가능하게 한다. 따라서 자기의 조사연구가 보다 큰 조사연구를 위한 초석이 된다고 생각하자. 과욕은 금물이다.

<참조> 조사단위

조사단위는 모집단을 특성을 기술하거나 현상을 설명하기 위하여 수집하는 자료의 단위, 즉 조사의 대상이나 사물을 의미한다. 조사단위는 개인, 집단(가구, 학급, 학과), 조직(기업, 학교), 제도, 프로그램, 지역사회, 지방정부, 국가, 사회적 생성물(음악, 노래, 서적, 직업생활, 정치활동) 등이 될 수 있다. 조사단위는 다음과 같은 요건을 가져야 한다.

- 적합성: 설정된 조사단위는 연구의 목적에 적합해야 한다.
- 명료성: 조사단위는 모든 사람들에게 동일한 의미를 가지도록 명확하고 객관적으로 정의되어야 한다.
- 측정가능성: 조사단위는 현상과 반응에 대한 기술적인 분류를 위해 그 특성을 측정할 수 있어야 한다.
- 비교가능성: 조사단위는 사실관계의 규명을 위해 시간 및 장소 등의 비교가 가능해야 한다.

조사단위를 잘못 설정하는 경우 연구결과를 해석하는 데 논리적인 오류를 범할 수 있는데, 대표적으로 다음과 같은 것들을 들 수 있다.

- ◦ 생태학적 오류: 조사단위를 집단에 두고 얻은 연구결과를 개인이나 하위 단위 등 다른 수준의 단위에게 적용함으로써 발생하게 되는 오류.
- ◦ 개인주의적 오류(개체주의 오류): 조사단위를 개인에 두고 얻은 연구 결과를 집단에게 적용함으로써 발생하게 되는 오류.
- ◦ 환원주의적 오류(축소주의 오류): 넓은 범위의 인간의 사회적 행위를 이해하는 데 필요한 변수 또는 개념을 지나치게 한정함으로써 발생하게 되는 오류.

---

## 2.3 조사 방법의 결정

조사개체(survey unit, 응답자)로부터 자료를 어떻게 얻느냐, 즉 조사방식(survey mode)에 조사의 모든 것이 달려있다고 해도 과장이 아니다. 다양한 유형의 조사방식에 대한 설명은 다음 장에서 자세히 하도록 하고, 여기서는 우선 대표적인 조사방식 몇 가지에 대해서만 예를 들어 논의하도록 하자.

- 면대면조사(面對面–, face-to-face(FTF) survey)에서는 조사자와 응답자가 얼굴을 맞댄 상태의 질문-응답 과정으로 자료가 생성된다. 세종12년인 1430년 8월 우리나라에서 농지세제 개혁에 관한 여론조사가 있었는데 98,657명이 찬성하였고 74,149명이 반대하였다고 한다(중앙선데이, 2009/12/06). 면대면 조사였을 것이다.
- 우편조사(郵便–, mail survey)에서는 조사자가 보낸 질문지에 응답자가 스스로 답을 적는다. 우체국 우편 뿐 아니라 전자우편을 통한 조사도 여기에 포함된다. 우편조사에서는 조사자와 응답자가 서로 얼굴 볼 일이 없다. 미국은 10년마다 인구센서스를 하는데 모든 가구에 우편으로 조사표가 보내지고 일차적으로 우편으로 조사표를 받는다.

- 전화조사(電話−, telephone survey)에서는 조사자와 응답자가 전화로 질문-응답을 하게 된다. 흔히 집 전화 조사(fixed-phone survey)를 전화조사로 일컫지만 휴대폰 전화 조사(mobile phone survey)도 전화조사이다. 1987년 대통령 선거를 앞두고 한국 갤럽은 전화조사로써 노태우 34.4%, 김영삼 28.7%, 김대중 28.0%로 예측하였는 바, 실제 득표율은 노태우 36.6%, 김영삼 28.0%, 김대중 27.1%였다.
- 인터넷 조사(Internet survey, 웹조사)에서는 조사자와 응답자를 인터넷이 연결해 준다. 응답자가 조사자의 웹사이트(Web site)에 들어가 컴퓨터 화면에 뜨는 질문에 답을 적는다. 우리나라는 5년마다 인구주택총조사(census)를 하는데, 2015년 표본조사(현장조사)의 경우 방문 면접 조사방식과 인터넷 조사방식을 병행한다(http://www.census.go.kr).

특수목적의 전자기기가 응답자의 행태 또는 표본개체의 특성을 자동 측정하여 조사자료를 생성해 내는 경우도 있다. 피플미터(people meter)라는 기계는 TV 시청자의 시청 채널과 시간을 자동으로 탐지하고 기록한다. 피플미터 자료로부터 TV 시청률이 산출된다.

조사방식에 직결된 요소는 모집단에 대한 표집틀이다. **모집단**(母集團, population)은 조사가 목표로 하는 집단이고, **표집틀**(frame, 프레임)은 조사를 위한 모집단의 목록(list) 또는 구조이다. 일정 지역 내 20세 이상 한국인이 모집단인 경우 면대면 조사에서는 그 지역에 존재하는 모든 거주단위가 표집틀일 수 있다. 전화조사라면 그 지역의 인명부 전화번호부를 표집틀로 고려할 수 있다.

표집틀이 잘 짜여져야 모집단의 모든 개체에 접근할 수 있다. 그러나 모집단과 표집틀이 완벽히 일치하지 않는 것이 보통이다. 즉, 모집단의 일부인데도 프레임으로 덮어지지 않은 과소포함(under-coverage)과 모집단의 일부가 아닌데도 프레임에 들어오는 과다포함(over-coverage)이 있게 된다. 또한 일정 지역 내 모든 거주단위들의 리스트에는 포함되지 않은 사람들이 있다(과소포함). 거주단위가 아닌 곳에 거주하는 사람들이 있기 때문이다. 한편 거주단위에 거주하면서도 모집단의 일부가 아닌 사람들이 있을 수 있다(과다포함). 외국인의 경우가 그렇다. 전화번호부도 과소포함과 과다포함의 문제를 갖고 있다. 전화가 없다든가 전화가 있더라도 전화번호부 등재를 거부한 사람들은 전화번호부에 포함되어 있지 않다(과소포함). 인명부 전화번호부에 번호가 실린 전화이지만 실제로는 자영업자의 업무용 전화인 경우가 있다(과다포함).

어떤 조사의 경우에는 표집틀을 잡기가 난감하다. 일반인이 대상인 인터넷 조사의 경우가 대표적인데, 무엇을 표집틀로 할 수 있는지 마땅한 방편이 없다. 휴대폰 조사의 경우도 그렇다. 지역별 일반인 전자우편 주소록이라든가 휴대폰 번호부가 있다는 이야기를 들어본 적이 없을 것이다. 때문에 인터넷 조사와 휴대폰 조사에서는 수차례 조사에 기꺼이 응할 자원자들을 모집하고 그들 중에서 일부를 선택하여 조사를 시행한다. 즉, 자원자 패널을

〈표 2.1〉 통계조사 일정표의 예

| | 01 | 02 | 03 | 04 | 05 | 06 | 07 | 08 | 09 | 10 |
|---|---|---|---|---|---|---|---|---|---|---|
| 조사계획 | → | → | | | | | | | | |
| 설문지 | | → | → | | | | | | | |
| 표본추출 | | | → | → | | | | | | |
| 본조사 | | | | | → | → | | | | |
| 자료입력 | | | | | | → | → | | | |
| 자료분석 | | | | | | | | → | → | |
| 보고서 | | | | | | | | | → | → |

표집틀로 간주하는 셈이 된다. 이래도 될까?(제3장 참조)

이와 같이 어떤 조사 방식이든 나름대로 표집틀 문제를 가진다. 문제의 심각성에서 차이가 있으므로 주의 깊은 검토가 있어야 한다. 조사 방식의 선택에 있어서는 여러 요소들을 고려해야 하는데 이는 다음 장에서 설명하도록 하겠다.

조사방법을 무엇으로 할 것인가는 조사대상, 주관조직, 예산 및 조사일정 등과 관계가 있을 것이므로 일반적으로 가이드라인을 내기는 어렵다. 그러나 한 가지 아이디어는 다원적인 조사방법을 선택할 수도 있다는 것이다. 예컨대, 조사대상자의 1/4은 면접조사로 접근하고 조사대상자의 3/4은 우편조사로 접근한다든지 하는 것이다. 이 경우 흥미 있는 결과가 나올 수도 있을 것이다. 우선 응답률을 비교해 볼 수 있을 것이고, 면접조사와 우편조사에서의 응답자 반응에 어떠한 차이가 있는지 알아볼 수도 있을 것이다.

## 2.4 일정 및 예산의 결정

통계조사는 워낙 여러 단계로 구성되어 있기 때문에 일정을 세워 프로젝트 전체를 관리해나가지 않으면 중대한 차질을 빚기 쉽다. 통계조사의 일정은 일정표를 세워 관리하는 것이 좋다. 〈표 2.1〉을 보라.

〈표 2.1〉은 일정표의 한 예일 뿐이다. 우편조사의 경우라면 제2차 우송(또는 제3차 우송)까지 미리 예정에 잡아두는 것이 좋으므로, 본조사 일정을 약 2주(또는 4주)정도 더 길게 잡아야 할 것이다. 면접조사의 경우라도 응답대상자의 부재가능성이 큰 경우 제2차 시도(또는 제3차 시도)까지는 생각해 두어야 한다. 그러나 시사적인 의견조사는 기간을 너무 길게 잡을 수 없다.

예산의 편성도 조사계획에서 매우 중요한 일부분이다. 조사목적, 조사방법, 조사일정이 수립된 시점에서라면 일정표에 따라 각 단계에서 어느 정도의 경비가 들 것인가를 추정해 내야 한다. 이때 특히 빠뜨리지 말아야 할 것은 응답자에 대한 사례품 비용이다. 사례품은 응답률을 높이는 데 기여할 뿐만 아니라 성의 있는 응답을 유도하는 데도 한 역할을 한다. 꼭 이런 직접적 이득도 사례품을 챙겨야 할 이유이기는 하지만, 더 기본적인 태도면에서 응답자가 제공하는 시간과 정보에 대하여 조사주체가 스스로 나서서 어떤 식으로든 보상을 하는 것이 옳다.

## 2.5 조사 사례

앞 장에서 소개된 조사 사례 중 몇 가지 사례에 대하여 조사 방식 등을 자세히 살펴보기로 한다.

### 2.5.1 경제활동인구조사

통계청의 경제활동인구조사는 고용동향을 파악해내는 조사이다. 이로부터 실업률이 나오는데 통계청 홈페이지(2009/12/17)에서 보도자료 '2009년 11월 고용동향'을 클릭해 보니 2009년 11월의 실업률이 3.3%로 전년동월대비 0.2%p 상승하였다고 나온다.[1] 이 조사의 목적은 "국민의 경제활동 즉 취업·실업 등과 같은 경제적 특성을 조사하여 ··· 정부의 고용정책입안 및 평가에 필요한 기초자료를 제공"하는 데 있다(http://kostat.go.kr). 그러면 취업과 실업에 대한 정의를 명확히 알아야 하는데, 아래 분류를 보자.

⟨15세 이상 인구⟩

(1) 경제활동인구
- 취업자: 수입을 목적으로 일한 자,[2] 무급 가족종사자,[3] 일시 휴직자
- 실업자: 신규실업자, 전직실업자

(2) 비경제활동인구

모집단은 현역군인과 공익근무 등을 제외한 15세 이상 인구이다. 이들을 경제적 활동이 가능한 인구로 보는 것이다. 이를 '경제활동인구'와 '비경제활동인구'로 구분하고, 이 중 '경제활동인구'를 다시 '취업자'와 '실업자'로 구분하는 구조이다. 대략 경제활동인구가 24,000,000명(취업자 23,000,000명, 실업자 1,000,000명)이고 비경제활동인구가

[1] 경제지표로서 가장 중요한 두 가지는 소비자물가지수와 실업률이다.

[2] 1주에 1시간 이상

[3] 1주에 18시간 이상

15,000,000명이다. 비경제활동인구의 대표적인 경우는 고교생과 대학생, 은퇴자, 비취업/비실업 주부이다.

표본은 약 32,000 가구로 구성되는데 표본가구의 선정은 다음과 같다. 미리 말해두건대, 상당히 전문적이다.

2005년 인구주택 총조사에서 쓰는 조사구 중에는 1/10 쯤으로 정해진 확대조사 구역이 있는데 그 수가 26,500개 정도 된다. 거기에 총조사 이후 신축된 아파트 단지의 1/10 쯤에서 조사구 500개를 만들어 추가하면 총 27,000개 정도의 조사구가 형성된다. 그 가운데 1,600개를 선정한다.

- 전국 7대 도시(특별시, 광역시), 9개 도(道)의 동(洞)부와 9개 도의 읍면(邑面)부를 층(層, stratum)으로 상정하여 각 층에서 골고루 조사구가 뽑힐 수 있게 한다.
- 각 층 내에서 조사구 선정은 확률비례추출로 한다(가구 수 기준).
- 뽑힌 조사구 내에서 4개 구역(약 20개 인접 가구)을 선정한다.
- 따라서 표본 가구 수는 32,000개(=1,600×20) 정도가 된다.

조사방식은 면접원이 표본 가구를 방문하여 면접과 동시에 PDA에 내장된 전자조사표에 응답을 써넣는 방식을 쓴다. 부재가구 등 면접이 어려운 경우에는 전화 면접 또는 자기기입식 질문지 응답을 받는다.

이 조사는 매달 시행됩니다. 조사 대상기간은 매달 15일이 포함된 일주일(일, 월, ⋯, 토)이다. 표본은 매달 1/36 정도가 교체된다. 그러므로 한 번 표본에 선정되면 3년 정도 조사받게 된다.

나이가 15세이면 중학교 3학년 정도인데 경제적 활동이 가능한 것으로 보는 것이 맞는지, 80세 이상 노인도 노동이 가능하다고 볼 수 있는지, 실망 실업자와 취업 준비생은 실제로 비경제활동인구로 분류되므로 실업률에 반영되지 않는 문제 등등에 대하여 의문을 제기할 수 있겠다. 그러나 현재 방식이 국제적 기준이라고 한다. '국제적 기준'이라니 할 말이 없지만 우리 실정에 맞지 않는 측면이 있긴 하다.

매달 32,000 가구 정도 조사하니까 엄청난 것 같아도 실제로는 1,600개 구역이 조사되므로 언뜻 보기보다는 덜 엄청나다. 이에 따라 조사업무가 꽤 효율적일 것으로 예상할 수 있다. 이와 같은 표본추출 방법을 **층화집락추출**이라고 하는데 제3장에서 설명할 것이다.

가구방문면접 방식이므로 부재가구가 문제가 되겠다. 그런 경우에는 전화를 한다든가 면접원이 조사표를 가구에 두고와서 나중에 수거해 가는 방법이 쓰이지만, 그래도 조사기간 내 접촉이 불가능한 가구도 있겠다. 그런 가구는 전체의 약 2% 정도라고 한다. 이 정도면 놀랍게 작은 수준이다.

소수이기는 해도 이들 무응답 가구에 대해 적절한 보정 처리를 할 필요가 있다. 현재 통계청에서 쓰는 방법은 콜드덱(cold deck) 방법과 핫덱(hot deck) 방법이다.[4] 여기에서 덱(deck)은 게임카드 뭉치를 말하는 용어로서, 무응답 가구의 고용실태를 동일구역 내 응답가구들의 지난 달(月) 및 현재 달(月)의 조사기록으로 대체하는 방법이다.

조사가구에 대한 약간의 보상이 있다. 그렇다고 하더라도 조사원이 감내하는 수모는 말도 못한다. 다음은 통계청 홈페이지에서 따온 한 조사원의 증언이다.

- 처음 조사원 생활을 하면서 업무를 맡은 곳은 대구시내 중심가 주택가인 동인동. 떨리는 마음 반, 두려운 마음 반으로 선배의 뒤를 따라간 곳은 대구의 중심가답게 마당 넓은 정원에 잔디가 있고 생활의 여유가 묻어나는 상류층 동네였다. 첫 가구부터 한 집 한 집 벨을 눌렀으나 거의 부재 중이라 몇 사람 만나지 못하고 조사구 위치를 익히는데 만족하고 돌아서야 했다.
- 며칠 후, 혼자 방문하여 처음 벨을 누른 집은 어느 회사의 회장님 댁이었다. 부부만 거주하는 집으로 조금 불응하는 집이라 했다. 솔직히 벨을 누르는 것부터 겁이 났다. 그냥 지나칠까도 생각했다. 그러나 처음 일을 시작하면서 인사는 해야겠기에 낸 용기였다. - 딩동! - "누구세요?" "네! 안녕하세요. 통계청 인구조사하는 사람입니다. 잠시 문 좀 열어주세요." "아니, 저번에 분명히 안하겠다고 말했는데 왜 또 왔어요? 응? 저번에는 남자, 여자가 3-4명 떼거지로 와서는 날 협박하는 것도 아니고 필요 없다고 나는 안한다고 했는데 왜 또 와서는 귀찮게 하는 거야! 지금 뭐 하자는 거야? 다시는 오지 마세요!" - 탕! - 대문을 열고 나오나 싶었는데 내가 말 할 틈도 없이 할 말만 하고는 문을 닫고 들어가 버리셨다. 황망하니 멍하기만 하였다. 그렇게 그냥 퍼붓고 돌아서는 아주머니께 더 이상 벨을 눌러 조사해 달라고 할 수가 없어 나는 그냥 돌아섰다.
- 다음 달, 또 그 가구의 벨을 눌러야 하는 내 맘은 무겁기 그지없었다. '아! 오늘은 또 어떡하지? 조사는 해야 하는데... 어쩔 수 있나... 그냥 부딪혀봐야지.' 지난 달 왔던 통계청 직원이라고 말하고 몇 가지만 물어보겠다고 했다. 잠시 말이 없으시던 아주머니께서 그냥 거기서 물어 보라신다. 그렇게 경제활동인구조사 항목은 대문의 인터폰을 통하여 조사할 수 있었다. 가계조사 대상가구였으나 가계부 얘기는 꺼내지도 못했다. 돌아서는 마음이 괜스레 서글펐다. 그래도 공무원인데 ....
- 또 다음 달, "안녕하세요. 통계청 직원입니다. 또 왔습니다. 문 좀 열어주세요." "저번하고 똑같은데 뭐 하러 왔어요. 똑같으니까 그냥 가세요."
- 또 그 다음달, "안녕하세요! 통계청입니다. 잘 지내셨어요?" "· · ·" 잠시 아무 대답이 없더니, -찰칵!- 하며 대문이 열렸다. 굳게 닫혀 열리지 않을 듯하던 대문이 열린 것이다.

[4] 제8장의 8.3절을 참조하여라.

점차 조사 대상자의 마음이 열리는 것을 볼 수 있다. 사람의 심리란 그런 것이다. 그러면 조사 응답자는 어떤 생각을 할까? 다음은 통계청 홈페이지에서 따온 한 응답자의 증언이다 (가계조사).

- 결혼한 지 올해로 2년째, 남편과 딸아이 이렇게 세 식구가 행복하게 생활하고 있었습니다. 초여름으로 접어들었을 때 통계청 직원이 방문하여 통계자료에 필요한 전자가계부 작성가구로 선정되었다는 얘기를 들었습니다. 나름대로 가계부를 작성하고 있던 저는 누군가에게 저의 가계부를 보여준다는 게 별로 반갑지 않고 부담스럽다는 생각이 들었습니다. 그렇지만 우리나라 통계자료에 저의 조그만 노력이 큰 도움이 된다는 말에 하기로 결정을 했습니다. 물론 월 오만 원의 사례비와 두 달마다 지급되는 답례품도 마음의 결정에 영향을 주었지만 그보다 저에게 직장생활은 아니지만 집에서 또 다른 책임감을 가지고 일을 할 수 있어 좋았습니다.
- TV를 시청하다 뉴스시간에 통계청자료에 의한 뉴스 내용이 방송되면 귀가 솔깃해지고 왠지 모르게 어깨가 으쓱해지고 더욱 관심 있게 시청하게 되었습니다. 전엔 아무생각 없이 통계청관련 뉴스를 시청하곤 했는데 이런 자료들이 우리가 이렇게 도움 준 자료들을 활용한다는 것을 알게 되었습니다. 다시 한번 이 일을 잘 했다는 생각과 자부심이 들었습니다.
- 아참, 사례비로 받는 오만 원 말이죠, 남편 모르게 적금을 넣었습니다. 저만의 비자금 말이죠. 목돈으로 만들어지면 저만을 위한 무언가를 할 생각입니다.

시간이 되면 통계청 홈페이지에 들어가 통계조사 체험사례와 통계조사 응답자 수기를 몇 개 읽어보기 바란다. 조사 현장감을 느낄 수 있을 것이다. 통계조사는 조사가 이뤄지는 현장이 매우 중요하다. 아무리 잘 설계된 통계조사라도 현장에서 죽을 쓰면 실패하게 된다.

통계조사에서 중요한 것이 조사자와 응답자 간 심리적 상호작용이다. 이것에 소홀하면 주사 거절률이 높아지ㄱ 응답자류가 부실해지며 어떤 식ㅇ루 자류를 부정하더라ㄷ 주사 결과가 부정확해진다. 이 책의 여러 곳에서 이 주제를 다룰 것이다.

### 2.5.2 시청률 조사

우리나라에서는 시청률조사가 1991년 시작되었고 2009년 현재 닐슨코리아와 TNS미디어코리아(TNmS)에 의하여 시청률자료가 만들어지고 있는데 사람들의 관심이 많다. 뿐만 아니라, 3조원 정도 되는 돈이 광고주로부터 방송사에 배분되는 과정에서 시청률이 중요한 역할을 한다.

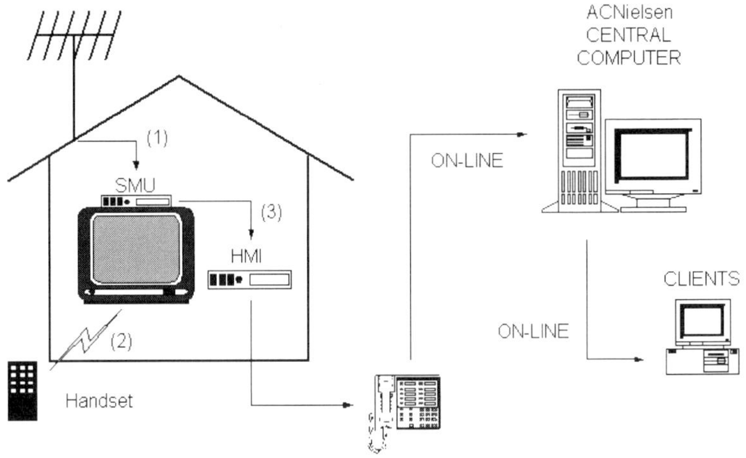


〈그림 2.1〉 닐슨의 피플미터 시스템

TV 시청률은 소위 피플미터(people meter)라는 첨단 전자기기를 써서 측정한다. 피플미터는 가구 내 고정된 TV에 부착되는 시청 측정장치인데 이 기기는 튜닝 채널을 전자적으로 자동 인식해 낸다. 그러니 TV를 보면서 일일이 시청채널을 기입해야 했던 일기(日記, diary)식 조사법과는 차원이 다르다. 그렇지만 피플미터도 시청중인 가구원 정보는 전적으로 표본 가구원의 수동 입력에 의존한다.

표본 가구원은 시청을 시작하면서 핸드셋의 개인 버튼을 눌러야 하며, 시청을 종료하면서 핸드셋의 개인 버튼을 해제시켜야 한다. TV를 한참 보았는데 개인 버튼을 누르지 않고 본 경우, 그 가구는 TV를 시청한 것으로 간주되지만 아무도 TV를 보지 않는 셈이 된다. 이와 같이 인간 행동적 요소 때문에 피플미터 조사는 표본 가구원의 조사규칙 준수 정도에 의하여 조사자료의 질이 영향을 받는다.

표본가구 내 시청기록은 파일로 저장되었다가 매일 이른 새벽에 조사회사 주컴퓨터에 전송된다. 조사회사는 이 기록들을 모아 조사자료를 구축하고 집계·분석 프로그램을 돌려 리포트를 작성한다. 그리고 그 리포트는 방송사와 광고주, 광고대행사로 직행한다(매일, 그것도 오전 9시 이전에).

따라서 1년 365일 TV가 방송되는 모든 날에 대하여 조사 보고서가 발간되는 셈이다. 표본크기가 4,000 정도라면 1회 조사하는 것도 쉽지 않은데 매일 그런 조사를 하는 셈이라는 것을 생각해 보라. 피플미터에 의한 TV 시청률조사는 전자적 측정장치와 컴퓨터, 그리고 전자통신 기술로 탄생한 최첨단 조사방법이다.

피플미터가 설치된 가구 수는 각 조사회사당 4,000여 가구인데 어떻게 이들 가구들이 표본으로 선정되었나를 보자.

첫 번째 단계로 기초조사(establishment survey, elementary survey)를 실시한다. 이 조사는 전국 가구들의 시청 환경과 시청과 관련 있는 인구사회적 정보를 얻는 데 목표가 있다. 즉, 집에 몇 대의 TV가 있는지, 케이블 채널이 시청가능한지, 가구원은 몇 명인지, 그리고 성과 나이 등을 묻는다. 이 조사는 매년 실시되고 전화조사로 시행된다. 1회 조사의 표본크기는 보통 20,000 이상이다.

두 번째 단계로 기초조사 응답가구 가운데 일부를 표본으로 뽑는다. 이때 표본의 대표성을 위하여 지역, 가구원 수 등의 인구사회적 변수와 가구 내 TV 댓수, 케이블 가입 여부 등 TV 시청환경에 관한 변수들이 고려된다. 조사회사는 표본으로 선정된 가구들을 최대한 설득하여 피플미터를 설치한다. 피플미터가 설치된 가구들을 패널(panel)이라고 하는데 패널 가구원들은 피플미터 핸드셋을 어떻게 작동시키는지 교육을 받는다. 한번 패널 가구가 되면 정기적으로 사례품을 받는다. 조사에 부실하게 응하는 경우엔 도중에 교체될 수 있지만 그렇지 않으면 패널가구는 최대 4년 동안 조사된다.

이상으로 TV 시청률 조사에 대해 알아보았는데, 시간이 되면 우리나라에서 시청률을 만들어내는 닐슨코리아(http://www.agbnielsen.co.kr)와 TNS미디어코리아(http://www.tnms.tv)의 홈페이지를 방문해 보기 바란다. 시청률 조사의 대상과 방법, 그리고 기기에 대하여 보다 상세한 정보를 얻을 수 있다. 참고로 두 회사의 피플미터 기기는 다소 차이가 있다.

미디어 환경은 IT 기술의 발전에 따라 급속하게 달라지고 있다. 10년 전에는 피플미터에 의한 TV 시청률이 획기적으로 보였지만 지금 시점에서는 한계점을 드러내고 있다. 대표적인 것이 가구 외 시청과 녹화 시청, 인터넷 동영상 시청 등이다. 이런 시청행태에 대해서는 피플미터가 속수무책이니다. 이에 대한 대응으로 미국의 Arbitron 사는 Portable People Meter(PPM)라고 하는 기기를 만들었는데, 이것으로는 가구 외 TV 시청을 측정할 수 있고 라디오 청취율도 산출할 수 있다(http://www.arbitron.com). 하루 종일 허리에 차고 다니면 기기가 전파를 자동으로 인식하여 기록한다. 그리고 잠 들기 전에 충전기에 꽂으면 기기가 하루의 개인 기록을 조사회사에 자동 전송한다. 2009년 현재 미국의 일부 지역과 싱가포르에서 활용되고 있다. 우리나라에서는 라디오 청취율을 아직까지 일기(diary) 방식으로 조사하고 있다.

### 2.5.3 대통령 선거 예측

선거예측을 위한 통계조사가 지닌 매력 중 하나는 대부분의 다른 조사와는 달리 일정 시간 이후에는 정답이 알려지기 때문에 통계조사가 얼마만큼 정확했는가를 사후적으로 평가할 수 있다는 점이다.

제13대 대통령선거(1987년)

| 득표율(%) | 노태우 | 김영삼 | 김대중 | 김종필 | 기 타 |
|---|---|---|---|---|---|
| 예측치 | 34.4 | 28.7 | 28.0 | 8.4 | 0.5 |
| 결과치 | 36.6 | 28.0 | 27.1 | 8.1 | 0.2 |

제14대 대통령선거(1992년)

| 득표율(%) | 노태우 | 김영삼 | 김대중 | 김종필 | 기 타 |
|---|---|---|---|---|---|
| 예측치 | 39.5 | 31.1 | 15.7 | 12.4 | 1.2 |
| 결과치 | 42.0 | 33.8 | 16.3 | 6.4 | 1.5 |

제15대 대통령선거(1997년)

| 득표율(%) | 김대중 | 이회창 | 이인제 | 기 타 |
|---|---|---|---|---|
| 예측치 | 39.9 | 38.9 | 19.7 | 1.5 |
| 결과치 | 40.3 | 38.7 | 19.2 | 1.8 |

제16대 대통령선거(2002년)

| 득표율(%) | 노무현 | 이회창 | 기 타 |
|---|---|---|---|
| 예측치 | 49.1 | 46.8 | 4.1 |
| 결과치 | 48.9 | 46.6 | 4.5 |

제17대 대통령선거(2007년)

| 득표율(%) | 이명박 | 정동영 | 이회창 | 문국현 | 기 타 |
|---|---|---|---|---|---|
| 예측치 | 50.3 | 20.0 | 13.5 | 6.1 | 10.1 |
| 결과치 | 48.7 | 26.1 | 15.1 | 5.8 | 4.3 |

제18대 대통령선거(2012년)

| 득표율(%) | 박근혜 | 문재인 | 기 타 |
|---|---|---|---|
| 예측치 | 50.1 | 48.9 | 1.0 |
| 결과치 | 51.6 | 48.0 | 0.4 |

성공적인 사례로서 1987년 제13대~2012년 제18대 대통령선거 예측치와 결과치를 살펴보자. 1987년, 1992년, 1997년 선거예측은 우리나라의 선도적인 사회여론조사기관인 한국갤럽이 가구방문조사과 전화조사로써 한 것인데, 예측치가 실제 득표율에 상당히 근접해 있는 것을 볼 수 있다.[5] 그리고 여기에서 제시된 2002년, 2007년, 2012년의 선거예측은 지상파 방송사들의 출구조사(exit poll) 결과이다.[6] 2002년의 예측은 미디어리서치(KBS)가 수행한 것이고, 2007년의 예측은 미디어리서치(KBS)와 코리아리서치(MBC)가 공동으로 수행한 것이며,[7] 2012년의 예측은 미디어리서치(KBS), TNS(SBS), 리서치앤리서치(MBC)가 공동으로 수행한 것이다. 결과는 상당히 정확하였는데(특히 제16대 선거의 경우), 지난 20~30년에 걸쳐 축적된 우리나라 조사기관들의 실력을 볼 수 있다.

선거여론조사의 사회심리에 대하여 다음과 같은 몇 가지를 언급한다.

- 선거 전 이에 관한 여론조사 결과가 실제 선거에 영향을 줄 수 있는가에 대하여 엇갈리는 주장들이 있다. 하나는 악대마차(樂隊馬車)라는 뜻의 '밴드웨곤' 효과(band wagon effect)라는 것인데, 이는 여론선거에서의 우세자가 조사결과의 공표로 더 우세하게 되는 것을 말한다. 다른 하나는 투견시합에서 밑에 깔린 개를 뜻하는 '언더독' 효과(underdog effect)라는 것으로 이는 열세자가 동정효과를 얻는다는 것이다. 어느 쪽도 다 일리가 있으나 실증적 근거를 확보하지 못하고 있다.
- 우리나라의 선거여론조사에 의한 예측과 실제 결과 간 차이를 살펴보면 '침묵의 나선'(spiral of silence)이 확인되는 경우가 많다. 이는 여론조사에서 자신들의 지지후보가 열세자인 경우 또는 사회 지배적 압력에 의해 억압되는 경우 응답자들이 조사를 가속적으로 회피하는 경향을 말한다. 이에 따라 선거여론조사에서 나타난 제1의 후보와 제2의 후보 간 차이가 실제 결과에서는 상당히 좁혀지는 현상이 발견된다. 심지어는 역전이 되기도 한다.
- 선거여론조사가 선거의 양상을 다자(多者)대결에서 양자(兩者)대결로 바꾸는 효과를 준다. 제3의 후보를 지지하던 유권자들이 그들의 투표가 사표(死票)가 되는 것을 원하

[5]박무익 (2002). 우리나라 선거여론조사의 역사와 의의, ≪조사연구≫ 3권 1호, 91-118.

[6]출구조사(出口調査, exit poll)는 선거 당일에 투표소에서 투표를 막 마치고 나오는 유권자들을 상대로 어느 후보를 선택하였는지를 조사하는 방법이다. 선거 결과를 빨리, 정확하게 예측할 수 있는 조사이기 때문에 여러 나라에서 시행한다. 우리나라의 경우 투표소로부터 50m 밖에서 출구조사를 실시할 수 있도록 허용되어 있다. 현행 공직선거법에 따르면, 출구조사 실시는 텔레비전 및 라디오 방송국과 '신문 등의 진흥에 관한 법률'에 따른 일간신문사에 한하여 비밀투표를 침해하지 않는 방법으로 하여야 하며, 투표 마감시각까지 그 경위와 결과를 공표할 수 없도록 규정되어 있다(167조 2항).

[7]김정훈 (2003). 선거예측과 출구조사, ≪조사연구≫ 4권 2호, 87-102.

지 않기 때문이다. 예컨대 여론조사의 결과로 세 후보 A, B, C가 A>B>C 의 순서로 드러났다면 C의 지지자들이 붕괴되어 A 또는 B의 지지로 전향할 가능성이 있다. 이때 A와 B 중에서 누가 득을 볼 것인가는 C의 지지기반이 A와 B 중에서 누구와 더 가까운가에 달려있다.

## 2.A [부록] 조사연구의 유형

이 절에서는 연구의 접근방법과 연구목적에 의한 몇 가지 조사연구의 유형을 간단히 설명한다.

### 2.A.1 접근방법에 따른 분류

조사연구는 연구의 접근방법 및 자료를 수집하는 시점에 따라 횡단적 연구와 종단적 연구로 구분될 수 있다.

○ **횡단적 연구(**橫斷的 硏究**, Cross-Sectional Study)**

- 조사에서 모든 관련된 변수들에 대한 자료를 하나의 시점에서 동시적으로 수집하여 분석하고 추론하는 방식이다.
- 연구대상이 지리적으로 넓게 분포되어 있고, 조사대상의 수가 많으며, 많은 변수에 대한 자료를 수집해야 하는 경우에 적합하다.
- 사회여론조사나 실태조사 등과 같은 현황조사(status survey)와 변수들 간의 관련성을 파악하기 위한 상관적 연구(relational study) 등이 있다.

○ **종단적 연구(**縱斷的 硏究**, Longitudinal Study)**

- 동일한 연구대상에 대한 자료를 일정 기간에 걸쳐 반복적으로 추적조사 하여 수집하는 방식이다.
- 시간 변화에 따른 변화 유형을 파악할 수 있고, 연구대상의 동태적 변화 및 발전 과정의 연구에 적합하다.
- 동일 계층을 반복 조사하여 그 계층의 변화를 탐구하는 추세연구(trend study), 특정 경험을 같이 하는 집단에 대하여 추적조사하여 자료수집을 반복하는 코호트연구(cohort study, 동류집단연구), 동일한 개체들의 자료를 일정한 시간 간격을 두고 계속해서 수집하는 패널연구(panel study) 등이 있다.

### 2.A.2 연구목적에 따른 분류

조사연구는 연구의 목적에 따라 탐색적 조사, 기술적 조사, 설명적 조사 등으로 구분될 수 있다.

○ **탐색적 조사**(探索的 調査, **Exploratory Research**)

- 조사설계를 확정하기 전에 타당성을 검토하기 위해 예비조사 또는 기초조사의 성격을 가지고 실시하는 조사의 형태이다.
- 조사 대상이나 분야에 대하여 사전지식을 얻고자 하며, 일반적 개념을 보다 구체적이고 측정할 수 있는 변수나 질문 또는 가설로 발전시키려는 것이다.
- 문헌조사, 경험자(전문가) 면접, 연구에 자극을 주는 특수사례분석(사례연구) 등의 연구방법이 사용된다.

○ **기술적 조사**(記述的 調査, **Discriptive Research**)

- 현상을 정확하게 기술하는 것을 목적으로 하며, 단순한 어떠한 사건이나 현상의 크기, 비율, 수준, 관계, 방향등을 파악하는 조사이다.
- 연구 단위는 개인, 집단, 가족, 조직, 지역사회, 국가 등 다양하며, 대상이 되는 현상도 단순한 것에서 복잡한 것에 이르기까지 다양할 수 있다.
- 사회적 문제에 대하여 정확한 실태를 파악하고 정책적 대안을 마련하기 위해 실시된다 (물가조사, 국세조사, 가계조사 등).

○ **설명적 조사**(說明的 調査, **Explanatory Research**)

- 기술적 조사 또는 그 결과의 축적 등을 토대로하여 어떠한 사실들의 인과관계를 규명하거나 미래 현상을 예측하는 조사이다(진단적 조사, 인과적 조사, 예측적 조사, 가설검증적 조사).
- 사회적 문제에 대하여 원인을 파악하고 단순한 기술이 아닌 인과론적 설명을 전개한다.

# 제 3 장
# 조사 방식

앞 장에서도 일부 소개하였지만 조사는 그 방식에 의하여 크게 영향을 받는다. 조사 방식에는 면대면, 우편, 전화, 웹 조사(인터넷 조사) 등이 있다. 면대면조사와 전화조사는 면접원이 조사를 진행하는 반면, 우편조사와 웹(Web)조사는 응답자 스스로 조사표에 응답하게 된다. 그리고 최근에는 전화조사에서 휴대폰 조사와 ARS 조사 등이 갈라져 나왔고 다양한 형태의 웹조사가 등장하였다.

## 3.1 면대면조사

면대면(面對面; FTF, face-to-face)조사는 면접원(面接員, interviewer)과 응답자(應答者, respondent)가 얼굴을 맞댄 상태에서 질문하고 응답하는 방식의 조사이다. 그러나 면접원이 질문자·기록자의 역할을 하는 데 그치지 않는다. 면접원은 응답자를 확보하고(recruiting), 응답자의 참여 동기를 진작하며(motivating), 응답자가 말하고자 하는 것을 짚어내고(probing), 응답자가 질문 내용을 명확히 이해하도록 돕는다(clarifying). 이렇듯 면접원은 많은 역할을 한다.

### 3.1.1 면접원·면접 효과

면대면 조사에서 면접원·면접 효과(interviewer·interviewing effect)는 상당할 수 있다. 두 가지만 들자면 사회적 존재감과 답 항 위치의 효과이다.

첫째, 면접원은 응답자에게 사회적 존재(social presence)로 비춰진다. 이에 따라 조사 내용이 성, 마약, 위법 등 사(私)생활이나 사회적 일탈에 관한 것인 경우에는 응답자가 의도하지 않았던 반응을 할 수 있다.

예컨대, 성적 행태에 대하여는 축소·과장된 반응을 보이고 사회적으로 바람직하지 않은 행태에 대하여 응답자가 솔직하게 보고하지 않는다. 사회적 존재감은 면접원의 겉모습과 표정, 말투, 음성 등에 따라서 응답자에게 다르게 비춰질 수 있다.

전화조사에서 사회적 존재감은 말투와 음성으로 전달된다. 면접원 효과가 일부 있는 셈이다. 혼자서 응답하는 우편조사나 웹 조사에서는 응답자가 느끼는 사회적 존재감은 작다.

둘째, 면접원이 질문을 읽어주고 응답자가 선택할 수 있는 답 항을 열거하면서 앞머리 효과와 방금 효과가 일어날 수 있다.

여기에서 앞머리 효과(primacy effect)는 먼저 말해준 답 항에 쏠리는 효과를 말하는데, 응답자가 답 항을 모두 듣지 않은 상태에서 선택을 말해 버리는 경우에 발생한다. 방금 효과(recency effect, 최근정보효과)는 응답자가 들은 마지막 답 항을 선택하는 경향을 말하는데, 앞에 들은 답 항들은 이미 잊었기 때문이다.

이렇게 앞뒤에 쏠리다 보면 중간에 위치한 답 항들은 덜 선택될 수밖에 없다. 우편조사와 웹조사에서는 질문과 답 항이 한 페이지로 인쇄되어 응답자에 제시되므로 면대면조사에 비하여 앞머리 효과가 더 하고 반면 방금 효과는 덜 하다.

답 항의 위치에 따른 차별적 효과가 나타나지 않게 하려면 답 항의 순서를 교대로 바꿔 놓아야 한다. 예컨대, 답 항이 1, 2, 3, 4인 경우엔 1-2-3-4, 2-3-4-1, 3-4-1-2, 4-1-2-3 등 다른 순서로 배열된 질문지를 번갈아 사용할 필요가 있다. 미국 대통령 선거의 경우에는 카운티별로 후보자 이름이 다른 순서로 인쇄된 투표지를 사용한다. 우리나라의 일부 선거에서도 이런 방식을 사용한다.

### 3.1.2 면대면조사의 환경

면접원이 컴퓨터에서 질문지를 읽고 컴퓨터에 응답내용을 입력하는 면대면조사 방식을 CAPI(Computer Assisted Personal Interview)라고 한다. 응답 자료에 대한 별도의 편집이 필요 없다. 자료 값에 논리적 문제가 있는 경우 컴퓨터가 면접원(입력자)에게 곧바로 알려주기 때문이다. 응답자가 면접원으로부터 컴퓨터를 넘겨받아 컴퓨터에서 질문지를 읽고, 자신의 응답을 컴퓨터에 스스로 입력하는 조사 방식을 CASI(Computer Asssited Self-Interview)라고 한다. 민감한 질문이 포함된 경우엔 이런 방법이 좋다.

면대면조사에서는 실사에 앞서 치밀한 면접원 교육(interviewer trainining)이 필요하다. 조사 취지, 응답자/응답가구 선정, 조사 규칙, 응답자료 코딩/입력, 역할 연습, 조사윤리 등에 대한 워크숍이 필요하다.

면접원은 임의로 선택된 응답자 또는 응답가구를 접촉하기 위하여 체계적 시도를 하게 된다. 조사 취지와 응답자/응답가구 선택과정, 방문시각 등을 사전에 통지할 필요가 있다. 일정 수준의 응답률을 확보하기 위해서 요일과 시각을 달리한 재방문 등이 필요하다.

최근 1인 가구와 맞벌이 가구의 증가, 범죄의 우려, 사생활 노출 등의 문제로 가구방문조사는 점점 더 어려워지고 있다. 다른 방법에 비하여 조사비용이 상당히 비싸고 조사기간도 길다. 면접원에 교육 및 조사 수당이 제공되어야 하고 응답자에 대하여는 매력적인 인센티브가 제공되어야 한다. 그러나 면대면조사는 그 만큼의 효용이 있다. 질문지의 구조가 복잡한 경우, 질문 문항 수가 많은 경우, 높은 응답률과 자료의 질이 요구되는 경우, 수차례에 걸친 반복조사가 요구되는 경우에서는 이것만한 방법을 찾기 어렵다.

개별 면접이 어려운 경우에는 응답자들은 특정 장소시각에 모이게 하여 한꺼번에 여러 명을 조사하는 **집단조사**(gang survey, 갱서베이)를 할 수도 있다. 마케팅 조사에서 제품/광고를 보여주고 소비자 반응을 측정하고자 하는 경우에 활용된다.

## 3.2 우편조사

우편조사(mail survey)는 우편을 활용하는 조사이다. 최근에는 우체국 우편 외에 전자우편으로도 할 수 있다. 면대면조사와 크게 다른 점은 우편조사에서는 면접원이 없다는 점이다. 민감한 내용의 조사에서는 면접원 효과(사회적 존재)로부터 비교적 자유롭다. 우편조사에서 응답자와 면접원의 상호작용이 없다는 점은 조사에 불리하게 작용하는 측면이 있다. 응답자들은 다른 사람의 독려 없이 조사에 대한 참여 여부를 결정하게 된다. 조사 협조 동기가 약할 수밖에 없다. 이에 따라 응답률이 심각히 낮을 수 있다. 우편조사에서 성공의 관건은 응답자의 협조를 얻어내 일정 수준 이상의 응답률을 확보하는 데 있다.

### 3.2.1 우편조사의 표준적 절차

다음은 응답률이 높은 우편조사를 수행하기 위해 Dillman 교수가 제시한 표준적 절차이다.[1]

(1) 예고 엽서(prenotice letter): 질문지 발송에 며칠 앞서 응답자에 조사를 예고하는 편지를 보낸다. 조사에 대해 간단히 설명하고 협조를 당부하는 내용 정도로 한다.

(2) 질문지 발송(questionnaire mailing): 질문지 겉장(cover letter)에 많은 신경을 쓴다. 조사의 취지, 조사 내용, 응답자 정보 보호, 인센티브 제공, 조사기관, 질의처 등을 밝힌다.

(3) 감사 카드('thank you' postcard): 질문지 발송 며칠 후, 질문지 응답에 감사하며 아직 응답을 마치지 않은 경우 협조를 당부한다는 글을 넣은 감사 카드를 발송한다.

(4) 질문지 재발송(replacement questionnaire mailing): 첫 질문지가 나간 뒤 1-2주일 후, 응답 질문지가 도착하지 않은 경우 질문지를 재발송하면서 다시 한 번 조사 협조를 부탁한다.

(5) 최종 접촉(nal contact): 재발송 질문지에도 반응이 없는 응답자에게는 전화 또는 특급우편 등을 통해 질문지 회수 마감일이 거의 되었음을 알린다. 이 방법에 의하면 각 응답자는 3-4회에 걸쳐 질문지 응답의 기회를 갖게 된다. 각 단계에서 응답률이 한 단계씩 상승하게 될 것이다.

이외에 Dillman 교수는 성공적인 우편조사를 위한 근본 요소로 응답자 친화적 설문지(respondent-friendly questionnaire), 1급 우편 우표가 부착된 반송봉투(return envelope

[1]Dillman, D. A. (2000). *Mail and Internet Surveys: The Tailored Design Method*(Second Edition), Wiley, New York. p. 151.

with real first-class stamp), 서신의 개인화(personalization of correspondence), 금전적 인센티브의 선지급(token prepaid financial incentives) 등을 제시하였다.[2]

### 3.2.2 인센티브와 응답률

조사완료 후 큰 인센티브를 제공하는 것보다는 작은 인센티브라도 선(先)제공하는 것이 좋다는 것이 조사학계의 일반적인 견해이다. 이에 대하여는 수많은 실험적 연구가 있었는데 한두 예를 보기로 하자.

<사례 3.1> 인센티브와 응답률 [3]

J. Carlson은 1996년 연구에서 미국 Idaho 주에 새로 이주한 사람들을 대상으로 하였는데, 제1그룹에는 2달러의 현금이 선지급 되었고, 제2그룹에는 300달러의 현금을 추첨으로 지불한다는 약속을 하였으며, 제3그룹에는 아무런 인센티브도 주어지지 않았다. 그 결과 제1그룹의 응답률은 73%, 제2그룹의 응답률은 58%, 제3그룹의 응답률은 54%였다. 제1그룹과 제2그룹 간 응답률의 차이가 상당한 것을 볼 수 있다.

T. Johnson과 S. McLaughlin의 1990년 연구에서, 5달러를 선지급한 그룹에서는 응답률이 83%였다. 반면에 응답 질문지를 보내주면 10달러를 주겠다고 약속한 그룹에서는 응답률이 72%였는데, 이는 아무 인센티브도 제공되지 않은 그룹에서의 응답률과 비슷하였다고 한다.

---

이와 같이 되는 이유는 조사 요청-응답이라는 사회적 교환(social exchange)에 있어 상호 신뢰가 중요하기 때문으로 생각된다. 사례금·사례품을 질문지 응답에 앞서 미리 준다는 것은 조사자가 응답자에게 신뢰감을 갖고 있다는 제스처이니까 그렇다. 그러나 이런 연구들이 대부분 미국에서 된 것들이므로 우리가 그대로 받아들여야 할지는 생각을 해보아야 한다. 우리의 사회심리는 좀 다를 수 있으므로 확인 실험적 조사연구가 필요하다.

### 3.2.3 전자우편 조사

개인적 용도로는 우체국 우편을 점점 덜 쓰는 것이 일반적 추세이다. 우편조사가 조사방법으로서 향후 쇠퇴할 가능성이 있다.

[2] Dillman, D. A. (2000). *Mail and Internet Surveys: The Tailored Design Method*(Second Edition), Wiley, New York. p. 150-153.

[3] Dillman, D. A. (2000). *Mail and Internet Surveys: The Tailored Design Method*(Second Edition), Wiley, New York. p. 167, 169-170.

직장, 학교 구성원이나 홈 쇼핑 고객과 같이 특정 속성의 집단이 조사대상인 경우에는 어렵지 않게 전자우편(e-mail) 주소를 확보할 수 있다. 이런 경우에는 전자우편으로 질문지를 전달하고, 답장 우편(reply mail)으로 질문지를 회신 받을 수 있다. 이러한 전자우편 조사는 우체국 우편조사와 크게 다른 점이 별로 없다. 예컨대, 전자우편을 개인화하여 첫 행이 'OOO님께'가 되어야 하고, 수차례 질문지 응답 요청을 해야 한다. 그러나 세세한 점 한두 가지는 다르다. 첫째, 전자우편의 제목을 잡는 데 특별히 신경을 써야 한다. 스팸메일(spam mail)로 보이면 안되니까 그렇다. 둘째, 응답자 인센티브가 온라인으로 제공되어야 하므로 적절한 아이디어가 있어야 한다.

## 3.3 전화조사

전화조사(telephone survey)는 유선전화(landline phone, fixed phone) 조사와 휴대폰(mobile phone) 조사로 구분된다. 이 절에서는 유선전화 조사에서 시작하기로 한다.

### 3.3.1 유선전화 조사

전화조사는 면접원이 전화번호부에서 또는 CATI 시스템에서 임의생성된 번호에 전화를 걸어, 누군가가 전화를 받으면 그 사람 또는 그의 가족 중 한 사람을 조사하는 방법이다. 우리나라에서는 대부분의 경우 모집단 표집틀로 전화번호부를 쓰지만 그 방법에 많은 문제가 있음은 이미 기술된 바 있다(2.3절 참조). 그보다는 임의번호 리스트가 훨씬 나은 표집틀이다.

전화조사는 면접원을 쓴다는 점에서 면대면조사와 같지만 조사비용이 훨씬 저렴하고 조사시간도 훨씬 짧다. 그렇다고 하루 만에 마칠 수 있는 것은 아니다. 현대 사회의 특성 상, 가구내 재택시간이 짧으므로 조사를 위해 전화를 걸면 '전화받지 않음'의 비율이 상당히 크다. 원칙적으로는 이와 같은 부재중 가구에는 재통화(call-back)를 수차례 하여 응답자와 접촉해야 한다. 외국에서는 10회 이상의 재통화도 하는 것으로 보고되고 있지만, 최소 2회의 재통화(총 3회의 통화)가 필요하므로 하루 만에 실사를 완료하기는 어렵다. 최소 2-3일이 요구된다. 가능하면 주말을 포함하도록 하는 것이 좋다.

전화조사는 면대면 조사에 비해 거절률이 높은 편이다. 그 이유는 전화조사가 오직 음성에 의한 커뮤니케이션이라는 점, 그리고 인센티브 제공이 어렵다는 점 때문이다. 과조사 효과(over-surveying effect)가 배경원인이기도 하다.

전화조사에서 응답자는 깊게 생각한 의견을 내기 어렵다. 전화조사는 시간의 제약을 받는다. 전화조사에서는 응답자가 질문을 이해하는 데 한계가 있다. 따라서 전화조사에 의한 여론조사가 피상적 마음(top of the mind)을 알아본 데 불과하다는 비판을 받는다. 조사결과가 어느 정도 숙고된 의견(deliberated opinion)이 아니라 단순한 인기도(popularity)일 수 있다.

이러한 제약에도 불구하고 우리나라에서 사회여론조사의 방법으로 전화조사가 가장 많이 쓰인다. 전화조사가 조사를 빨리 마칠 수 있고 비교적 저렴한 비용으로 가능하다는 점 때문일 것이다(민간 조사전문기관에서 전화비용의 단가는 10,000원 정도이다. 미국, 일본 등과 비교해서는 민망할 정도로 낮은 가격이다. 조사 단가의 현실화가 매우 시급하다). 그렇지만 제대로 된 전화조사가 시행되는 경우는 매우 적다. 우리나라 전화조사에서 RDD(Random Digit Dialing, 임의번호걸기) 방법과 3회 통화규칙의 적용은 향후 개선이 요구되는 핵심 사항이다. 최근에는 우리나라의 주요 조사회사에서 RDD 방법이 보편적으로 사용되는 추세이다(4.7절 참조).

### 3.3.2 ARS 조사

전화조사와 유사한 것으로 ARS(Automatic Response System) 조사가 있다. ARS 조사는 조사안내, 참여요청, 질문과 답 항 읽기 등 전화조사에서 면접원이 하는 일을 모두 녹음해두고 이것을 활용하는 방법이다. 그리고 임의생성된 번호에 전화를 걸어 사람이 전화를 받으면 녹음이 나오며, 다행히 응답자가 전화를 끊지 않는 경우 질문과 답 항을 읽어주고, 응답자에게 1, 2, 3, 4 등 숫자 버튼을 눌러 응답하도록 한다[학술적으로는 TDE(Touchtone Data Entry) 조사라고 한다].

ARS 조사의 최대 장점은 저렴한 조사비용에 있다. 면접원 인건비가 들지 않기 때문이다. 그러나 전화를 받으면 실제 사람이 아니라 녹음이 흘러나오므로, 응답자가 그냥 전화를 끊을 가능성이 실제 전화조사에 비하여 클 것으로 보인다. 조사 거절률에 있어 실제 전화조사와 ARS 조사가 어느 정도의 차이가 있는지, 실제로 조사결과에 있어 어떤 차이가 있는지에 대하여 실험적 비교연구가 필요하다. 2014년 제6회 전국동시지방선거를 대상으로 중앙선거여론조사공정심의위원회 홈페이지에 등록된 선거여론조사의 경우, ARS 조사에서 응답률이 과소한 경우가 매우 많은 것으로 나타났다.[4]

### 3.3.3 휴대폰 조사

휴대폰 조사(mobile phone survey)는 유선전화 조사와 상당한 차이가 있다. 두 조사는 모집단 프레임부터 다르다. 휴대폰의 경우에는 유선전화와는 달리 전화번호부가 있는 것

[4]강현철, 이명진 (2014). ≪제6회 지방선거 여론조사 실태 분석을 통한 여론조사의 객관성·신뢰성 제고방안 연구≫, 한국조사연구학회.

이 아니다. 따라서 대부분의 경우 휴대폰 조사를 위해서는 사전에 준비된 액세스(Access) 리스트가 필요하다(4.B절 참조). 그리고 표본은 액세스 리스트에서 추출된다. 표본 응답자에 대한 조사협조 요청은 휴대폰 문자메시지(SMS)로 한다. 요청을 받아들인 응답자가 조사회사에 전화를 걸면, ARS 조사 시스템이 작동하여 녹음된 질문과 답 항이 나오고, 응답은 버튼 누름으로 전달된다.

휴대폰 조사는 유선전화 조사에 비해 좋은 점이 몇 가지 있다. 첫째, 조사협조 요청이 SMS로 간다는 점이다. 어느 날 아무 시각에 전화 벨을 울려 조사를 하자고 하는 것이 아니다. 정해진 기일 내에서는 아무 시각에나 응답해도 되므로 사생활 침해 정도가 적다. 둘째, 휴대폰 조사에서는 응답자에게 금전적 보상을 하기도 한다. 따라서 응답자가 어느 정도 책임감을 가지고 조사에 응하게 될 것으로 기대할 수 있다. 셋째, 젊은 사람들의 재택률이 무척 낮기 때문에 현재로서도 20대와 30대에 대한 전화조사가 쉽지 않다. 앞으로 1인 가구 비율이 증가할 것이고, 1인 가구에서는 유선전화를 갖지 않는 경향이 높아질 것으로 보인다. 그러나 휴대폰 조사는 이런 사회적 추세로부터 영향을 받지 않는다.

그럼에도 불구하고 표본추출은 액세스 리스트에 의존할 수밖에 없다는 점이 한계로 남는다. 액세스 리스트가 어떻게 얻어졌는가?, 액세스 리스트 표본에 어떤 성향적 보정을 하는가?에 따라 조사결과에 편향(偏向, bias)이 없어질 수도 있으나 남을 수도 있다. 최근에는 휴대폰 조사에서도 RDD(Random Digit Dialing, 임의번호걸기) 방법이 보다 널리 사용되고 있다.

## 3.4 웹조사(인터넷 조사)

웹(인터넷) 조사에는 단순한 온라인 조사부터 확률표본 조사까지 다양한 형태가 있다. 웹사이트 방문자를 대상으로 조사참여를 요청하고, 참여자에 대하여는 그 때까지의 집계 결과를 알려준다. 이런 조사는 아무리 참여한 응답자 수가 많더라도 일반 사회조사로 보기 어렵다. 이에 대조되는 방식은 확률 패널에 의한 웹조사이다.

<사례 3.2> 확률 패널 웹조사 [5]

확률 패널 웹 조사의 한 예는 Knowledge Networks 사의 웹 조사인데, 이 회사는 RDD 방법과 전국 주소 리스트로부터 확률적인 방법으로 50,000명 규모의 액세스 패널을 구축하였다. 만약 패널 구성원이 컴퓨터가 없거나 인터넷이 연결되지 않는 경우엔 회사가 시설을 갖추어 주었다. 그러므로 회사는 액세스 패널 구축에 상당한 비용이 들었을 것이다.

[5] http://www.knowledgenetworks.com

대다수의 웹 조사를 하는 전문기관들은 자원자 액세스 리스트를 구축하고 이로부터 웹 조사를 위한 표본추출을 한다. 따라서 자기선택편향(self-selection bias)으로부터 자유롭지 못하다. 액세스 리스트는 당연히 인터넷을 많이 이용하는 사람들로 구성되어 있을 가능성이 높다. 자원자 액세스 리스트에 의한 웹 조사 과정은 다음과 같다.

(1) 웹 조사 응답에 관심을 가진 사람들이 스스로 회원 가입을 하면 액세스 리스트에 올라간다. 이 리스트는 상당기간 여러 조사에서 사용된다.
(2) 액세스 리스트로부터 표본 응답자가 추출되고 이들에게 전자우편으로 조사요청이 간다. 더불어, 휴대폰 SMS로도 통보되기도 한다.
(3) 표본 응답자들은 지정된 웹 조사 사이트에 로그인하여 질문지에 응답한다. 액세스 리스트 식별번호와 패스워드가 필요하다.
(4) 조사 마감이 되면 응답 자료가 수합 분석되어 조사 결과가 나온다.

웹 조사에서 응답을 마친 사람들은 소정의 금전적 보상을 받으므로 응답자들은 어느 정도 책임감 있게 조사에 응할 것으로 기대된다. 또한 응답자들은 하루 중 아무 때나 자신이 좋은 시간에 질문지 응답을 할 수 있다. 따라서 사생활 침해 정도는 매우 약하다고 하겠다. 이상의 사실들은 좋은 점들이다. 그러나 문제도 있다. 웹 조사 표본이 결국 자원자들로부터 나오므로 이들이 일반인들과 비교하여 인구지리적·사회적·심리적 차이가 있을 수 있다는 점이 그것이다.

만약 자원자 웹 조사 표본이 모집단과 비교하여 인구지리적 차이를 보인다면 이것은 가중법을 적용하여 해결할 수 있다. 확률표본에서도 지역·성·연령대 분포가 모집단과 차이를 보이는 일은 흔하므로 이 점은 자원자 웹 조사 표본에 한정된 것은 아니다. 그러나 인구지리적 차이가 두 표본 간 차이의 전부인 것은 아니다. 인구지리적 차이를 가중법으로 보정한다고 하더라도 사회적·심리적 측면에서 차이가 날 수 있다. 만약 이것을 그냥 놓아두면 그만큼이 주 조사결과에 편향을 미칠 것이다.

## 3.5 심층면접과 초점집단면접

이제까지 다룬 면대면조사, 우편조사, 전화조사, 웹 조사 등은 모두 정량적 연구(quantitative research) 방법이라 할 수 있다. 결과가 숫자로 나오는 연구라는 뜻이다. 이런 정량적 연구가 때로는 적절하지 않은 경우가 있다. 예를 들어, 아직 이슈가 무엇인지가 제대로 파악되지 않은 경우가 그렇다. 이런 경우에 섣불리 정량적 연구를 하게 되면 아무 의미 없는 숫자가 나올 수 있다.

### 3.5.1 심층면접

이런 경우에는 조사대상 응답자들을 한 명씩 만나서 그들이 해당 주제에 대하여 무엇을 생각하는지(thought), 관련된 특정 상황에서 무엇을 하는지(behavior), 꽉 짜인 질문이 아니라 몇 개의 영역에 걸쳐 질문을 만들어 비교적 자유스럽게 물어볼 수 있겠다. 이런 연구방법을 심층면접(in-depth interview)이라고 한다.

심층면접에서 표본은 크지 않다(25명 이내). 그러니만큼 결과를 수치화할 수 없다. 그 연구 토픽에 대한 다양한 정성적 정보가 생성될 수 있다. 예컨대 그들이 무엇을 말하는지, 핵심적 이슈가 무엇인지, 어떤 패턴·경향이 있는지를 얻어낼 수 있다. 즉, 심층면접은 정성적 연구(qualitative research) 방법이다. 정성적 연구는 일반 조사와 같은 정량적 연구에 대한 예비 연구로서 상당한 가치가 있다. 연구가설과 질문지에 포함될 문항이 생성된다.

### 3.5.2 초점집단면접(FGI)

심층면접이 개별적으로 이뤄지는데 반해 초점집단면접(FGI, focus group interview)는 그룹으로 이뤄진다. 8-12명의 응답자로 그룹을 만들고 사회자(moderator)가 면접과 토의를 진행한다(1-2 시간). 한 자리에서 함께 이야기하므로 참여자 사이에 상호작용(interaction)이 있게 된다. 이에 따라 해당 토픽에서 관련 이슈가 좀 더 명확해진다(focusing).

FGI는 다수의 그룹을 대상으로 시행될 수 있다. 그런 경우 내적으로 원활한 소통이 될 수 있도록 그러나 토론이 활성화될 수 있도록 참여자들을 그룹화 한다. FGI의 사회자는 문항을 몇 개의 영역으로 구성하고 영역별로 면접 및 토의를 이끌되 중립적 입장에 서야 한다. 10명 내외의 사람들이 모여 이야기하다 보면 1-2명이 전체 분위기를 주도하는 경우가 있다. FGI가 그렇게 흐르지 않도록 사회자는 적절한 통제력을 구사해야 한다. FGI는 여러 사람들이 같이 말하기 어려운 민감한 주제를 다루기에는 좋지 않다.

보통 FGI의 응답자에게는 충분한 보상을 한다. 또한 FGI의 내용은 녹음·녹취·녹화되고, 일방향 거울(one-sided mirror)의 건너 방에서 전문가들이 진행상황을 모니터링하는 것이 보통이다. 이를 기반으로 작성된 FGI 텍스트를 연구팀이 다각적 측면에서 검토하고 토론하여 결론을 도출한다.

## 3.6 공론조사

여론조사(opinion polling)는 피상적 의견을 모은 것에 불과하여 한 사회의 합리적 의견을 이끌어내지 못한다는 비판을 종종 받는다. Fishkin 교수(정치학)는 한 사회의 의사결정을 이끌어낼 수 있는 조사방법으로 공론조사(公論調査, deliberative polling)를 제안하였는데,[6] 다음과 같은 과정으로 구성된다.[7]

(1) 1차적으로 여론조사를 하여 '여론'을 파악하고
(2) 여론조사 응답자 중에서 대표적인 사람들을 패널로 영입하여
(3) 패널원(panel members)에 충분하고 균형 잡힌 정보를 제공하고, 패널원 간 토론 및 전문가들과 질의-답변의 장(場)을 가지며
(4) 패널원 투표로써 최종결론을 도출한다.

Fishkin 교수는 민주주의의 전제 조건을 ① 정치적 평등(political equality), ② 비독재성(non-tyranny), ③ 토의 및 숙고(deliberation, 熟考)로 보고, 현대 민주사회의 정치적 과정에서 여론조사가 빈번히 활용되고 있기는 하지만 여론조사에는 토의 및 숙고의 과정이 없기 때문에 한계가 있다고 지적한다.

이에 반해, 그가 제안하는 공론조사는 ① 특정 쟁점에 대해, ② 상반된 시각과 주장에 대한 균형이 잡힌 정보를 제공하고, ③ 대표성 있는 시민 간 토론을 통해, ④ 공적결정(public judgement)을 유도하는 것이다.

공론조사가 제안되고 도입된 배경에는 제반 사회적 문제에서 충분한 토론 없이 갈등화하는데 이를 해결하는 안정된 제도적 방식이 없다는 데 있다. 여론조사는 인기영합주의(populism)의 도구가 되기 쉽다. 현대의 거대 사회에서 민주주의가 작동하기 위해서는 타당하고 효율적인 공론의 장(public sphere)이 절실하게 필요하다. 여론조사는 대중의 집합된 의사가 표현되는 출구이기는 하지만, 충분하고 균형된 정보 하에서 깊게 생각하고 토론의 통해 상대측 입장을 헤량하여 나온 생각이 아니어서 문제가 있는 방법이라는 것이다.

Fishkin 교수는 아테네 민주주의를 검토하였다. 아테네(Athens)에는 6만명의 시민이 있었으나 주요 결정의 장이었던 프닉스(Pnyx) 언덕은 오직 6,000명을 수용할 수 있었다고 한다. 따라서 일부 시민만 참석이 가능한데 선발 방법은 제비 뽑기(lottery)였다. 프닉스 언덕에서 참석 시민들은 정치가들의 대립하는 주장을 경청한 다음 찬성·반대 투표를 하여 주요 국가적 정책을 정하였고, 참석하지 못한 시민들은 참석시민들이 최선의 결정을 하였을 것으로 믿고 따랐다고 한다.

[6]Fishkin, J. S., Luskin, R. C., Jowell, R. (2000). Deliberative polling and public consultation, *Parliamentary Affairs*, 53, 657-666.

[7]공론조사에 대한 웹 사이트: Center for Deliberative Democracy(Stanford University), http://cdd.stanford.edu. 우리나라에서는 김원영 譯(2003), "민주주의와 공론조사"(원저: Democracy and Deliberation by J. Fishkin, 이화여자대학교 출판부)가 출간된 바 있다.

그러므로 Fishkin 교수의 공론조사는 아테네의 정치적 과정을 현대사회에 이식한 것이다.

<사례 3.3> 텍사스 주의 공론조사 [8]

미국 텍사스 주의 공공 유틸리티(전력)에 대한 집단결정에서 공론조사 사례를 보기로 하자. 텍사스 주에서 전력회사는 독점 기업으로 주 정부에 전력수급 계획을 제출하고 인가를 받아야 한다고 한다. 이에 전력회사는 주민들의 지지를 받는 전력확보 방안을 제시하고자 주민들을 대상으로 다음과 같이 에너지 정책에 대한 공론조사를 하였다.

텍사스 주 내 8개 지역에서 각각 800-1,200명을 전화조사하였고, 일부를 표본으로 뽑아 1박 2일의 공론장 참석을 요청하였다. 수락자에게는 50달러의 사례금을 제공하였고, 참석자에게는 100-150 달러를 추가로 지불하였다. 물론 1박 2일간 호텔 숙박비는 무료였다.

공론조사 대상자들에게는 사전에 이슈가 무엇인지를 알렸다. 그리고 참석자들에게는 전력산업에 대한 소비자의 입장, 환경보호가의 입장, 투자자의 입장을 균형있게 전달하였다. 참석자들은 10-20명씩 소그룹으로 나누어져 토론하였으며 마지막 총회를 마친 뒤 최종 질문지에 응답을 하였다.

텍사스 주 공론조사에서 1차 여론조사 응답률은 39-48%였고, 공론조사 수락자 중 실제 참석율은 25%였다. 공론화 단계 이전과 이후에 몇 가지 지식 및 태도에서 변화가 있었다. 예컨대 "Which energy source produces most electricity?"에 대한 정답률이 사전 20%에서 사후 68%로 변하였고, "I agree to build more fossil fuel plant"에 대한 응답이 0-1 척도에서 사전 평균이 0.45이고 사후 평균이 0.65였다.

---

우리나라에서 최초의 공론조사는 재경부가 발주한 '부동산 종합대책'에 관한 것이었다. 1차 전화조사의 크기는 500명 규모였고, 2차 공론화 과정은 50명 규모로 운영되었다(10명씩 5개 조로 편성). 조사내용은 공공 개입, 부동산 거래, 부동산 세제, 부동산 정책, 공영 개발 등이 이슈였다. 제안 정책에 대한 전문가들이 찬성측-반대측이 1:1로 참석하였다. 결과는 재경부 공론조사 2005 백서로 공개되었다. 2007년에는 '부산 북항 재개발'에 대한 공론조사가 시행되었고(한국리서치), 2008년에는 "유전자재조합제품, 약인가 독인가?"에 대한 공론조사가 시행되었다(월드리서치).

---

[8]Luskin, R. C., Fishkin, J. S., Plane, D. L. (1999). Deliberative polling and policy outcomes: Electric utility issues in Texas, *The Center for Deliberative Democracy*(Stanford University), Research Paper 2004. http://cdd.stanford.edu.

## 3.7 패널조사

패널조사(panel survey)란 한 번 뽑은 표본을 수차례 또는 일정기간 반복 측정하는 조사방법이다. 동일 응답자가 여러 시점에서 조사되므로 시점 간 변화에 대한 양질의 정보를 얻을 수 있다. 예컨대, 세종시 신안에 대하여 어떤 응답자가 2010년 1월에 반대였는데 2월 조사에서 찬성으로 바뀌었다면 뭔가 그 이유가 있을 것이다. 패널조사에서는 그 이유를 조사하는 것이 가능하다. 패널조사가 아니라 단순하게 2회 반복된 횡단면조사(cross-sectional survey)의 경우 변화의 방향과 크기가 추정될 수 있지만 정확도가 덜하다. 더욱이 변화의 원인을 자료에서 찾아내기는 어렵다. 그러나 패널조사도 두 가지 취약점을 갖는 것으로 알려져 있다.

첫째는 패널 이탈(panel attrition)이다. 이것은 조사 차수(wave)가 지남에 따라 조사 거절이나 접촉 실패 등의 이유로 최초 표본 응답자 집단에서 일부가 사라지는 현상이다. 패널 이탈은 단순하게 표본크기의 감소라는 문제만 갖는 것이 아니다. 떠난 사람들은 남은 사람들과는 다른 인구사회적·사회심리적 속성을 가지는 사람들이기 쉽다.

둘째는 패널 조건화(panel conditioning)이다. 이것은 조사 자체로부터 응답자가 자극을 받아 변질되는 현상을 말한다. 조사 주제에 대한 관심 또는 지식이 점차 증가하거나, 조사자에 동조하거나, 무성의하게 응답하는 경향이 생길 수 있다. 이것은 바람직하지 않다.

<사례 3.4> 2007년 대통령선거 패널조사 [9]

패널조사의 한 예로서 KBS-MBMR의 2007년 대통령선거 패널조사를 살펴보도록 하겠다. 패널 구축은 RDD와 시간균형할당추출로 하여 전화번호부 표본추출에 비해 대표성이 높은 패널 풀을 확보하고자 하였다. 낮과 저녁, 평일과 휴일로 구분하여 5일에 걸쳐 총 7회까지 재통화를 실시하여 패널을 구축하였다. 패널 구축 조사에서 통화 성공률(응답률)은 16.0%였다. 만약 최초 통화로 그쳤더라면 6.9%를 기록하였을 것으로 보인다.

패널조사는 중도 이탈로 인하여 조사 차수가 지남에 따라 표본크기가 줄어들고 패널 조건화가 심해지기 마련이다. 차수가 지남에 따라 표본크기가 줄어들지 않도록 하기 위하여 2차 조사부터 5차 조사까지 각 시기에서 패널 표본이 보충되도록 하였다. 다만, 보충 패널 추출은 1차 조사의 주 패널 확보 단계에서 부재중/관심없음 등의 이유로 선발되지 않은 응답자 풀(pool)에서 하였다. 패널 이탈이 접촉이 어렵거나 흥미 결여 집단에서 주로 발생하기 때문이다.

〈표 3.1〉은 다섯 번의 라운드에서 확보된 패널과 함께 조사된 응답자 수를 보여준다. 1

[9] 허명회, 김지연, 이양훈 (2009). 패널 이탈과 조건화의 영향: KBS-MBMR의 2007년 대통령선거 패널조사 사례, ≪조사연구≫, 10(1), 73-89.

〈표 3.1〉 패널 확보 시기와 조사 차수 별 응답자 표본의 크기

| 확보 | | 1차 | 2차 | 3차 | 4차 | 5차 |
|---|---|---|---|---|---|---|
| 1차 라운드 | 2,000 | 2,000 | 1,734 | 1,631 | 1,632 | 1,650 |
| 2차 라운드 | 428 | | 428 | 369 | 339 | 361 |
| 3차 라운드 | 208 | | | 208 | 183 | 179 |
| 4차 라운드 | 210 | | | | 210 | 171 |
| 5차 라운드 | 219 | | | | | 219 |
| 총합 | 3,065 | 2,000 | 2,162 | 2,208 | 2,364 | 2,580 |

차 라운드에서 2,000명을 확보하여 조사하였으나, 2차 라운드에서는 이 중 1,734명(86.7%)으로부터만 응답을 받았고 266명(13.3%)으로부터는 응답받지 못하였다. 그러나 2차 라운드에서 새로 428명을 확보함으로써 패널 손실을 충분히 보충하였다. 3차 라운드에서는 208명을, 4차 라운드에서는 210명을, 5차 라운드에서는 219명을 추가로 확보하여 누적 패널은 총 3,065명에 이르렀다. 최종 5차 조사는 총 누적 패널을 대상으로 실시되었고 이 중 2,580명이 응답하였다(응답률 84.0%).

패널 이탈에 있어 지역, 성, 연령대별 차이가 있는가를 살펴본 결과, 지역별로는 유의한 차이가 나타나지 않았다. 그러나 1차 라운드 패널원 중 후속 4 차례 조사에서 남자는 모두 참여한 비율이 73%였으나 여자는 65%에 그쳐, 남자의 참여도가 여자의 참여도에 비하여 큰 것으로 나타났고 그 차이는 통계적으로 유의하였다. 1차 라운드 패널원 중 후속 4차례 조사에서 연령대별로 비교해본 결과, 모두 참여한 비율이 60대 이상에서 58%, 20대 이하에서는 60%로, 30대의 76%와 40대의 76%에 비해 작은 것으로 나타났다. 50대에서는 모두 참여한 비율이 72%였다. 즉 20대 이하와 60대 이상에서 그 비율이 작았다.

〈표 3.2〉는 1차 조사와 2차 조사에서 선호후보 밝힘 응답과 없다/모른다/무응답(DK응답), 조사불가 간 전환행렬(transition matrix)로서 패널조사의 동태적 측면을 보여준다. 1차 조사 선호후보 밝힘 응답자 중 2차 조사에서 선호후보 밝힘 응답자로 남은 비율 79%에 비교하여, 1차 조사 DK 응답자 중 2차 조사에서 DK 응답자로 남은 비율은 27%로 상당히 작았다. 선거일이 가까워질수록 유권자 관심이 증가할 것이다. 그러나 짧은 기간(1차: 8월 15일-17일, 2차 조사: 9월 27일-29일)동안 이렇게 급격히 DK 응답 비율이 줄어든 것인데, 이것은 패널 조건화가 작용한 결과로 보인다. 또한, 1차 조사 선호후보 밝힘 응답자 중 2차 조사에서 조사불가자로 남은 비율이 12%였으나, 1차 조사 DK 응답자 중 2차 조사에서 조사불가자로 남은 비율은 18%로 상대적으로 컸다. 이것은 패널 이탈의 일부 원인이 패널원의 DK 태도에 있음을 의미한다.

〈표 3.2〉 1차 조사에서 2차 조사로의 전환

| | | 2차 조사 | | | |
|---|---|---|---|---|---|
| | | 선호 밝힘 | DK 응답 | 조사불가 | 합계 |
| 1차 조사 | 선호 밝힘 | 1,288 (79%) | 137 (8%) | 197 (12%) | 1,622 (100%) |
| | DK 응답 | 208 (55%) | 101 (27%) | 69 (18%) | 378 (100%) |
| 전체 | | 1,496 (75%) | 238 (12%) | 266 (13%) | 2,000 (100%) |

〈표 3.3〉 가중치 적용 KBS-MBMR 패널의 최종 지지후보 분포와 선거 결과의 대비

| | 정동영 | 이명박 | 이회창 | 기타후보 | 합계 |
|---|---|---|---|---|---|
| KBS-MBMR 패널 | 22.3% | 49.6% | 15.2% | 12.9% | 100.0% |
| 선거결과 | 26.1% | 48.7% | 15.1% | 10.2% | 100.0% |

참고로 패널 조사에 의한 선거예측과 실제 득표율을 보기로 하자. 표 3.3은 주민등록 상주인구 기준 지역·성·연령대 가중치를 적용하여 구한 KBS-MBMR 패널의 DK응답 제외 최종 지지후보 분포와 실제 선거 결과를 비교한 것이다. 이명박 후보에 대한 지지율이 패널에서 49.6%, 선거에서 48.7%로 나타나 차이가 불과 0.9%p였다. 정동영 후보에 대하여는 패널에서 22.3%, 선거에서 26.1%로 나타나 차이가 -3.8%p로 다소 크게 나왔지만, 이회창 후보에 대하여는 패널에서 15.2%, 선거에서 15.1%로 차이가 거의 없었다.

패널 이탈과 조건화가 반드시 패널조사의 타당성을 저해하지는 않는다는 연구 사례들도 더러 있다. 이 사례도 그런 예이긴 한데, 일반적으로 패널 이탈과 조건화는 패널 편향을 초래할 가능성이 있는 2개의 큰 저해 요인이다. 패널 관리에 특별한 노력이 필요하다.

---

## 3.8 혼합방식 조사

동일 응답자 집단을 대상으로 하더라도 조사방식(면대면조사, 우편조사, 전화조사, 웹조사 등)에 따라 결과가 다소 다를 수 있음은 잘 알려져 있다. 그러나 민감성이 덜한 문항이라면 어느 방식으로 조사하더라도 차이가 없기도 하다. 한 가지 방식으로 조사하는 것이 조사자에게는 편리하다. 그러나 일부 응답자에게는 불편할수 있다.

예컨대 이런 상황이다. 대부분의 금융기관들은 고객만족도 조사(customer satisfaction survey)를 하여 거래고객들이 혹시 불편하지 않았는지를 알아보고 영업지점들의 업무를 평가하고자 한다. 좋은 일이다. 그러나 만족도 조사가 고객의 만족도를 높이는지는 알 수

없다. 무슨 말인가 하면, 어떤 경우에는 거래 은행들로부터 걸핏하면 휴대폰으로 전화가 걸려온다. 낮 시간에는 공적 업무로 바쁜 경우가 많아서(아니면 졸고 있거나), 1-2분이라도 조사를 위해서 내가 하던 일을 끊고 싶지 않다. 그래서 "고객을 위해서 제발 휴대폰으로 그런 조사하지 마세요"라고 말한다. 어떤 사람들은 휴대폰으로 조사에 응하는 것을 즐길 수도 있다. 그러나 어떤 경우에는 전자우편으로 응답하는 것을 선호한다.

2개 이상의 방식에 의한 조사를 혼합방식 조사(mixed-mode survey)라고 한다. 혼합방식 조사를 하는 이유는 ① 응답자의 개별적 선호를 고려하기 위하여, ② 조사자와 응답자 쌍방이 편리하기 때문, ③ 조사시간과 비용을 줄이기 위한 이유, ④ 조사의 정확도를 위해 필요하기 때문 등이다.

패널조사에서 1차 조사는 응답자를 패널로 등록시키는 한편 다수의 기본 항목들이 조사될 필요가 있으므로 면대면 방식이 아니면 곤란할 수 있다. 그러나 2차 조사부터는 전화조사로 충분할 수 있다. 이런 경우가 조사자 응답자 쌍방의 편의를 위해 혼합방식 조사를 하는 경우이다.

미국의 인구 센서스는 1차로 우편조사를 하는데 2/3 정도의 가구가 응답을 한다. 응답하지 않은 가구는 조사원이 방문하여 조사한다. 만약 모든 가구에 대하여 방문 조사를 한다면 훨씬 많은 시간과 비용이 들 것이다.

조사가 민감한 질문을 포함하는 경우 면접원이 사회적 존재의 역할을 한다고 말한 바 있다. 따라서 전화조사가 그런 문항들을 포함하는 경우에서는 면접 도중 해당 부분을 ARS 방식으로 전환하여 조사할 수 있겠다. 또는 면대면 조사의 경우에는 해당 부분을 CAPI(Computer Assisted Personal Interview)에서 CASI(Computer Assisted Self-Interview)로 전환할 수 있겠다. 이런 경우가 조사의 정확도를 위해 혼합방식으로 조사하는 경우이다.

과학기술의 발전에 따라 사람과 사람 간 커뮤니케이션에 다수의 방식이 가능해졌다. 조사를 꼭 한 가지 방식으로 해야 하는 것은 아니다. 응답자 편의와 조사의 정확도 및 경제성을 고려하여, 필요하다면 혼합방식의 조사를 마다할 이유가 없다.

## 3.9 조사 방식에서 고려해야 할 요소들

앞에서 설명한 각 조사 방식은 다음과 같은 1차적 특성을 갖는다.

- 면대면조사: 고질(high quality), 고비용(high cost)의 조사이다. 응답률(response rate)과 완결률(completion rate)이 높다.

- 전화조사: 신속성(rapidity)이 장점이다. 그러나 최근에는 사생활 침해의 문제가 제기되었다.
- 우편조사: 저비용(low cost) 조사이다. 응답자가 숙고(deliberation, 熟考)하여 응답할 수 있으나 응답자 통제가 어렵다.
- 웹조사: 응답자 편의적 환경을 제공한다. 숙고가 가능하고 다채로운 시각적 설문지 제시가 가능하다.

조사 방식의 선택에 있어서는 다음과 같은 요소들을 고려해야 한다.

(1) 응답률(response rate)

- 정의: 목표 응답자 중에서 실제로 응답한 사람의 비율. 예컨대 1,000명의 응답자에게 설문지를 발송하여 251명의 응답 설문지를 회수하였다면 응답률은 251/1,000*100(%) =25.1%가 된다.
- 우편조사의 응답률은 대체로 낮은 편이고 면대면 조사에서의 응답률은 대체로 높은 편이다. 응답률이 조사자료의 질을 나타내는 1차적 지표이기는 하지만 응답률에 관한 최소기준(minimum standard)과 같은 것은 없다.
- 응답률이 낮은 조사는 표본의 대표성에 시비가 붙을 가능성이 있다. 무응답자의 성향이 응답자의 성향과 크게 다를 수 있기 때문이다.
- 응답률을 높이려면 재방문(revisit; 면대면조사), 재통화(call-back; 전화조사), 재발송(2nd and 3rd mailing; 우편조사), 재협조 요청(2nd and 3rd request; 웹조사) 등 조사자의 체계적 노력이 필요하다.

(2) 설문(질문)의 복잡성(question complexity)

- 전화조사로는 숙고(deliberation, 熟考)가 필요하거나 응답항 수가 많은 질문을 하기 어렵다. 그런 경우에는 보기 카드(show card)를 활용할 수 있는 면대면조사, 질문과 응답항을 한 번에 볼 수 있는 우편조사나 웹 조사가 적절하다.
- 복잡한 조건의 건너뛰기가 있는 경우, 자기관리(self-administeration)가 요구되는 우편조사는 부적절하다. 그런 경우는 자동 건너뛰기가 가능한 웹조사가 더 적절하다.

(3) 설문지의 길이(questionnaire length)

- 설문지가 길수록 응답자의 집중력이 요구된다. 그런 조사는 면대면조사가 바람직하다.
- 전화조사의 경우 설문 수는 작아야 한다(대략 10개 내외). 응답자와 오랫동안 통화하기 어렵기 때문이다.
- 휴대폰 조사나 ARS 조사의 경우 설문 수가 더 작아야 한다(대략 5개 내외).

- 우편조사의 경우 설문지가 길수록 상응하는 인센티브가 제공되어야 한다. 요구되는 노력에 비하여 보상이 작다면 응답자는 협조하지 않을 것이다.

(4) 지리적 산재성(geographical dispersion)

- 표본 개체(응답자)가 지리적으로 산재되어 있는 경우 면대면조사는 막대한 비용이 수반된다. 이런 경우에는 1개 조사지점에서 다수의 응답자를 면접조사 할 수 있는 집락추출(cluster sampling)이 바람직하다.
- 전화조사, 우편조사, 웹조사는 응답자가 지리적 산재되어 있더라도 아무 영향을 받지 않는다.

(5) 조사 주제에 대한 응답자의 흥미(respondent's interest in the survey topic)

- 조사 주제에 응답자가 흥미를 갖는 경우 응답자가 협조할 가능성이 높다. 반대의 경우 응답자의 협조를 받기가 쉽지 않다.
- 주요 언론사(전국 일간지, 공중파 TV 방송사)가 주관하는 사회여론조사는 응답자의 흥미를 끄는 편이다.
- ARS 조사나 우편조사는 응답자의 흥미를 끌기가 쉽지 않다.
- 조사 주제가 덜 흥미로우면 응답률은 낮아진다.

(6) 민감한 질문(sensitive questions)

- 응답자 개인의 사생활과 사회적 일탈 행위 등 민감한 질문이 있는 조사의 경우, 우편조사나 웹조사와 같이 자기관리 방식의 조사는 적합하지 않다.
- 면대면조사와 전화조사와 같이 면접원이 있는 경우, 응답자는 면접원을 사회적 존재(social presence)로 인지하므로 솔직한 응답이 나오기 어렵다. 이에 따라 응답편향(response bias)이 초래된다.
- 예: 성(性, sex)에 관한 태도 및 행태(behavior), 시험부정, 폭행, 마약 등.

(7) 조사비용의 최소화(minimizing cost)

- 우편조사는 저비용으로 가능하다. 그러나 우표 값만 드는 것은 아니다. 응답자에게 인센티브(사례품, 사례금)를 제공해야 한다.
- 면대면조사는 고비용 조사이다. 면접원 인건비가 수반되기 때문이다.
- 전화조사와 웹조사는 비용 측면에서 우편조사와 면대면조사의 사이에 있다.

(8) 설문(질문) 순서가 중요한 경우(importance in question ordering)

- 우편조사에서는 응답자의 설문의 응답 순서를 제어할 수 없다.

- 웹조사에서는 앞 질문에 대한 응답을 마쳐야 다음 질문으로 넘어갈 수 있게 설문지가 설계되어야 한다(page view 방식).
- 면대면조사와 전화조사에서는 면접원이 질문의 순서를 통제하므로 문제가 되지 않는다.

### (9) 응답자 통제가 필요한 경우(need to control respondents)

- 우편조사와 웹조사에서는 응답자 통제가 어렵다. 즉 응답자가 질문에 대한 응답을 다른 사람·정보원에서 얻는 것이 가능하다. 또한 대리응답도 가능하다. 응답자가 별 생각을 하지 않고 아무렇게나 응답하는 '건성 응답'(satisce)에 대한 대책이 없다.
- 그런 경우에는 면대면조사가 가장 좋다. 면접원이 응답자를 효과적으로 통제할 수 있기 때문이다.

### (10) 조사 방식에 따라 응답자 반응이 달라지는가?

- 그런 설문도 있고 그렇지 않은 설문도 있다.
- 민감한 설문과 사회적 요망성(social desirability)이 내재된 설문의 경우는 그런 경우이다. 물리적 사실을 묻는 설문은 그렇지 않기가 쉽다. 요건은 응답자의 사회적 심리(sociological psychology)이다.

# 제 4 장
# 표본추출 방법

대다수의 조사는 모집단에 비하여 극히 작은 표본의 응답자를 대상으로 시행된다. 그럼에도 불구하고 표본에 주어진 임무는 모집단을 대표해내는 데 있으므로, 모집단에서 어떻게 표본을 추출할 것인가는 조사의 성공을 위한 매우 중요한 관건이다. 이 장에서는 몇 가지 기본적인 확률 표본추출(probability sampling) 방법의 설명과 함께 액세스(access) 리스트에서의 표본추출과 전화번호의 추출을 다룬다.

## 4.1 확률적 표본추출

모집단을 가장 잘 알 수 있는 방법은 전체를 조사하는 **전수조사**이지만, 전수조사는 많은 비용을 초래하고 막대한 시간을 요구한다. 따라서 한 나라의 인구와 같이 중대 국가적 사항이 아니라면 전수조사는 실제 시행이 어렵다.

⟨크기 $N$인 모집단에서의 주요 모수⟩

$$\text{모집단 총합}: \ \tau = \sum_{k=1}^{N} Y_k = N\mu \tag{4.1}$$

$$\text{모평균}: \ \mu = \frac{1}{N}\sum_{k=1}^{N} Y_k = \frac{\tau}{N} \tag{4.2}$$

$$\text{모비율}: \ p = \frac{1}{N}\sum_{k=1}^{N} Z_k \tag{4.3}$$

여기에서 $Y_k$는 특정 속성에 대한 수치값이다(예컨대, 월소득). 그리고 $Z_k$는 관심 집단에 속하면 1, 그렇지 않으면 0의 값을 갖는 이항변수이다(예컨대, 흡연=1, 비흡연=0).

---

일정한 비용과 시간 내에서 통계적 정보가 필요하다면 현실적인 방법은 모집단의 일부, 즉 **표본**(標本, sample)을 조사하는 것이다.

좋은 표본은 모집단을 대표하는 표본이다. 물론 '부분'(표본)으로 '전체'(모집단)를 쪽집게처럼 맞출 수는 없다. 그럼에도 불구하고 대표성(representativeness)이 높은 표본을 뽑는 것이 모든 통계조사자들의 목표이다. 대표성 있는 표본은 중심(center)과 산포(spreadness) 등 주요 특성에서 모집단과 닮아야 한다.

대표적 표본을 확보하는 최선의 방법은 표본추출을 확률적으로 하는 것이다. 조사자의 판단에 의해 일부 개체를 취사선택하면 그것은 객관성을 요구하는 현대 과학에 정면으로 배치된다. 동시에 조사자의 판단은 한 쪽으로 치우친 결과를 초래하기 십상이다(과소/과다 추정). 그런 이유로 확률적 표본추출이 표본추출법의 정통으로 자리매김되었다.

확률적 표본추출을 하려면 모집단을 목록화 또는 구조화 할 수 있어야 한다. 그것을 **표집틀**(frame, 프레임)이라고 한다.

## 4.2 단순임의추출

단순임의추출(simple random sampling)은 모집단 표집틀이 목록화 되어 있는 경우에 적용되는 방법으로 이후 모든 확률 추출법의 근본이 된다. 표집틀 목록(list)이 $N$개의 개체(units)로 구성된 경우 크기 $n$의 단순임의추출은 개념적으로는 다음과 같다.

(1) 각 개체의 식별번호를 적은 $N$장의 카드를 큰 상자에 넣고 잘 섞는다.

(2) 큰 상자에서 카드를 한 장씩 모두 $n$장의 카드를 뽑는다($n \leq N$). 이때 한 번 뽑힌 카드는 상자에 다시 돌려놓지 않는다(비복원추출).

겉보기에는 매우 쉬워 보이는 단순한 방법이다. 그러나 쉬워 보이는 것 치고 실제 쉬운 것은 없는 것이 세상 일이다. 이와 같은 임의추출을 위해 실제로는 컴퓨터를 이용하여 '유사 난수'(pseudo random number)를 생성시키는 방법이 주로 사용된다(부록 참조).

첫째, 이 방법은 표집틀이 완전히 목록화 된 상황에서나 적용이 가능하다. 예를 들어, 전 국민을 대상으로 여론조사를 하고자 하는 상황에서 단순임의추출을 하려면 전 국민의 목록이 필요하다. 이것은 실제적으로 불가능하다. 물론 항상 이와 같이 어려운 것은 아니다. 목록이 전자 매체에 수록되어 있는 경우엔 적용이 쉽다. 표집틀 목록이 컴퓨터 파일로 존재하는 경우가 그렇다. 예컨대 특정 홈 쇼핑업체의 고객 리스트가 한 예이다.

둘째, 카드를 잘 섞는 일은 실제로 상당히 까다로운 일이라는 점이다. 이와 관련하여 유명한 일화가 있다. 1970년 미국의 징병 추첨(draft lottery)은 366장의 생일 카드를 잘 섞은 다음 한 장씩 순서대로 뽑는 일이었는데, 결과적으로 뽑힌 생일 순서에 체계적 경향이 남았다.[1]

### 4.2.1 모수에 대한 추정

단순임의추출은 불규칙도(임의성)를 최대화한 방법이지만 다음과 같이 정해진 성질을 갖는다.

[1]늦은 생일을 가진 청년들이 선(先)순위로 징병되는 결과를 낳았다. 허명회·이용구(2010), "유한 순서열의 임의화", ≪응용통계연구≫, 23(1), 189-196. 참조.

(1) **점 추정**: 표본의 $n$개 개체값 $y_1, \cdots, y_n$의 평균 $\bar{y}$는 모집단 평균 $\bar{Y}(=\mu)$와 "평균적으로" 일치한다(불편성, unbiasedness). 즉,

$$E[\bar{y}] = \bar{Y}. \tag{4.4}$$

따라서 일반적으로 표본평균 $\bar{y} = \sum y_k/n$가 모평균 $\bar{Y}$의 추정량으로 사용된다. 또한 모집단 총합 $\tau$의 추정량으로는 $\hat{\tau} = N\bar{y}$가 사용된다.

(2) **구간 추정**: 다음과 같이 모집단 평균 $\bar{Y}$에 대한 신뢰구간 추론이 근사적으로 성립한다 (신뢰수준 $1-\alpha$).

$$\bar{y} - z_{\alpha/2}\sqrt{(1-f)\frac{s^2}{n}} \le \bar{Y} \le \bar{y} + z_{\alpha/2}\sqrt{(1-f)\frac{s^2}{n}}, \tag{4.5}$$

이 식에서 $f(=n/N)$는 **추출률**(sampling fraction)이고 $s^2$은 표본분산이다[$s^2 = \sum_{i=1}^{n}(y_i-\bar{y})^2/(n-1)$]. 그리고 $z_{\alpha/2}$는 표준정규분포 $N(0,1)$의 상위 $\alpha/2$ 분위수이다.[2]

여기에서 눈 여겨 볼 점은 이상의 좋은 성질들이 반복추출(repeated sampling)로부터, 즉 단순임의표본추출이 많은 횟수 반복되는 상황에서 발현된다는 사실이다(어느 한 표본에서가 아니라).

관측변수가 이항형$(=0,1)$인 경우 이상의 성질은 다음과 같이 표현된다.

(1) **점 추정**: 표본 비율 $\hat{p}$는 모집단 비율 $p$와 "평균적으로" 일치한다(불편성, unbiasedness). 즉,

$$E[\hat{p}] = p. \tag{4.6}$$

따라서 일반적으로 표본비율 $\hat{p}$이 모비율 $p$의 추정량으로 사용된다.

(2) **구간 추정**: 다음과 같이 모집단 비율 $p$에 대한 신뢰구간 추론이 근사적으로 성립한다.[3]

$$\hat{p} - z_{\alpha/2}\sqrt{(1-f)\frac{\hat{p}(1-\hat{p})}{n-1}} \le p \le \hat{p} + z_{\alpha/2}\sqrt{(1-f)\frac{\hat{p}(1-\hat{p})}{n-1}}. \tag{4.7}$$

### 4.2.2 표본크기 결정

모평균에 대한 추정에서

$$z_{\alpha/2}\sqrt{(1-f)\frac{\sigma^2}{n}} \tag{4.8}$$

[2] $z_{0.05} = 1.64$, $z_{0.025} = 1.96$, $z_{0.01} = 2.33$, $z_{0.005} = 2.58$.

[3] $p$가 0 또는 1에 가까운 상황에서는 $n$이 충분히 커야 한다.

을 추정오차(표본오차)라고 한다(신뢰수준: $1-\alpha$). 모비율에 대한 추정에서는 추정오차가 다음과 같다.

$$z_{\alpha/2}\sqrt{(1-f)\,\frac{p(1-p)}{n-1}} \tag{4.9}$$

따라서 식 (4.8)과 (4.9)가 추정오차 한계 $\delta$보다 작게 하는 표본크기를 결정하기 위한 공식을 다음과 같이 얻을 수 있다.

⟨평균과 비율 추정에서의 표본크기 결정⟩

$$\text{평균 추정의 경우: } n = \frac{z_{\alpha/2}^2\sigma^2}{\delta^2 + z_{\alpha/2}^2\dfrac{\sigma^2}{N}} \tag{4.10}$$

$$\text{비율 추정의 경우:} n = \frac{z_{\alpha/2}^2 p(1-p)}{\delta^2 + z_{\alpha/2}^2\dfrac{p(1-p)}{N}} \tag{4.11}$$

---

모집단 비율 $p$에 대한 신뢰구간에서 추정오차($=|\hat{p}-p|$)의 한계는 다음과 같이 순차적인 관계를 갖는다.

$$z_{\alpha/2}\sqrt{(1-f)\,\frac{p(1-p)}{n-1}} \le z_{\alpha/2}\sqrt{\frac{p(1-p)}{n-1}} \le z_{\alpha/2}\sqrt{\frac{\frac{1}{2}\cdot\frac{1}{2}}{n-1}}. \tag{4.12}$$

위 식의 가장 오른쪽 항이 $\delta$ 이하이면 추정오차 한계가 $\delta$보다 작게 된다. 이를 위하여

$$n \ge 1 + \frac{(z_{\alpha/2}/2)^2}{\delta^2} \tag{4.13}$$

이 되어야 한다. 예를 들어, 신뢰수준 95%에서 추정오차 한계가 $\delta = 0.025$가 되게 하기 위하여는 표본크기를

$$n \ge 1,537 \quad \left(= 1 + \frac{(1.96/2)^2}{0.025^2}\right)$$

로 해야 한다.

신뢰수준을 95%로 하는 경우 $z_{\alpha/2} = 1.96 \simeq 2$이고 표본크기에서 1 정도의 차이는 아무것도 아니므로 식 (4.13)을 단순화하여

$$n \ge \frac{1}{\delta^2} \tag{4.14}$$

로 활용하는 경우가 많다. 식 (4.14)에 의하면, 신뢰수준 95%에서 추정오차 한계가 $\delta = 0.025$ 이하가 되게 하기 위한 표본크기는

$$n \ge 1,600 \quad \left(= \frac{1}{0.025^2}\right)$$

이다. 다시 말하여 $n \geq 1,600$이어야 모비율 $\theta$에 대한 추정오차 한계가 2.5%p 이하가 된다(신뢰수준 95% 하에서).

식 (4.14)를 써서 모비율 $p$에 대한 추정오차 한계가 5.0%p, 3.2%p, 2.5%p, 2.0%p, 1.0%p 이하가 되게 하기 위한 표본크기를 구해보면

$$n \geq 400,\ 1,000,\ 1,600,\ 2,500,\ 10,000$$

이다(신뢰수준 95% 하에서).

## 4.3 계통추출

계통추출(systematic sampling, 체계적 표본추출)은 표집틀 목록이 일렬로 정렬된 경우 일정한 간격의 개체들을 추출하는 방법이다. 예를 들어, 목록에 $N$(=100,000)개의 개체가 있고 이 중에서 $n$(=1,000)개의 개체를 추출하고자 할 때, 일렬화된 목록에서 매 $k$(=100)번째 개체를 추출하면 될 것이다. 1부터 100까지 백 개의 숫자 중 1개를 뽑은 결과 그것이 14였다면 표본의 첫 개체는 14번째 것이고, 나머지 999개 개체들은 그 다음 100번째 것, 그 다음 100번째 것, ..., 그 다음 100번째 것으로 체계적으로 결정된다. 즉 1,000개 개체의 표본은 일련번호 14, 114, 214, 314, ..., 99,914로 구성된다.

개체들의 정렬순서에 아무런 경향성이 없는 경우 계통추출은 완전임의추출과 다를 것이 없다. 단순해서 좋은 정도이다. 그러나 계통추출의 강점은 단순성에만 있는 것이 아니다. 일련번호에 따라 추세가 있는 경우 이 추출법은 그런 추세 효과의 영향을 효과적으로 배제한다. 예를 들어, 일련번호에 따라 응답자의 구매력이 증가하는 경향이 존재하는 경우를 생각해보자. 계통추출 표본에서는 작은 번호와 큰 번호가 균형 있게 뽑히므로 우연하게 구매력이 큰 집단이 표본으로 선정된다든가 아니면 우연하게 구매력이 작은 집단이 표본으로 선정되는 일이 없다. 따라서 '구매력' 수준을 층으로 잡은 층화추출과 거의 같게 된다.

선거일 투표소 출구조사(exit poll)는 계통추출의 이러한 성질을 잘 활용하는 사례이다. 이 조사는 선거일 투표 마감시각에 TV 뉴스 보도에 쓸 목적으로 시행되는데, 투표 시작시각부터 마감시각까지 투표소 출구를 나오는 매 6번째 사람을 조사한다(5번째나 7번째로 정하기도 한다. 간격 $k$값에 따라 표본크기가 달라진다). 그렇게 하면 아침 일찍 투표하는 경향이 있는 60대 유권자나 늦은 오후에 투표하는 경향이 있는 20대 유권자를 골고루 조사표본에 넣을 수 있게 된다. 또한 실사 관리가 쉬어진다. 한 사람으로부터 응답을 받고 다섯 사람을 그냥 보내고 나서 그 다음 사람을 조사하면 된다.

홈 쇼핑 업체에서 고객 목록은 회원 가입순서로 정해졌을 수 있다. 이런 경우 계통추출로 회원 가입순서에 있어 균형 잡힌 표본을 얻을 수 있다.

표집틀 목록의 크기 $N$이 표본 크기 $n$의 배수가 아니면 간격 $k$는 정수가 아니게 된다. 이런 경우 계통추출 표본을 확보하는 방법은 다음과 같다.

(1) 구간 $(0, k)$에서 임의 수(random number, 실수) 하나를 생성시켜 $a_1$으로 표기한다. 표본의 첫 개체는 리스트의 $\lceil a_1 \rceil$번째 것으로 정해진다. 여기에서 $\lceil a \rceil$은 $a$의 상한(ceiling)이라는 것으로 $a$보다 큰 가장 작은 정수를 의미한다. 예를 들어, $\lceil 1.4 \rceil = 2$이다.

(2) $a_2, \cdots, a_n$을 다음과 같은 등차수열로 정의한다.

$$a_i = a_{i-1} + k, \quad i = 2, \cdots, n. \tag{4.15}$$

(3) 표본의 $i$번째 개체는 목록의 $\lceil a_i \rceil$번째 것으로 한다($i = 2, \cdots, n$).

간단한 예를 들어 보겠다. 목록의 크기는 $N = 96$, 표본크기는 $n = 10$으로 주어졌다고 하자. 이 경우 간격 $k$는 9.6으로 정수가 아니다.

(1) $a_1$은 구간 $(0, 9.6)$에서 발생된 난수로 정해진다. 그 숫자가 3.41로 나왔다고 하자. 표본의 첫 개체는 목록의 $4\,(= \lceil 3.41 \rceil)$번째 것이 된다.

(2) $a_2, \cdots, a_{10}$을 앞 항에 9.6을 더해 얻는다. 이에 따라 다음이 된다.

$$13.01,\ 22.61,\ 32.21,\ 41.81,\ 51.41,\ 61.01,\ 70.61,\ 80.21,\ 89.81.$$

(3) 이에 따라 표본의 $2, \cdots, 10$번째 개체는 목록의 14, 23, 33, 42, 52, 62, 71, 81, 90번째 것으로 정해진다. 이 목록에서 간격은 9 또는 10이다.

## 4.4 층화추출

조사는 모집단(population)에 대한 정보를 얻고자 하는 것이 주목적이지만, 더불어 부모집단(sub-population)에 대한 정보를 얻을 수 있다면 좋을 것이다. 당면 국가적 이슈에 대하여 국민 전체의 의견을 알아볼 필요가 있는 동시에 지역별, 사회계층별 의견도 수집해 볼 필요가 있다. 모집단의 분할(partition)이 되는 부모집단을 층(層, stratum)이라고 하고, 각 층에서 임의추출을 하는 표본추출 방법을 층화추출(stratified sampling)이라고 한다.

이러한 층화추출은 모집단 개체들이 층간에는 이질적이고 층내에서는 동질적일 때 보다 신뢰로운 추정이 가능하다.

예를 들어, 서울특별시 소재 모든 가구를 모집단으로 '생활실태조사'를 한다고 하자. 서울시는 25개 구(區)로 구성되어 있는데 구들의 경제적 수준, 문화적·정치적 성향이 다르다는 점은 잘 알려져 있다. 단순임의추출을 하게 되면 일부 구의 과소/과다 현상이 불가피한데, 이로부터 서울시 전체에 대한 추정치가 불안정해지는 결과가 초래된다. 그런데 '구'를 층으로 하는 임의추출에서 각 구는 조사자의 통제 하에 있으므로 그런 불안정성을 사전에 차단할 수 있다.

### 4.4.1 모수에 대한 추정

전체 모집단을 크기가 $N_1, \cdots, N_H$인 $H$개의 층으로 분할하고 층 $h\,(=1, \cdots, H)$에서 크기 $n_h\,(\leq N-h)$의 임의추출을 한 경우를 생각하도록 하겠다. 층 $h$ 표본에서 산출된 변수 $Y$의 평균을 $\bar{y}_h$라고 하면, 다음과 같이 총 평균을 추정할 수 있다.

$$\bar{y}_{st} = \sum_{h=1}^{H} \frac{N_h}{N} \bar{y}_h = \sum_{h=1}^{H} W_h \bar{y}_h, \tag{4.16}$$

여기에서 $N = \sum_{h=1}^{H} N_h$이고 $W_h(= N_h/N)$은 층 $h$의 가중치이다($h = 1, \cdots, H$).

예를 들어, 우리나라를 16개 광역시·도(道)로 나누어 조사를 할 수 있을 것이다. 이때 각 층(광역시·도)의 크기 $N_h\,(h = 1, \cdots, H)$를 조사의 맥락에 맞춰 정의하고 이에 대한 정보를 찾아내야 한다. 아래 표는 모집단이 15세 이상 주민등록 인구인 경우에서 각 층의 크기를 보여준다(2009년 12월 기준, 통계청 국가통계포탈). 예를 들어, 서울의 크기는 8,346 $(= N_1)$이고 가중치는 0.207 $(= W_1)$이다. 그리고 제주도의 크기는 435 $(= N_{16})$이고 가중치는 0.011 $(= W_{16})$이다.

| 광역시/도 | 인구(천명) | 가중치 | 광역시/도 | 인구(천명) | 가중치 |
|---|---|---|---|---|---|
| 서울특별시 | 8,346 | 0.207 | 부산광역시 | 2,898 | 0.072 |
| 대구광역시 | 2,042 | 0.051 | 인천광역시 | 2,208 | 0.055 |
| 광주광역시 | 1,156 | 0.029 | 대전광역시 | 1,224 | 0.030 |
| 울산광역시 | 907 | 0.022 | 경기도 | 9,504 | 0.236 |
| 강원도 | 1,183 | 0.029 | 충청북도 | 1,227 | 0.030 |
| 충청남도 | 1,600 | 0.040 | 전라북도 | 1,422 | 0.035 |
| 전라남도 | 1,423 | 0.035 | 경상북도 | 2,172 | 0.054 |
| 경상남도 | 2,571 | 0.064 | 제주도 | 435 | 0.011 |
| | | | 합계 | 40,316 | 1.000 |

층화추출에서 $\bar{y}_{st}$의 기대값은 모집단 총 평균 $\bar{Y}$가 된다. 즉, $E[\bar{y}_{st}] = \bar{Y}$. 그리고 총 평균 $\bar{y}_{st}$의 표준오차는 다음과 같다.

$$\text{se}(\bar{y}_{st}) = \sqrt{\sum_{h=1}^{H} W_h^2 (1-f_h) \frac{s_h^2}{n_h}} \tag{4.17}$$

여기에서 $f_h = n_h/N_h$이고 $s_h^2$는 층 $h$의 표본분산이다. 이에 따라 모집단 총 평균 $\bar{Y}$에 대한 신뢰구간이 다음과 같이 유도된다(신뢰수준 $1-\alpha$).

$$\bar{y}_{st} - z_{\alpha/2}\ \text{se}(\bar{y}_{st}) \leq \bar{Y} \leq \bar{y}_{st} + z_{\alpha/2}\ \text{se}(\bar{y}_{st}). \tag{4.18}$$

### 4.4.2 표본배분

층화추출 설계에서 정해야 할 사항은 층별 표본크기이다. 무난한 방식은 층 $h$의 표본크기 $n_h$를 층 $h$의 크기 $N_h$에 비례하게 두는 것이다.

- 비례배분(proportional allocation):

$$n_h = n \times \frac{N_h}{N}, \quad h = 1, \cdots, H. \tag{4.19}$$

  비례배분된 층화추출 표본의 경우에는 각 개체의 가중치가 균일하게 된다. 반면에, 이하 방식들에서는 각 개체에 비균일한 가중치가 부여되는 셈이다.

- 균등배분(equal allocation):

$$n_h = n \times \frac{1}{H}, \quad h = 1, \cdots, H. \tag{4.20}$$

  이 방법은 층 간 비교에 중점을 두는 경우에 좋다.

- 네이만 배분(Neyman allocation):

$$n_h = n \times \frac{N_h S_h}{\sum_{h=1}^{H} N_h S_h}, \quad h = 1, \cdots, H. \tag{4.21}$$

  여기에서 $S_h$는 층 $h$의 표준편차이다. 이 방법은 층별 산포의 차이를 고려하여 산포가 큰 층에 보다 많은 표본을 배정함으로써 전체적으로 최적이 되도록 한다. 조사를 시행하기 전에 각 층의 산포에 대한 정부가 있어야 한다.

- 최적배분(optimal allocation):

$$n_h = n \times \frac{N_h S_h/\sqrt{c_h}}{\sum_{h=1}^{H} N_h S_h/\sqrt{c_h}}, \quad h = 1, \cdots, H. \tag{4.22}$$

  여기에서 $c_h$는 층 $h$에서 1개 개체의 조사에 드는 비용이다. 이 방법은 층별 산포의 차이와 조사 단가의 차이를 고려하여 전체적으로 최적이 되도록 한다.

<사례 4.1> 표본배분

모집단이 2개 층으로 분할되었다고 하자. 층 1의 크기는 $N_1 = 20,000$이고 층 2의 크기는 $N_2 = 80,000$이라고 하자. 그리고 총 표본크기가 $n = 1,000$으로 정해졌다고 하자.

(1) 비례배분: 층 1에 $n_1 = 200$의 표본이, 층 2에 $n_2 = 800$의 표본이 배정된다.

(2) 균등배분: 층 1에 $n_1 = 500$의 표본이, 층 2에 $n_2 = 500$의 표본이 배정된다.

(3) 네이만 배분: 층 1과 층 2의 산포에 대한 정보를 구해본 결과 층 1의 표준편차는 $S_1 = 4$로, 층 2의 표준편차는 $S_2 = 2$로 추정되었다면, 네이만 배분 방법에 따라 층 1과 층 2에 다음 크기의 표본이 배정된다.

$$n_1 = 1,000 \times \frac{20,000 \times 4}{20,000 \times 4 + 80,000 \times 2} = 333,$$

$$n_2 = 1,000 \times \frac{80,000 \times 2}{20,000 \times 4 + 80,000 \times 2} = 667.$$

(4) 최적배분: 추가적으로 층 1과 층 2에서 단위 조사비용이 다른 것으로 밝혀졌다고 하자. 층 1에서 1개 개체의 조사비용이 $C_1 = 4$이고, 층 2의 1개 개체의 조사비용이 $C_2 = 1$로 추산되었다면, 최적배분 방법에 따라 층 1과 층 2에 다음 크기의 표본이 배정된다.

$$n_1 = 1,000 \times \frac{20,000 \times 4/\sqrt{4}}{20,000 \times 4/\sqrt{4} + 80,000 \times 2/\sqrt{1}} = 200,$$

$$n_2 = 1,000 \times \frac{80,000 \times 2/\sqrt{1}}{20,000 \times 4/\sqrt{4} + 80,000 \times 2/\sqrt{1}} = 800.$$

---

층화추출에서 관건은 무엇을 기준으로 층화(層化, stratify)할 것인가 하는 데 있다. 원칙은 주관심 조사항목과 상관이 큰 지표 또는 지표들의 조합을 기준으로 하는 것이다. 물론 그 지표는 조사 이전에 확보가 가능해야 한다. 국가 및 사회에 축적된 데이터 정보가 많이 있으면 좋은 층화지표를 찾을 수 있다. 조사자의 뛰어난 통찰이 요구된다.

한 대학교에서 최근의 학내 이슈에 대해 재학생들을 대상으로 여론조사를 한다고 하자. 무엇을 층화 지표로 하는 것이 좋을까? 소속 대학, 학년 또는 대학×학년을 기준으로 하는 방안이 무난해 보인다. 조사항목이 성(性, gender) 또는 평균평점(GPA)과 밀접한 관련이 있다고 예상되는 경우에는 성×GPA 구간을 층화 지표로 하고 싶을 수 있다. 그러나 성별 재학생 목록 또는 GPA 구간별 재학생 리스트를 확보할 수 없다면 그런 아이디어는 무용지물이다.

## 4.5 집락추출

많은 경우 모집단 표집틀이 모든 개체들의 목록으로 준비되어 있지 않다. 대신 개체 그룹인 **집락**(集落, cluster; 群集)들의 목록을 쉽게 만들 수 있는 경우가 많다. 예를 들어, 서울특별시의 모든 가구들의 목록을 확보하기는 불가능에 가깝겠지만 동(洞)의 목록은 어렵지 않게 준비할 수 있다. 그런데 동은 다수 가구들로 구성된 집락이다. 또 다른 예로서, 전국 고등학생 목록은 준비하기 어렵지만 전국 고등학교 목록은 어렵지 않게 구할 수 있다. 조사적 관점에서 고등학교는 고등학생들로 구성된 집락이다.

### 4.5.1 집락추출의 효율

집락이 지역 단위로 구성되는 경우에는 면대면조사에서 면접원의 수고를 엄청 덜어낼 수 있다. 추출된 집락에 접근하면 한꺼번에 여러 명을 면접할 수 있기 때문이다. 이런 이유로 면대면조사에서는 집락추출을 계획하는 경우가 많다.

집락표본추출이 갖는 단점도 있다. 한 집락 내 개체들은 유사한 경향이 있기 마련인데, 이 때문에 임의표본추출에서 기대하는 것만큼의 표본크기 효과를 기대하기 어렵다. 이에 대하여는 다음 정리가 잘 알려져 있다.

⟨집락추출에서의 유효 표본크기⟩

*A*개의 동일 크기의 집락으로 구성되어 있는 모집단 표집틀에서 *a*개의 집락을 임의로 추출하고 추출된 집락에서 *b*개의 개체를 임의로 추출한 경우,

- 집락추출의 **유효 표본크기**(effective sample size) $n_{\text{eff}}$는 다음과 같이 표현된다.

$$n_{\text{eff}} = \frac{n}{1+(b-1)\rho}, \tag{4.23}$$

여기에서 $n\,(=ab)$은 원 표본크기이고 $\rho$는 다음에 정의되는 급내 상관계수(intraclass correlation)이다. 거의 당연하게 $\rho \geq 0$이므로 집락추출의 유효 표본크기는 원 표본크기 $n$보다 작을 수밖에 없는데, 그 정도는 급내 상관계수 $\rho$가 1에 가까울수록 심해진다.

- **급내 상관계수**(intraclass correlation) $\rho$는 다음 식으로 산출된다.

$$\rho = \frac{\sum_i \sum_{j \neq j'} (y_{ij} - \bar{y})(y_{ij'} - \bar{y}) / \{ab(b-1)\}}{\sum_i \sum_j (y_{ij} - \bar{y})^2/(ab)}. \tag{4.24}$$

여기에서 $i$는 집락을 지칭하고 $j$와 $j'$은 집락 내 개체를 지칭한다. 그러니까 $\rho$는

$$\{\,(y_{ij}, y_{ij'}) \mid i = 1, \cdots, a;\ j, j' = 1, \cdots, b;\ j \neq j'\,\}$$

에 타점된 산점도에서 이변량 상관계수이다. 같은 집락에 속한 개체들이 다른 집락에 속한 개체들에 비해 유사할수록 $\rho$ 값이 커진다.

---

급내 상관계수 $\rho$가 꽤 큰 경우 유효 표본크기는 원 표본크기에 비해 꽤 작게 된다. 예를 들어, 전국에서 100개 고등학교를 추출한 후 각 학교에서 100명씩 조사하여 총 10,000명을 조사하였다고 하자. 그런데 각 학교내 학생들이 모두 동일하다면 실제로는 100명의 학생을 단순임의추출한 것과 같다. 이것은 집락추출이 조사의 편의성에 도움이 되는 방법이기는 해도 급내 상관계수가 크게 잡히지 않도록 집락을 설정할 필요가 있음을 의미한다.

### 4.5.2 층화집락추출

실제로 많은 조사들에서는 집락화와 층화가 복합화 된다. 이런 표본추출설계를 층화집락추출(stratied cluster sampling)이라고 한다. 예를 들어 보자.

- 전국 고등학교 학생들의 사교육 실태를 조사하기 위하여 학생들을 학교로 집락화한다. 학교들은 지역(광역시도)으로 층화된다.
- 서울특별시에서 주거환경만족도를 조사하기 위하여 시민들을 동(洞)으로 집락화한다. 동(洞)들은 구(區)로 층화된다.

실제의 조사들에서는 집락화와 층화가 복합화될 뿐만 아니라 집락화가 2단계(다단계)로 구성된다. 이런 표본추출 설계를 **층화다단계집락추출**(stratied two(multi)-stage cluster sampling)이라고 한다. 예를 들어 보자.

- 전국 고등학교 학생들의 사교육 실태를 조사하기 위하여, 학생들을 학급으로 집락화하고 학급들을 학교로 집락화한다. 학교들은 지역(광역시도)으로 층화된다. 각 지역에서 일정 수의 학교를 추출하고, 추출된 학교에서 일정 수의 학급을 추출하고, 추출된 학급에서 일정 수의 학생을 추출한다.
- 서울특별시에서 주거환경만족도를 조사하기 위하여, 시민들을 통(統)으로 집락화하고 통을 동(洞)으로 집락화한다. 동들은 구(區)로 층화된다. 서울특별시의 25개 구에서 일정 수의 동을 추출하고, 추출된 동에서 일정 수의 통을 추출하고, 추출된 통에서 일정 수의 시민을 추출한다.

2단계 집락표본추출에서 1단계 추출단위(1차 집락)들의 크기가 상이한 경우(학교 별로 학생 수가 다를 수 있고, 동(洞)별로는 주민 수가 다를 수 있다), 이를 반영하는 방법에 두 가지가 있다. 한 방법은 집락의 크기에 비례하는 확률로 1차 집락들을 추출하는 **크기비례**

**확률추출**(PPS sampling, probability-proportional-to-size sampling)이다. 다른 방법은 집락의 크기에 관계 없이 동일 확률로 추출하는 **균등 확률추출**(equal probability sampling)이다. 1단계에서 크기비례 확률추출을 한 경우, 2단계에서는 같은 수의 단위들을 뽑는다. 반면 1단계에서 균등 확률추출을 한 경우, 2단계 추출에서는 1차 집락의 크기에 비례하는 표본크기가 배정된다.

## 4.6 비확률적 표본추출

확률적 표본추출이 표본추출의 원칙이지만 그렇게 할 수 없는 경우가 있다. 대표적으로는 확률적 표본추출을 하기에는 표본크기가 너무 작은 경우이다. 이런 경우에는 경험 많은 조사자가 대표적이라고 생각되는 개체들을 선택하여 조사표본을 구성하는 **판단추출**(judgement sampling)에 이견(異見)을 달기 어렵다. 여기서는 그 외의 비확률적 표본추출 두 가지를 소개하고 주의할 점을 지적하고자 한다.

### 4.6.1 할당추출

할당추출(quota sampling)은 성·연령대·지역 등 주요 인구지리적 범주에 모집단 비율에 따른 표본크기를 배정하고 그 범위 내에서 조사를 진행하는 방법이다. 따라서 일부 범주에 표본크기가 충족되었으면 그 범주에 속하는 개체는 더 이상 조사하지 않는다. 주요 범주에 대해서는 비례배정을 하는 셈이므로 표본 분포가 모집단과 일치한다.

할당추출의 약점은 조사자가 직접 통제하지 않은 그밖의 요인에서 표본과 모집단 간 차이가 상당할 수 있다는 점이다. 예를 들어, 학력이나 직업 등에서 그런 편차가 나타날 수 있다. 그렇게 되는 이유는 조사가 편의적으로 주로 낮시간 대에 진행되는데, 이런 시간에 집에 있는 사람들과 그렇지 않은 사람들은 성·연령대·지역이 통제되더라도 사회적 요인의 분포가 다를 수 있기 때문이다. 성·연령대·지역 할당추출은 우리나라 전화조사에서 매우 광범위하게 쓰이지만, 그 정확성에 대하여는 끊임없이 의문이 제기되고 있다. 할당추출이라 하더라도 재통화(callback) 기준을 정하여 최대한 응답률을 높여야 한다. 그럼으로써 표본의 편향성을 어느 정도 바로잡을 수 있다.

### 4.6.2 자기선택추출

인터넷 조사와 휴대폰 조사 등에서는 모집단 표집틀을 잡기가 어렵기 때문에 자원자를 모집하여 그 중에서 조사자가 표본으로 선택하는 방법이 쓰이기도 한다. 그런데 이런 자기선택추출(self-selected sampling) 방법은 자원자들이 보이는 특유의 성향 때문에 표본크기를 크게 하더라도 조사결과가 일반 사회조사의 결과와는 다를 가능성이 있다. 따라서 일반 사회조사에서 특별한 대책 없이 자기선택표본을 사용하는 것은 위험천만하다.

**성향조정 가중법**(propensity adjustment weighting)은 일반인들의 성향 대비 자원자들의 성향적 차이를 가중치화하여 자기선택표본 개체들에 적용하는 방법이다.[4] 이 방법의 적용을 위해서는 확률적 표본추출방법에 의한 신뢰적인 준거조사(reference survey)가 요구된다.

<참조> 편의추출

조사자가 손쉽게 접촉할 수 있는 대상들을 표본으로 추출하는 비확률 추출방법으로 편의추출(convenience sampling), 우연추출(accidental sampling), 무계획추출(haphazard sampling) 등이 있다. 편의추출 방법 중 하나인 **눈덩이추출**(snowball sampling)은 먼저 소수의 대상자를 찾아 조사한 후 이들의 소개로 추가적인 조사대상자를 찾아 표본을 확보하는 추출방법이다.

## 4.7 전화번호 표본추출 – RDD 방법

우리나라의 전화조사(telephone survey)는 아직도 대부분 전화번호부를 표집틀로 하고 있는 경우가 많다. 그래서 두 가지 큰 문제가 있다. 첫째, 전화번호부에는 유선전화를 가진 모든 가구가 등재되어 있지 않다는 문제가 있다. 둘째, 휴대폰만 가진 가구(mobile-only household)가 증가하고 있어서 유선전화로 접근하는 데 한계가 있다. 이 절에서는 이러한 문제를 해결하고자 하였던 강현철 등(2008)이 연구한 RDD(random digit dialing, 임의번호걸기) 방법을 소개하고자 한다.[5]

| | 등재 | 비등재 | 전체 |
|---|---|---|---|
| 일반가구용 | 9,418,678 | 7,036,729 | 16,455,407 |
| 업종/상호용 | 4,490,707 | 5,688,240 | 10,178,947 |
| 총계 | 13,909,355 | 12,724,969 | 26,634,324 |

우리나라 가구 중 유선전화를 보유한 가구는 대략 95% 정도이지만 위의 표에서 보듯이 많은 번호들이 비등재되어 있다. 전화번호 등재율은 지역에 따라 큰 차이가 있어서 대체로 대도시 지역은 낮고 농촌 지역은 높은 것으로 알려져 있다. 비등재(unlisting)의 이유는

[4] 제8장의 부록 8.A.2를 참조하여라.

[5] 강현철, 한상태, 김지연, 정용찬, 허명회 (2008). RDD 전화조사와 주요결과, ≪조사연구≫ 9(1), 1-22.

사생활과 개인정보의 침해를 우려하기 때문으로 생각된다. 사정이 이러하므로 앞으로는 등재율이 더욱 낮아질 것으로 보인다. 더 이상 전화번호부에 의존하기가 어렵다.

우리나라의 전화번호는 지역번호 2-3개 숫자, 국번호 3-4개 숫자, 가입자 번호 4개 숫자로 되어 있는데, RDD 방법이란 이 중에서 가입자 번호 4개 숫자를 임의로 생성시켜 전화하는 방법이다. 물론 전국의 지역번호와 국번호가 사전 파악되어 있어야 한다. 이 방법은 1970년대 미국에서 처음 개발되었는데, 미국의 전화번호 체계는 우리와 비슷하지만 가입자 번호들이 클러스터(cluster)되어 있어 미국에서는 교묘한 RDD 방식이 고안되었다. 우리나라의 RDD 방법으로 이 연구에서 개발된 방법은 다음과 같다.

(1) 최신 인명편 전화번호부에 존재하는 모든 (지역번호를 포함한) 국번호를 추출하였다 (2008년 당시 지역번호·국번호의 조합은 총 4,615개).
(2) 지역번호·국번별로 0001부터 9999까지의 전화번호를 생성하였다. 총 $46,145,385(= 4,615 \times 9,999)$개의 전화번호가 생성되었다.
(3) 그 가운데 업종상호편에 등재(수록)되어 있는 4,490,707개의 전화번호를 제거하였다. 이에 따라 $41,654,678(= 46,145,385 - 4,490,707)$개의 번호가 RDD 데이터베이스에 남았다.
(4) 지역번호를 활용하여 데이터베이스에 16개 광역시·도 코드를 넣었다.

이 연구에서 수행된 RDD 전화면접의 주요 절차는 다음과 같다.

(1) CATI(Computer Assisted Telephone Interview) 시스템에 의해 생성된 임의번호에 대하여 전화걸기를 시도한다.
(2) 결번 여부, 통화성공·부재중·통화중 등 전화번호의 상황을 체크한다.
(3) 전화 받는 장소(일반가구, 가구·상가 복합, 사무실·전용상가), 지역(시도 및 시군구) 등 기본사항을 기록한다.
(4) 통화자의 성·연령 및 적합한 조사 대상자(성·연령)의 재택 여부를 체크한다.
(5) 적격 응답자의 경우 접촉을 시도하여 면접을 진행한다.

<사례 4.2> RDD 전화조사에 의한 등재/비등재 가구 비교

위의 방법에 의해 구축된 데이터베이스를 조사회사의 CATI 시설에 붙여 실제 전화조사에서 활용하여 보았다. 그 결과, 통화를 시도한 전화번호 중 유효번호(조사완료, 조사거부·중단, 할당불일치, 통화중, 부재중) 63,636개를 인명편 전화번호 DB와 비교하여 보니, 29,096개(45.7 %)가 인명편 전화번호에 등재되어 있었고, 34,540개(54.3%)가 등재되어

〈표 4.1〉 등재 번호와 비등재 번호의 가구소득 분포

| 월소득 | 등재 | 비등재 |
|---|---|---|
| 500만원 이상 | 199 ( 9.6%) | 257 (13.8%) |
| 400~500 만원 | 176 ( 8.5%) | 213 (11.4%) |
| 300~400 만원 | 299 (14.4%) | 349 (18.7%) |
| 200~300 만원 | 487 (23.5%) | 496 (26.6%) |
| 100~200 만원 | 387 (18.7%) | 322 (17.3%) |
| 100만원 미만 | 527 (25.4%) | 228 (12.2%) |
| 합계 | 2,075 (100%) | 1,865 (100%) |

* 무응답 제외: 등재번호 569명, 비등재번호 493명.

〈표 4.2〉 등재 번호와 비등재 번호의 학력수준 분포

| 학력수준 | 등재 | 비등재 |
|---|---|---|
| 대학원재 이상 | 92 ( 3.6%) | 136 ( 5.9%) |
| 대학졸/대학재 | 1,048 (40.6%) | 1,092 (47.3%) |
| 고등학교졸 | 756 (29.3%) | 768 (33.3%) |
| 중학교졸 이하 | 688 (26.6%) | 311 (13.5%) |
| 합계 | 2,584 (100%) | 2,306 (100%) |

* 무응답 제외: 등재번호 59명, 비등재번호 51명.

있지 않았다. 또한 조사완료 전화번호 4,858개 중 2,577개(53.0%)가 인명편 전화번호에 등재되어 있었고, 2,281개(47.0%)가 등재되어 있지 않았다.

등재 번호와 비등재 번호가 인구사회적 특성에 있어 차이가 있는가를 살펴본 결과, 등재 번호에 비해 비등재 번호가 가구소득과 학력수준이 다소 높은 것으로 나타났다. 〈표 4.1〉과 〈표 4.2〉를 보기 바란다(지역·성·연령대 가중치 보정 결과). 가구소득과 학력수준은 시회경제적 영향력이 상당히 큰 요인이니만큼 전화번호부에 의한 전화조사들에 주요한 편향이 있을 수 있음을 의미한다.

---

우리나라 전화조사는 1980년대 후반부터 여론조사 및 예측 기법으로 가치가 인정되면서 조사의 신뢰도에 대한 사회적 평가도 양호한 편이다. 주요 조사전문기관들은 CATI 시설을 갖추었다. 그럼에도 불구하고 우리나라 전화조사는 전화번호부를 모집단 표집틀로 하고 있는 경우가 많아서 문제의 소지가 다분하다. 우리나라 실정에 맞는 효율적인 RDD 방법이 더욱 개발되어 활용될 필요가 있겠다.

## 4.A [부록] SAS 프로그램의 사용 예

이 절에서는 표본추출 및 추정과 관련된 몇 가지 SAS 프로시저들을 간단한 사례를 통해 소개한다. 이들 프로시저들에 대한 보다 자세한 사항은 박민규·강현철(2015)을 참조하기 바란다.[6]

### 4.A.1 표본 추출

SURVEYSELECT Procedure는 앞에서 설명한 방법들을 포함하여 다양한 표본추출 방법을 수행할 수 있는 프로시저이다. 여기에서는 <사례 4.1>과 같은 간단한 모집단 상황에서 이 프로시저의 사용 예를 들어 보겠다.

#### ○ 비복원 단순임의추출

```
PROC SURVEYSELECT DATA=survey.pop_exam
                  OUT=survey.samp_srs
                  METHOD=SRS SAMPSIZE=1000 SEED=54758;
RUN;
```

- DATA=: 모집단 목록이 저장되어 있는 데이터셋을 지정한다.
- OUT=: 추출된 표본 목록이 저장될 데이터셋을 지정한다.
- METHOD=: 표본추출 방법을 지정한다(SRS: 단순임의추출, SYS: 계통추출, ⋯).
- SAMPSIZE=: 표본크기를 지정한다.
- SEED=: 난수 발생을 위한 초기값을 지정한다. 초기값을 같은 값으로 유지하면 매번 동일한 표본 목록이 추출된다.

#### ○ 층화추출

```
PROC SORT DATA=survey.pop_exam;
     BY Region;
RUN;
PROC SORT DATA=survey.allocate;
     BY Region;
RUN;

PROC SURVEYSELECT DATA=survey.pop_exam
                  SAMPSIZE=survey.allocate
                  OUT=survey.samp_str
                  METHOD=SRS SEED=54758;
```

[6] 박민규, 강현철 (2015). ≪(사례를 이용한)표본설계 방법론≫, 자유아카데미.

〈표 4.3〉 추출된 표본 데이터의 예

모집단 ($N$=100,000)

| ID | Region |
|---|---|
| 1 | 1 |
| 2 | 2 |
| 3 | 2 |
| 4 | 2 |
| 5 | 2 |
| ··· | ··· |
| 99996 | 2 |
| 99997 | 2 |
| 99998 | 2 |
| 99999 | 2 |
| 100000 | 2 |

⟶

단순임의추출 ($n$=1,000)

| ID | Region |
|---|---|
| 67 | 2 |
| 76 | 1 |
| 338 | 2 |
| 547 | 2 |
| 679 | 2 |
| ··· | ··· |
| 99377 | 1 |
| 99593 | 2 |
| 99746 | 2 |
| 99886 | 2 |
| 99990 | 2 |

계통추출 ($n$=1,000)

| ID | Region |
|---|---|
| 15 | 2 |
| 115 | 2 |
| 215 | 1 |
| 315 | 1 |
| 415 | 2 |
| ··· | ··· |
| 99515 | 2 |
| 99615 | 2 |
| 99715 | 2 |
| 99815 | 2 |
| 99915 | 2 |

층화추출 ($n$=1,000)

| ID | Region |
|---|---|
| 56 | 1 |
| 70 | 1 |
| ··· | ··· |
| 99610 | 1 |
| 99667 | 1 |
| 46 | 2 |
| 316 | 2 |
| 341 | 2 |
| ··· | ··· |
| 99776 | 2 |
| 99965 | 2 |

```
    STRATA Region;
RUN;
```

- SORT Procedure: 층화추출을 위해서는 모집단 목록과 층별 표본크기가 저장되어 있는 두 데이터셋이 사전에 층 변수들에 의하여 정렬되어 있어야 한다. 그렇지 않을 경우 SORT 프로시저를 이용하여 정렬을 수행할 수 있다.
- PROC SURVEYSELECT Statement

– SAMPSIZE=: 각 층별 표본크기가 정의되어 있는 데이터셋을 지정한다. 이 데이터셋에는 층 변수들이 포함되어 있어야 하고, 층별 표본크기를 나타내는 변수는 반드시 SampleSize 또는 _NSIZE_라는 이름을 가져야 한다. 다음은 층별 표본크기가 정의된 데이터셋의 예이다(allocate 데이터셋: 여기서는 어떤 기준에 의해 2개의 층에 400과 600의 표본크기 할당되었다고 가정하였다).

| Region | _NSIZE_ |
|---|---|
| 1 | 400 |
| 2 | 600 |

– METHOD=: 층 내에서 표본추출 방법을 지정한다(SRS: 단순임의추출).

- STRATA Statement: 층 변수들을 나열한다.

### 4.A.2 모수에 대한 추정

식 (4.16)에 주어진 모평균에 대한 추정식을 다음과 같이 바꿔쓸 수 있다.

$$\text{평균}: \ \bar{y}_{st} = \sum_{h=1}^{H} \frac{N_h}{N} \bar{y}_h = \sum_{h=1}^{H} \frac{N_h}{N} \sum_{i=1}^{n_h} \frac{y_{hi}}{n_h} = \sum_{h=1}^{H} \sum_{i=1}^{n_h} w_{hi}\, y_{hi} \Big/ w_{..} \tag{4.25}$$

여기에서 $w_{hi}$와 $w_{..}$은 각각 다음을 나타낸다.

$$w_{hi} = \frac{N_h}{n_h}, \quad w_{..} = \sum_{h=1}^{H} \sum_{i=1}^{n_h} w_{hi} \ \Big( = N \Big). \tag{4.26}$$

위 식을 통해 모평균의 추정량은 개별 관측치 $y_{hi}$에 대한 가중평균으로도 정의될 수 있음을 알 수 있다. 이와 유사하게 모집단 총합과 모비율에 대한 추정량도 다음과 같이 개별 관측치에 대한 가중합과 가중평균으로 정의될 수 있다.

$$\text{총합}: \ \hat{t}_{st} = \sum_{h=1}^{H} N_h \bar{y}_h = \sum_{h=1}^{H} N_h \sum_{i=1}^{n_h} \frac{y_{hi}}{n_h} = \sum_{h=1}^{H} \sum_{i=1}^{n_h} w_{hi}\, y_{hi} \tag{4.27}$$

$$\text{비율}: \ \hat{p}_{st} = \sum_{h=1}^{H} \frac{N_h}{N} \hat{p}_h = \sum_{h=1}^{H} \frac{N_h}{N} \sum_{i=1}^{n_h} \frac{z_{hi}}{n_h} = \sum_{h=1}^{H} \sum_{i=1}^{n_h} w_{hi}\, z_{hi} \Big/ w_{..} \tag{4.28}$$

이때, 개별 관측치 $y_{hi}$(또는 $z_{hi}$)에 붙는 $w_{hi}$를 **표본 가중치**(sampling weight)라고 한다. 층화단순임의추출의 경우, 같은 층에 속하는 관측치에 대한 표본 가중치는 각 층의 추출률의 역수($= N_h/n_h$)로서 동일함을 알 수 있다. 단순임의추출의 경우에는 모든 표본 가중치가 $N/n$으로 동일하다.

⟨표 4.4⟩는 가상의 조사 데이터의 예이다. 여기에는 표집틀 목록의 ID, Region(지역, 층) 이외에 추가로 조사된 Gender(성별), Smoking(흡연 유무), Expense(어떤 품목에 대한 월평균 지출액) 변수가 포함되어 있다. 또한 ⟨표 4.4⟩에서 변수 wgt_raw는 각 개체에 대한 가중치를 나타낸다(이는 각 표본 개체들이 몇 개의 모집단 개체들을 대표하는지를 나타낸다). 예를 들어, 층 1의 개체들에 대하여 가중치가 50.00(=20,000/400)이고 층 2의 개체들에 대하여는 133.33(=80,000/600)이다. 따라서 가중치 변수 wgt_raw의 합계는 모집단 크기인 100,000($= 50.00 \times 400 + 133.33 \times 600$)이 된다.

한편 변수 wgt_std는 가중치의 합계가 표본크기(=1,000)와 같도록 변환한 것으로, 이를 **표준화 가중치**(standadized weight)라고 한다. 원 가중치 변수 wgt_raw와 표준화 가중치 변수 wgt_std는 다음과 같은 관계를 갖는다.

$$\text{표준화 가중치} = \text{원 가중치} \times \frac{n(\text{표본 크기})}{N(\text{모집단 크기})}. \tag{4.29}$$

〈표 4.4〉 조사 데이터의 예 ($n$=1,000)

| Obs. | ID | Region | Gender | Smoking | Expense | Wgt_raw | Wgt_std |
|---|---|---|---|---|---|---|---|
| 1 | 56 | 1 | 1 | 1 | 170000 | 50.00 | 0.50 |
| 2 | 70 | 1 | 1 | 0 | 110000 | 50.00 | 0.50 |
| ... | ... | ... | ... | ... | ... | ... | |
| 399 | 99610 | 1 | 2 | 0 | 160000 | 50.00 | 0.50 |
| 400 | 99667 | 1 | 1 | 1 | 70000 | 50.00 | 0.50 |
| 401 | 46 | 2 | 2 | 0 | 40000 | 133.33 | 1.33 |
| 402 | 316 | 2 | 1 | 0 | 30000 | 133.33 | 1.33 |
| 403 | 341 | 2 | 2 | 0 | 40000 | 133.33 | 1.33 |
| ... | ... | ... | ... | ... | ... | ... | |
| 999 | 99776 | 2 | 2 | 0 | 70000 | 133.33 | 1.33 |
| 1000 | 99965 | 2 | 2 | 0 | 40000 | 133.33 | 1.33 |

### ○ 비율 추정 – SURVEYFREQ Procedure

```
PROC SURVEYFREQ DATA=survey.survey_str TOTAL=survey.pop_total;
     STRATA region / LIST;
     TABLES smoking / CL ALPHA=0.05;
     WEIGHT wgt_raw;
RUN;
```

- DATA= 옵션: 조사된 내용이 저장되어 있는 데이터셋을 지정한다.
- TOTAL= 옵션: 각 층별 부모집단 크기가 정의되어 있는 데이터셋을 지정한다. 이 데이터셋에는 층 변수들이 포함되어 있어야 하고, 층별 부모집단 크기를 나타내는 변수는 반드시 _TOTAL_라는 이름을 가져야 한다. 다음은 층별 부모집단 크기가 정의된 데이터셋의 예이다(pop_total 데이터셋).[7]

| Region | _TOTAL_ |
|---|---|
| 1 | 20000 |
| 2 | 80000 |

- STRATA 명령문: 층 변수들을 지정한다. 여기에는 LIST(층별 표본크기 테이블을 출력) 옵션을 지정할 수 있다.
- TABLES 명령문: 비율 추정에 사용될 범주형 변수들을 나열한다. 여기에는 CL(신뢰구간을 출력) 및 ALPHA=(유의수준을 설정, 기본값=0.05) 등의 옵션을 지정할 수 있다.

[7]단순임의추출의 경우에는 TOTAL=100000과 같이 전체 모집단 크기를 지정하면 된다.

〈결과 4.1〉 비율 추정의 결과 (일부)

| Stratum Information | | | | |
|---|---|---|---|---|
| Stratum Index | Region | Number of Obs | Population Total | Sampling Rate |
| 1 | 1 | 400 | 20000 | 2.00% |
| 2 | 2 | 600 | 80000 | 0.75% |

| Table of Smoking | | | | | |
|---|---|---|---|---|---|
| Smoking | Frequency | Weighted Frequency | Std Dev of Wgt Freq | Percent | Std Err of Percent |
| 0 | 761 | 76967 | 1424 | 76.9667 | 1.4216 |
| 1 | 239 | 23033 | 1424 | 23.0333 | 1.4216 |
| Total | 1000 | 100000 | 0 | 100.000 | |

- WEIGHT 명령문: 가중치 변수를 지정한다.

〈결과 4.1〉은 SURVEYFREQ 프로시저를 사용하여 얻은 결과 중 일부를 제시한 것이다. 그 내용을 설명하면 다음과 같다.

- Frequency: 표본에서 조사된 빈도를 나타낸다. 즉, 1,000명 중 239명이 흡연 여부에 '예'라고 응답하였음을 알 수 있다.
- Weighted Frequency: 가중빈도를 나타낸다. 즉, 100,000명 중 23,033명이 흡연하고 있는 것으로 추정된다.
- Std Dev of Wgt Freq: 가중빈도에 대한 표준편차를 나타낸다.
- Percent: 비율에 대한 추정치를 나타낸다. 즉, 흡연율이 23.0%로 추정된다. 식 (4.28) 참조. $(20,000/100,000) \times 30.8\% + (80,000/100,000) \times 25.5\% = 23.0\%$.
- Std Err of Percent: 비율에 대한 표준오차를 나타낸다.

### ○ 평균 추정 – SURVEYMEANS Procedure

```
PROC SURVEYMEANS DATA=survey.survey_str
                 TOTAL=survey.pop_total ALPHA=0.05;
     STRATA region / LIST;
     CLASS smoking;
     VAR expense smoking;
     WEIGHT wgt_raw;
RUN;
```

〈결과 4.2〉 평균 추정의 결과 (일부)

| Vriable | Level | N | Mean | Std Error of Mean | 95% CL for Mean | |
|---|---|---|---|---|---|---|
| Expense | | 1000 | 86343 | 1546.897069 | 83307.7894 | 89378.8773 |
| Smoking | 0 | 761 | 0.769667 | 0.014216 | 0.7418 | 0.7976 |
| | 1 | 239 | 0.230333 | 0.014216 | 0.2024 | 0.2582 |

- CLASS 명령문: 범주형 변수들을 나열한다. 여기에 지정된 변수 중 VAR 명령문에 지정된 변수들에 대해서는 각 범주별 비율이 추정된다.
- VAR 명령문: 평균 또는 비율 추정의 대상이 될 변수들을 나열한다.

〈결과 4.2〉는 SURVEYMEANS 프로시저를 사용하여 얻은 결과 중 일부를 제시한 것이다. 그 내용을 설명하면 다음과 같다.

○ Level: 범주형 변수의 각 범주를 나타낸다.

○ N: 응답자 수를 나타낸다.

○ Mean: 평균(비율)에 대한 추정치를 나타낸다. 예컨대, 월평균 지출액의 평균이 86,343원으로 추정된다. $(20,000/100,000) \times 111,850 + (80,000/100,000) \times 79,967 = 86,343$. 범주형 변수에 대해서는 범주별 비율을 나타낸다. 식 (4.25), (4.28) 참조.

○ Std Error of Mean: 평균(비율)에 대한 표준오차를 나타낸다.

○ 95% CL for Mean: 평균(비율)에 대한 95% 신뢰구간을 나타낸다. 예컨대, $86,343 \pm 1.96 \times 1,546 = (83,307,\ 89,378)$.

## ○ 총합 추정 – SURVEYMEANS Procedure

```
PROC SURVEYMEANS DATA=survey.survey_str TOTAL=survey.pop_total
                 ALPHA=0.05 SUM VARSUM CLSUM;
     STRATA region / LIST;
     VAR expense;
     WEIGHT wgt_raw;
RUN;
```

- WEIGHT 명령문: 가중치 변수를 지정한다. 단, 총합을 추정할 경우에는 반드시 원 가중치 변수를 지정해야 한다.

〈결과 4.3〉은 SURVEYMEANS 프로시저를 사용하여 얻은 결과 중 일부를 제시한 것이다. 그 내용을 설명하면 다음과 같다.

〈결과 4.3〉 총합 추정의 결과 (일부)

| Vriable | Sum | Std Dev | Var of Sum | 95% CL for Sum | |
|---|---|---|---|---|---|
| Expense | 8634333333 | 154689707 | 2.3928905E16 | 8330778939 | 8937887728 |

- Sum: 총합에 대한 추정치를 나타낸다. 즉, 월평균 지출액의 총합이 8,634,333,333원으로 추정된다. $100,000 \times 86,343.333 = 8,634,333,333$. 식 (4.27) 참조.
- Std Dev: 총합의 추정치에 대한 표준편차(표준오차)를 나타낸다.
- Var of Sum: 총합의 추정치에 대한 분산을 나타낸다. $154689707^2 = 2.3928905E16$.
- 95% CL for Mean: 총합에 대한 95% 신뢰구간을 나타낸다. 즉, $8,634,333,333 \pm 1.96 \times 154,689,707 = (8,330,778,939,\ 8,937,887,728)$.

## ○ 부분 집단에 대한 추정

```
PROC SURVEYMEANS DATA=survey.survey_str
                 TOTAL=survey.pop_total ALPHA=0.05;
     STRATA region / LIST;
     DOMAIN region gender region*gender;
     CLASS smoking;
     VAR expense smoking;
     WEIGHT wgt_raw;
RUN;
```

- DOMAIN 명령문: 도메인 변수 및 그들의 조합을 지정한다. 이와 같이 특정 부분 집합에 대한 추정하는 것을 도메인 추정(domain estimation)이라고 한다. 이 예에서는 변수 region(지역) 및 gender(성별)과 region×gender 조합의 각 부분 집합별 결과를 출력하도록 지정하였다.

〈결과 4.4〉는 위의 프로그램을 수행하여 얻은 결과 중 변수 region(지역)의 각 부분 집합별 결과를 제시한 것이다. 여기에는 각 지역별 평균 및 비율 추정의 결과가 나타나 있다.

## ○ 일반적인 SAS 프로시저의 사용

앞에서 설명한 가중치 변수를 FREQ, MEANS, TTEST 등 일반적인 SAS 프로시저들에 적용하여 여러 가지 분석을 수행할 수도 있다. 단, 이들 프로시저들은 모집단 크기가

〈결과 4.4〉 부분 집합에 대한 추정 결과 (일부)

| Domain Statistics in Region | | | | | | | |
|---|---|---|---|---|---|---|---|
| Region | Variable | Level | N | Mean | Std Error of Mean | 95% CL for Mean | |
| 1 | Expense | | 400 | 111850 | 2470.318006 | 106993.534 | 116706.466 |
| | Smoking | 0 | 294 | 0.735000 | 0.021872 | 0.692 | 0.778 |
| | | 1 | 106 | 0.265000 | 0.021872 | 0.222 | 0.308 |
| 2 | Expense | | 600 | 79967 | 1832.344681 | 76368.066 | 83565.267 |
| | Smoking | 0 | 467 | 0.778333 | 0.016908 | 0.745 | 0.812 |
| | | 1 | 133 | 0.221667 | 0.016908 | 0.188 | 0.255 |

매우 큰 경우($N \simeq \infty$)를 가정하고 있다는 것과 일반적으로는 표준화 가중치를 사용해야 한다는 것을 주의해야 한다.

```
PROC FREQ DATA=survey.survey_str;
     TABLES gender*smoking / NOCOL CHISQ;
     WEIGHT wgt_std;
RUN;

PROC MEANS DATA=survey.survey_str N MEAN STDERR CL ALPHA=0.05;
     CLASS gender;
     VAR expense smoking;
     WEIGHT wgt_std;
RUN;

PROC TTEST DATA=survey.survey_str;
     CLASS region;
     VAR expense;
     WEIGHT wgt_std;
RUN;
```

위의 SAS 프로그램은 표준화 가중치를 적용하여 교차표 작성 및 카이제곱 검정과 평균 차이에 대한 $t$-검정을 수행한 예이다. 〈결과 4.5〉는 위의 프로그램을 수행하여 얻은 결과 중 성별 흡연률의 동일성에 대한 카이제곱 검정의 결과를 제시한 것이다.

독자들은 가중치를 사용하지 않은 경우와 원 가중치 및 표준화 가중치를 사용한 경우의 결과들을 비교하여 보기 바란다.

〈결과 4.5〉 FREQ 프로시저의 결과 (일부)

| Gender | Smoking 0 | Smoking 1 | 합계 |
|---|---|---|---|
| 1 | 287.000 | 194.000 | 481 |
| | 59.67% | 40.33% | |
| 2 | 482.667 | 36.333 | 519 |
| | 93.00% | 7.00% | |
| 합계 | 769.667 | 230.333 | 1000 |
| | 76.97% | 23.03% | |

| 통계량 | 자유도 | 값 | $p$-값 |
|---|---|---|---|
| 카이제곱 | 1 | 156.4500 | <.0001 |
| 우도비 카이제곱 | 1 | 167.3506 | <.0001 |

## 4.B [부록] 액세스 목록에서의 표본추출

모집단 표집틀로부터 표본을 추출하는 것이 원칙이겠으나, 인터넷 조사와 휴대폰 조사 등의 경우는 표집틀을 구축하는 것이 매우 어렵다. 대한민국 인터넷 사용자 명부나 휴대폰 번호부 같은 것이 없기 때문이다. 이런 표집틀 문제를 우회하는 한 방법은 각종 인터넷 웹사이트에서 조사 받기를 원하는 자원자(volunteer)를 모집하여 목록으로 만들고 그 목록에서 표본을 추출하는 것이다. 이런 표본추출 목록을 조사업계에서 액세스(access) 패널이라고 하지만, 여기에서는 액세스 목록(acess list)이라는 용어를 쓰도록 하겠다.[8] 이런 자원자들은 종종 이메일이나 휴대폰 문자 메시지를 통해 조사요청을 받게 되고, 실제 조사에 응하게 되면 사례금 또는 사례품을 받게 된다.[9]

이런 식으로 가입 회원수가 100,000-1,000,000명에 이르는 꽤 큰 목록이 만들어지기도 한다. 그렇지만 이런 목록의 가치에 대하여 학계의 이론가들은 회의적이다. 왜냐하면 이들이 자원자이므로 자기선택효과(self-selection effect)가 있을 수 있기 때문이다. 그러나 이들을 지역·성·연령대 등 각종 인구사회적 속성과 사회심리적 성향으로 통제하는 경우 자기선택효과를 어느 정도 억제할 수 있다. 이 절에서는 확보된 액세스 목록에서 모집단 특성과 가급적 일치하는 표본을 추출해내는 데 주안점을 두고자 한다.[10]

---

[8] 여러 시점에서 동일 응답자를 추적 조사하는 패널조사의 '패널'과 혼동의 우려가 있기 때문이다.

[9] 인터넷 검색기에서 '리서치 패널 모집'으로 검색하여 보라.

[10] 사람들을 사례금/사례품으로 공개적으로 유인하기 보다는, 확률적 표본추출을 통하여 접촉된 응답자에 향후 인터넷 웹 또는 휴대폰 조사에 협조해 줄 것을 요청하는 방법이 훨씬 낫겠다.

매우 당연하게 액세스 목록의 각종 인구사회적 속성 분포는 모집단의 것과 차이를 보일 것이다. 인터넷 공개 모집을 통해 확보된 액세스 목록은 지역과 성의 분포에서 모집단과 다소의 편차를, 연령대 분포에서는 모집단과 큰 편차를 보인다. 50대와 60대 이상에서는 인터넷의 적극적 활용자가 적기 때문이다. 뿐만 아니라 학력, 직업, 소득 분포 등도 모집단과 다를 가능성이 많다.

액세스 목록에서 추출되는 표본이 지역·성·연령대 분포에서 모집단과 일치되도록 하기 위해서는 지역·성·연령대 조합(cell)에 모집단 크기에 비례하는 표본을 배정하면 될 것이다.[11] 그러나 통제하고자 하는 속성 변수가 지역, 성, 연령대의 3가지라고 하더라도 액세스 목록이 충분히 크지 않은 경우와 지역, 성, 연령대 외에 학력, 직업, 소득 중 1-2개를 추가하여 통제하고자 하는 경우에는 더 이상 그런 방법이 통하지 않게 된다. 왜냐하면 조합의 수가 고려하는 통제 변수의 추가에 따라 초기하적으로 증가하기 때문이다.[12]

다음은 $p$개의 속성 변수를 통제하여 크기 $N$의 액세스 목록으로부터 크기 $n$의 표본을 추출하는 방법이다.[13]

(0) 목록의 모든 개체에 $p$개의 속성 변수를 기준으로 RIM 가중치 $w_1, \cdots, w_N$를 부여한다 (제8장 참조). 절단값 $c$의 첫 값을 4 또는 5로 둔다.

(1) 가중치의 총계가 목록의 크기인 $N$이 되도록 척도화하고, 개체 가중치가 절단값 $c(=4$ 또는 $5)$보다 크면 절삭처리한다.

(2) 0과 가중치 총계 구간에서 다음 성질을 갖는 수열 $a_1, \cdots, a_n$을 빼낸다.

- 항 간 간격은 $k = N_0/n$이다(equal displacement). 여기에서 $N_0$는 패널 리스트에 부여된 현재 가중치의 총계이고 $n$은 목표 표본크기이다.
- 초항 $a_1$은 구간 $(0, k)$에서 임의로 선택된다(random selection).
- $k \leq c$이면 1개 개체가 2회 이상 추출될 가능성이 있으므로 절단값 $c$를 $k$로 바꾸고 단계 (1)로 돌아간다.

(3) 각 $i\,(= 1, \cdots, n)$에 대하여, 개체 가중치의 누적합(cumulative sum)

$$W_j = \sum_{j'=1}^{j} w_{j'}, \quad j = 1, \cdots, N$$

[11] 이것은 일종의 층화추출이지만 흔히 할당추출(quota sampling)이라고 한다.

[12] 16개 지역, 2개 성, 5개 연령대를 통제하는 경우 조합의 수는 $160(= 16 \times 2 \times 5)$개이고, 여기서 4개 수준의 학력을 추가하는 경우엔 조합 수가 $640(= 16 \times 2 \times 5 \times 4)$로 늘어난다.

[13] 조성겸, 허명회 (2009). 인터넷 자원자 표본에 대한 추정방법 연구, ≪통계청 연구보고서≫.

의 수열(sequence)에서 $a_i$를 초과하는 가장 작은 index $l_i$를 찾아낸다. 즉

$$l_i = \min\{\ j \mid W_j > a_i,\quad j = 1, \cdots, N\},\quad i = 1, \cdots, n.$$

예를 들어, 6,854명(=$N$)으로 구성된 Access 리스트에서 1,000명(=$n$)을 뽑기로 하자. 광역시·도(16개 수준), 동·읍면(2개 수준), 성(2개 수준), 연령대(5개 수준) 등을 기준으로 RIM 가중치가 부여되어 있다고 가정하고 $c$를 4로 하기로 하겠다. RIM 가중치가 부여된 리스트에서 총 158명에 대한 가중치가 $c$로 절삭되어, 이에 따라 가중치 총계가 5,927($= N_0$)이 되었고 추출 간격 $k$는 5.93($= N_0/n$)이 되었다. 첫 항 $a_1$을 구간 $(0, k)$에서 임의로 뽑은 결과 3.15였다. 다음 항 $a_2$는 9.08 ($= 3.15 + 5.93$)이다.

절삭 처리된 가중치의 누적합을 구해보면 0.56, 1.12, 1.68, 2.24, 2.80, 3.36, 3.92, 4.48, 5.04, 5.60, 6.16, 6.72, 7.28, 7.84, 8.40, 8.96, 9.52, 10.08, 10.64, 11.20, $\cdots$ 였으므로, 목록에서 표본으로 뽑히는 개체 번호는 6, 17, $\cdots$ 등이다.

다음은 액세스 목록에서의 표본추출을 위한 R 스크립트의 예이다.[14] 데이터세트 `sample`에 표본개체 $n$개가 실려 나온다. 이렇게 얻어진 표본은 액세스 목록에 비하여 훨씬 모집단에 가깝게 된다.

```
# Sampling from the Weighted Access List, "access-list sampling.r"
library(foreign)
list <- read.csv("access-list-weighted.csv",header=T)
attach(list)
(N <- nrow(list))
(N <- sum(w))
mean(w)
n <- 1000
c <- 4
sum(w > c)
w1 <- w
for (i in 1:N) w1[i] <- min(w[i],c)
k <- sum(w1)/n
while(c > k){
    c <- k
    for (i in 1:n) w1[i] <- min(w1[i],c)
    k <- sum(w1)/n
```

[14] R은 오픈된 소프트웨어로서 누구든 "`http://wwww.r-project.org`"에서 프로그램 소스를 내려받아 설치하면 된다. R에 대한 간단한 설명에 대하여는 ≪R을 활용한 탐색적 자료분석≫(허명회, 2007; 자유아카데미)의 1장을 참조하기 바란다.

```
}
k <- sum(w1)/n
c; round(k,2)
set.seed(20100120)
start <- runif(1,min=0,max=k)
sequence <- seq(start,sum(w1),k)
select <- rep(0,n)
cum.w1 <- cumsum(w1)
sample <- rep(n,n)
for (j in 1:n) {
   ind <- (cum.w1 < sequence[j])
   sample[j] <- which.min(ind)
}
head(sample); tail(sample)
# sample
# end
```

# 제 5 장
# 설문지 작성

이 장에서는 조사표로서의 설문지(questionnaire)를 어떻게 작성하여야 하는가를 소개한다. 설문지의 각 문항은 그것이 의도하는 것을 측정하여야 하고(타당성) 안정된 값을 제공해야 한다(신뢰성). 이 장에서는 구체적으로 설문(question) 작성의 일반적 원칙, 설문지의 구성, 설문의 형식, 세부사항 및 설문지의 보완을 위한 사전테스트(pretest) 등에 대하여 설명하고 설문지의 보기를 제시한다.

## 5.1 설문 작성의 일반적 원칙

설문지(questionnaire)는 종이(paper)라기 보다는 도구(instrument)이다. 설문지로 사람의 태도(attitude)와 행위(behavior)를 측정하기 때문이다. 설문을 작성할 때 일반적으로 고려해야 할 사항들은 다음과 같다.

- 모든 조사에 통하는 좋은 설문은 없다. 이 말은 모든 설문은 조사에 맞춰져야 함을 의미한다. 그렇다고 모든 설문이 창안되어야 하는 것은 아니다. 다른 조사에서 쓰인 설문들을 참고할 필요가 있다.
- 설문을 종이에 써서 동료와 예비 응답자들에게 회람시켜 피드백을 받아볼 필요가 있다. 이러한 과정을 몇 번 거치면 설문지에 대한 사전테스트(pretest)가 된다.
- 모든 조사는 예산, 시간, 인적 자원의 제약 하에서 실행된다. 현실을 받아들이되 그 안에서 최선을 다하는 것이 중요하다.
- 한 개 설문에 하나의 질문을 해야 한다. 한 번에 여러 생각을 묻는 것은 금물이다. 예컨대, "이 상품 안내서가 양적으로 충분하고 질적으로 만족스러웠습니까?"라는 설문은 두 가지를 묻고 있다. "양적으로 충분한가?", "질적으로 만족스러운가?"를 각각 물어볼 필요가 있다.
- 각 설문은 구체적이어야 한다. 일반적이거나 모호하게 묻지 않는다. 예컨대, "이 여행이 좋았습니까?"라는 설문은 너무 포괄적이다. 여행의 다양한 측면에 대하여 각각 질문해야 한다.
- 각 설문은 짧고 단순한 문장으로 구성되어야 한다. 길거나 복잡한 문장은 응답자가 집중력을 잃어 제대로 이해되지 않기 십상이다.
- 설문은 목표집단 응답자에 맞게 쓰여야 한다. 어린이 또는 노인이 대상인 조사에서는 해당 연령대 언어를 고려해야 한다.
- 유도 질문을 해서는 안된다. 편향된 응답이 초래되기 때문이다. 예를 들어 "사형제도는 인명 존중을 위해 폐지되어야 한다는 데 동의하십니까?"와 "사형제도는 치안확보를 위해 불가피하다는 데 동의하십니까?"는 모두 유도성 설문이다.

- 민감한 질문은 특별히 조심하여 다루어야 한다. 예컨대, 사생활(privacy)과 기밀(con-dentiality)에 관한 사항이 그렇다. 성, 마약, 범법 등 사회적 일탈 행위(부정행위)에 대한 조사는 실패하기 쉽다.
- 모든 설문이 조사의 목적에 부합되는가를 확인할 필요가 있다. 그렇지 않다면 버려야 한다.

<참조> 개념의 조작화

조작적 정의(operational definition)는 추상적인 개념이나 변수를 관찰에 의해 측정 가능하도록 구체화한 것을 말한다. 예를 들어, '음주행위'라는 개념에 대하여 '1주일 동안의 평균 음주횟수'로 정의하는 것, 또는 '우울'이라는 개념에 대하여 'OOO에 의해 개발된 10개 설문 문항의 합점수'로 정의하는 것이다. 개념을 측정이 가능하도록 구체화 하는 과정은 다음과 같다: 개념 → 개념적 정의(개념화) → 조작적 정의(조작화) → 현실 세계(측정)

## 5.2 설문지의 구성

제대로 된 통계조사는 반드시 조사표를 필요로 한다. 조사표의 종류는 조사내용과 대상에 따라 상당히 다르게 되지만 여기서는 일반적인 사회조사에 주로 쓰이는 설문지를 생각하기로 하겠다.

### 5.2.1 설문지의 체계

설문지는 대략 세 부분(겉장, 본조사 문항, 인구사회적 배경 문항)으로 구성된다고 할 수 있다.

첫째 부분은 겉장(cover sheet)으로서 조사에 관하여 배경을 설명하고 응답자의 협조를 바라는 조사주관자의 글이 이에 해당된다. 조사의 제목, 조사 소개, 인센티브 제공, 참여요청, 조사기관(조사자) 등이 제시된다.

많은 응답자들이 겉장에서 조사 참여여부를 결정한다. 따라서 응답자들에 좋은 인상을 주어야 한다. 주사에 대한 소개는 간결하여야 하지만 조사의 중요성을 은연중에 나타내야 한다. 구체적인 인센티브가 있다면 그것을 미리 밝히고 조사 참여를 요청하는 것이 좋겠다. 조사기관을 밝히고 연락처를 명기해야한다.

우편조사나 웹조사의 경우 전화번호와 담당자 이름을 알려서 응답 과정 중 생기는 문제에 대하여 상의할 수 있게 해야 한다. 인사말 중에는 조사결과가 통계적인 형태로만 쓰일 것이라는 것을 분명하게 기술한다. 물론 조사자는 이 약속을 지켜야 한다.

대개의 통계조사에서는 응답자의 신원이 조사지에 직접 드러나지 않도록 배려함으로써 응답자들을 안심시킨다. 그러나 무응답자에 대하여 제2차, 제3차 접근이 필요하여 조사지 기입자의 신원을 기록할 필요가 있는 경우는 그것을 밝혀야 한다. 다시 말하자면, 응답자의 신원이 파악될 수 있도록 응답자들 몰래 관리 코드를 둔다든지 하는 수법을 쓰는 것은 윤리적이지 못하다.

둘째 부분은 본조사 항목이다. 본조사 문항은 조사 연구자가 알고자 하는 질문 묶음을 말한다. 이 부분은 질문지의 대부분이므로 다시 자세히 다루도록 하겠다.

셋째 부분은 응답자의 인적 사항, 즉 인구사회적 배경에 관한 설문이다. 이 같은 차례는 어디까지나 설문지에 나타나는 순서일 뿐이고, 설문지 작성시에는 그 반대 순서로 작업하는 것이 보통이다. 인구사회적 배경 문항이라고 함은 응답자의 성별, 나이, 주거지(출신지), 교육수준, 직업(사회적 지위), 소득수준(경제적 지위), 문화적 성향(라이프 스타일) 등을 말한다.

## 5.2.1 인적 사항

이러한 인적 사항들을 조사하는 첫째 이유는 본조사 항목에서의 반응을 제 인구통계적 변인의 범주에 따라 자료를 분할하여 보기 위해서이다. 예컨대, 사회개혁에 대한 지지율을 산출하는 데 있어서 조사자료를 전체로뿐만 보는 것이 아니라, 응답자의 나이대(20대, 30대, 40대, 50대, 60대+)별 지지율을 각각 구하여 어떠한 차이가 있는가를 볼 필요가 있다.

인적 사항을 조사하는 둘째 이유는 조사된 표본이 모집단을 정말 대표하는가를 검토하기 위해서이다. 예컨대, 표본의 성별 · 나이대별 구성비율이 모집단의 것과 유사하다는 것을 보이려는 의도에서 인적사항들을 설문하게 된다.

인적 사항에 관한 설문들은 설문지의 마지막 장에 두는 것이 좋다(인구사회적 요인으로 표본 할당을 하는 경우엔 본조사 문항에 앞서 묻는다. 예컨대, 성·연령대별 표본이 할당되는 경우 성과 나이를 먼저 묻고 할당이 이미 초과된 경우에는 조사를 종료한다). 배경 문항들은 본조사 문항 반응에 대한 자료 기술과 분석에서 분류 변수로 쓰이게 된다.

어떤 배경 문항들에 대해 일부 응답자들이 민감하게 반응할 수 있다. 예컨대, 교육 수준을 묻는 질문에서 저학력자(초등학교·중학교 졸업자)들은 응답에 마음이 내키지 않을 것이다. 1,000만원 이상의 고소득자들은 소득수준을 밝히고 싶지 않을 수 있다. 이러한 이유로 배경 문항들을 설문지의 마지막에 넣는다. 왜냐하면 예컨대 교육수준에 관한 설문은 저학력 응답자들을 기분 나쁘게 할 수 있는데, 만약 본조사 항목에도 들어가기 전에 그렇게 된다면 응답오류 및 부실기재의 가능성이 높아지기 때문이다.

인적사항 중 소득수준과 같은 것에 대하여는 신뢰적인 측정이 어렵다. 따라서 결과분석

시 꼭 이에 관한 정보가 필요하지 않다면 설문지에 넣지 않는 것이 좋다. 만약 응답자의 소득을 꼭 알아야 하는 경우에는

월소득이 얼마입니까? _______ 만원

과 같이 금액을 직접 기입하도록 요구하는 것보다는

월소득이 얼마쯤입니까? (      )
① 99만원 이하 ② 100-199만원 ③ 200-299만원
④ 300-399만원 ⑤ 400-499만원 ⑥ 500만원 이상

과 같이 답항을 주어 택일형으로 질문하는 것이 좋다. 설문의 유형에 관하여는 5.5절에서 더 이야기하도록 하겠다.

## 5.3 응답 과정

조사에서 응답자는 어떤 과정으로 질문에 응답하게 될까? 다음은 Groves et al.(2004)에 제시된 응답 과정이다.[1]

- 질문의 이해(comprehension of the question): 핵심 단어(keyword) 등.
- 정보 찾기(retrieval of information): 기억(memory), 기록 등.
- 판단과 추정(judgment and estimation): 정보를 종합하고 요약함.
- 답변 보고(reporting an answer): 요구된 형태로 답을 함.

어느 단계에서든 문제가 발생할 수 있다. 예를 들어, 질문이 "어제 하루 동안 집 밖에서 TV를 몇 시간 보았습니까?"라고 하자. 질문을 받은 사람은 '집 밖에서의 TV 시청'이 무엇을 말하는 것인지 이해하고자 할 것이다. 그러다가 음식점에서 TV를 잠깐 본 것 같은 것을 말한다는 것을 알아낼 것이다. 그 다음엔 어제 음식점에 갔었는지, 그 음식점에 TV가 있었는지, TV를 보았었는지를 기억해내고자 할 것이다. 그리고 식사 중에 잠깐씩 본 그것을 TV 시청으로 정의할 것인가를 판단하고 정리하여 총 몇 시간 시청인가를 계산하여 답변한다.

실제로는 여러 형태로 비정상적 응답이 나타난다.

- 건성 응답(satisficing): 정상적인 과정을 거쳐 응답하는 것이 아니라 아무렇게나 대충 건성으로 형식 요건에만 맞게 응답하는 경우이다.

[1] Grovees, M. G., Fowler, Jr. F. J., Couper, M. P., Lepkowski, J. M., Singer, E., and Tourangeau, R. (2004). *Survey Methodology*, Wiley. p. 202.

- 피동적 따름(acquiescence): 조사자의 의도에 따라 피동적으로 응답하는 경우이다.
- 사회적으로 바람직함에 쏠리는 편향(social desirability bias): 사회적으로 바람직한 태도/행위의 응답을 하는 경우이다.

요즘 거의 모든 대학에서 강의만족도평가를 하는데, 일부 학생들은 단지 본인의 성적을 확인하기 위해 조사에 응한다. 그러다 보니 건성으로 응답하는 경우가 있다(satisficing). 10여개의 5점 척도 문항을 제대로 읽고 기억해내고 판단하여 응답하는 것이 아니라, 질문지 응답을 짧은 시간에 마치기 위한 최선의 방법을 취하는 것이다. 예컨대, 모두 같은 답 항을 응답하거나 1-2-3-4-5를 반복하기도 한다. 교수님 스스로가 질문지를 돌리는 경우 일부 학생 응답자들은 교수님의 의도에 맞게 응답하기도 한다(acquiescence). "다음 선거에서 투표하실 생각입니까?"를 물으면 응답자들의 90%는 '투표하겠다'로 응답함으로써 적지 않은 사람들이 무의식적으로 사회적으로 바람직한 태도를 보인다(social desirability bias).

비정상적 응답이 조사자료 전체의 질에 심각한 영향을 줄 수 있다. 따라서 비정상적 응답이 우려되는 경우 원인을 짐작하여 대책을 세워야 한다. 예컨대, 건성 응답이 생기는 이유가 응답자들의 조사참여 동기가 약하거나 조사를 강요하였기 때문일 수 있다. 아니면 질문지가 너무 많은 문항으로 구성되어 있어 응답자들이 집중력을 잃었을 수 있다.

응답자들이 조사자를 피동적으로 따르는 현상은 조사자가 상위 권위를 갖는 경우, 부정적 응답으로 인한 피해를 염려하는 경우, 또는 너무 큰 인센티브가 제공되는 경우에 나타날 수 있다. 사회적으로 바람직한 반응에 쏠리지 않게 하기 위하여, 조사에서는 다양한 응답이 모두 존중된다는 점을 부각시킬 필요가 있다. 예컨대, 투표 의향에 관한 조사에서 "선거일에는 개인적인 일로 투표를 하지 못하는 유권자들이 있다. 다음 선거에서 투표하실 생각입니까?"로 물으면 투표 의향이 없는 응답자들이 괜찮은 구실로 빠져나가게 된다.

## 5.4 설문 작성

본 조사항목에 관한 설문을 작성할 때는 처음부터 구체적으로 들어가는 것보다는 전체적인 윤곽을 먼저 잡고 세부적으로 들어가는 방법을 취하는 것이 좋다. 이것은 마치 그림을 그릴 때 전체적인 구도를 잡고 점차적으로 세부적 묘사에 들어가야 하는 것과 같다. 예를 들어, '교수의 연구업적 평가에 관한 의견조사'의 설문지 설계시

(1) 연구업적이란 무엇인가? (개념의 정의)
(2) 연구업적들의 예들은 어떤 것들이며 어떻게 분류될 수 있는가? (범주화)

(3) 개별 업적의 상대적 중요도는 어떻게 수량화될 수 있는가? (수량화)
(4) 공동업적의 경우 개인의 몫은 얼마쯤인가? (주변적 사항)

등 몇 개의 단계로 나누어 생각하는 것이다.

설문(문항) 작성에 있어 유의해야 할 점은 수도 없이 많다. 그 중에서 몇 개만 추려 제시하겠다.

유도성 어구(語句, wording)가 들어가지 않아야 한다. 유도성 어구는 "...을 위하여"를 말하는데 질문에 유도성 어구가 포함되면 대다수 응답자들이 한 쪽으로 유인된다. 예를 들어, 사형(死刑)제도의 존속 또는 폐지에 대한 의견을 물으면서 "최소한의 사회질서를 유지하기 위하여 불가피하게 사형제도를 존속시킬 필요가 있다는 주장에 동의하십니까?", "중대한 범죄자라고 하더라도 기본 인권은 항상 존중되어야 하므로 사형제도가 폐지되어야 한다는 주장에 동의하십니까"로 묻는 것 모두 유도성 질문이다.

질문은 가급적 간결하게 해야 하지만 구체적이고 혼동의 여지가 없어야 한다. 어떤 경우에는 응답자의 인지(認知, cognition)를 돕기 위하여 질문 배경에 대한 설명을 부연하기도 합니다. 예를 들어, 앞 단락의 사형제도 존속/폐지에 대한 의견을 물으면서 "사형제도가 최소한의 사회질서를 유지하기 위하여 불가피하다는 주장이 있다. 반면 중대한 범죄자라고 하더라도 기본 인권은 항상 존중되어야 하므로 사형제도가 폐지되어야 한다는 주장도 있다. 어느 쪽 주장에 동의하십니까?"로 물을 수 있다.

자신에게 주요한 사건을 과대하게 기억하고 보고하는 현상을 **확대경 효과**(telescoping effect)라고 한다. 그 사건이 언제 있었던 일인가를 명확히 하기 위하여 응답자에게 중요한 몇 개의 날짜와 대조할 필요가 있다. 예컨대, 응답자들은 자신이 범죄 피해자가 되었던 사건에 대하여 그것이 실제보다 더 최근에 있었던 것으로 응답하는 경향이 있다. 단순히 그 사건이 최근 3개월 이내 발생한 것인지를 묻는 것 외에 그 사건이 자신의 최근 생일 이전이었는지 이후였는지, 지난 설날(추석) 이전이었는지 이후였는지를 물어볼 필요가 있다.

기억의 한계를 넘는 질문은 좋지 않다. 응답자의 동의하에 일정기간 관련 기록을 하게 한다든지 체계적으로 검색하는 방식을 써야 한다. 예를 들어, 라디오 청취율을 조사하기 위하여 "지난 일주일 동안 라디오의 어느 채널을 몇 시간 청취하였습니까?"를 물을 수는 없다. 응답자를 사전 접촉하여 라디오 청취 일기를 일정기간 쓰도록 해야 한다.

일부 응답자라도 해당되지 않을 수 있는 질문에는 해당여부를 먼저 묻고 해당되는 응답자에 한하여 질문하여 한다. 예를 들어, "최근 한국과 미국 간에 맺어진 자유무역협정(FTA)에 대하여 어떻게 생각하십니까?"를 물었다고 하자. 그러나 FTA에 대하여 아무것도 모르는 응답자는 어떤 의견도 없을 것이다. 따라서 모든 응답자에 찬성과 반대 중

택일하여 응답하도록 하는 것은 곤란하다. 선행질문으로 "최근 한국과 미국 간에 맺어진 자유무역협정(FTA)을 알고 계십니까?"를 묻고 '그렇다'고 응답한 사람들에게 FTA에 대한 생각을 물을 수 있다.

한 문항에 한 개의 질문을 해야 하다. 두 가지 이상을 묶어 질문하면 답변하기 곤란하다. 예를 들어, "지난 주 방영된 TV 프로그램 중에서 가장 재미있었고 유익하였던 프로그램을 말해 주십시오"로 묻는 것보다는 (1) 가장 재미있었던 TV 프로그램이 어느 것이었는지, (2) 가장 유익하였던 TV 프로그램이 어느 것이었는지를 묻는 것이 옳다. 같은 이유로 부모님의 고향을 묻는 것은 곤란하다. 당연히 아버지의 고향과 어머니의 고향을 각각 물어야 할 것이다.

질문지에 포함될 문항들을 절(節, section)로 묶어 제시하여야 응답자들이 쉽게 응답할 수 있다. 예컨대, 대학생활 실태를 조사하는 질문지는 학업부문과 비학업부문의 두 개 절로 구분될수 있다. 학업부문은 다시 교양부문과 전공부문의 소절로, 비학업부문도 다수의 소절로 나뉠 수 있다.

## 5.5 설문의 형식

설문(질문)의 내용이 정해졌으면 그것을 어떤 형식으로 물어보아야 할지를 생각하게 된다. 예컨대 여러 보기를 주고 그 중 하나를 선택하게 할 수도 있고 여럿을 선택하게 할 수도 있으며 그것들을 순위화하도록 할 수 있다. 또는 주어진 설문에 대해 동의하는 정도를 등급화하도록 하거나 더 나아가 주어진 주제에 대한 응답자의 의견이 자유스럽게 진술되도록 할 수도 있다. 이렇게 여러 가능성이 있어도 각 설문마다 적절한 형식이 있기 마련이다.

설문의 형식으로는 폐쇄형 질문(closed question), 개방형 질문(open question), 평정형(rating) 질문, 순위화(ranking) 질문 등이 있다. 폐쇄형 질문은 답 항이 주어지는 질문이고 개방형 질문은 그렇지 않은 질문이다.

### 5.5.1 폐쇄형 질문과 개방형 질문

폐쇄형 질문(closed question)의 경우에는 모든 주요 응답이 답 항으로 제시되어야 한다. 그렇게 하고도 다른 응답이 가능한 경우에는 마지막에 '기타'를 두어 응답자가 기입하도록 해야 한다. 이렇게 하기 위해서 조사자가 예상되는 응답들을 잘 알고 있어야 한다. 어떤 경우에는 사전 조사가 필요하다. 예를 들어 "다음 중에서 가장 선호하는 맥주 브랜드는 어느 것입니까?"를 묻고 이에 대하여 택일형으로 응답을 하도록 하였을 때, 답 항에는 우리나라

맥주시장에서 점유율이 일정 퍼센트가 되는 맥주 브랜드가 모두 제시되어야 한다.

폐쇄형 질문에서 주어진 답 항 가운데 1개를 선택하도록 하는 것이 택일형(single-choice)이고 여러 개를 선택하도록 하는 것이 다중선택형(multiple-choice)이다. 앞의 단락에서 "다음 중에서 가장 선호하는 맥주 브랜드는 어느 것입니까?"는 택일형 응답을 요구하는 질문이다. 반면 "다음 중에서 좋아하는 맥주 브랜드를 2개 골라주세요" 또는 "다음 중에서 좋아하는 맥주 브랜드를 모두 말해주세요"라고 하면 다중선택형 질문이다.

개방형 질문(open question)은 자유기술식 응답을 요구하는 질문이다. 예컨대, "맥주하면 생각나는 브랜드를 말해주세요."의 경우이다. 특히 응답자들이 동일한 조직의 구성원일 경우 개방형 질문에 대한 호응도가 높고 수준 높은 응답을 이끌어내는 데 효과적이다. 다만 응답자료의 처리 시 범주화, 코딩화 등의 다소 번거로운 절차가 필요하다. 개방형 질문에 대하여는 표준적 코딩이 필요하다. 예컨대, 'CASS', 'Cass', 'cass', '카스', '카스 맥주'는 모두 같은 것이므로 한 가지로 코딩해야 한다.

### 5.5.2 평정형 질문

평정형 질문(rating questions)은 '좋다–싫다', '찬성–반대'와 같이 양극화된 응답의 선(線) 위에 일정 간격으로 찍힌 점을 응답자가 선택하도록 한다. 예를 들어, 5점 척도(five-point scale)는 다음과 같이 5개의 답 항으로 구성된다.

1. 적극 반대한다 (아주 싫다)
2. 반대한다 (싫다)
3. 반대하지도 찬성하지도 않는다 (싫지도 좋지도 않다)
4. 찬성한다 (좋다)
5. 적극 찬성한다 (아주 좋다)

평정형 질문에는 5점뿐만 아니라 7점 척도, 9점 척도 등이 있다. 5점 척도에 비해 어의(語義) 구분이 세분화된 7점 척도는 일반인 대상의 조사보다는 전문가 대상의 조사에 맞다. 예컨대, 일반인 대상의 의료정책 조사에서는 5점 척도가, 의료인(의사, 간호사, 약사) 대상의 의료정책 조사에서는 7점 척도가 더 좋다. 그러나 5점 척도와 7점 척도의 직접적 비교는 곤란하다. 5점 척도와 7점 척도의 상호 변환에 대하여는 부록을 참고하기 바란다.

<사례 5.1> 평정형 질문

다음의 예를 보자.

대통령이 장관을 선택할 때 무엇을 가장 중요하게 고려해야 한다고 생각합니까?
1. 행정경험 2. 도덕성 3. 인화력 4. 친분관계 5. 출신지역

이 경우 택일형(single choice)의 설문은 적절하지 않다. 왜냐하면 각료의 인선에서는 행정경험, 도덕성, 인화력, 친분관계, 출신지역 등을 종합적으로 고려할 것이기 때문이다. 따라서 그 중에서 하나를 꼽으라는 설문은 지나친 단순화를 초래한다. 그러면 이것을 어떻게 바꿀 수 있을까? 다음 대안을 생각해 보자.

대통령이 장관을 선택할 때 다음 항목 각각을 어느 정도 중요하게 고려해야 한다고 생각합니까?

| | 아주 중요하게 | 중요하게 | 보통으로 | 중요하지 않게 | 전혀 중요하지 않게 |
|---|---|---|---|---|---|
| 1. 행정경험 | ⑤ | ④ | ③ | ② | ① |
| 2. 도덕성 | ⑤ | ④ | ③ | ② | ① |
| 3. 인화력 | ⑤ | ④ | ③ | ② | ① |
| 4. 개인적 친분 | ⑤ | ④ | ③ | ② | ① |
| 5. 출신지역 | ⑤ | ④ | ③ | ② | ① |

5점 척도에서 중간항을 없애서 4점 척도를 사용하는 조사도 있다. 즉, 이렇게 된다.

1. 적극 반대한다 (아주 싫다)
2. 반대한다 (싫다)
3. 찬성한다 (좋다)
4. 적극 찬성한다 (아주 좋다)

응답자에게 명확한 태도 표현을 구하는 4점 척도는 조사 결과를 정책 결정에 활용하고자 하는 경우에 고려될 수 있다.

<사례 5.2> 5점 척도형 질문과 4점 척도형 질문

5점 척도 또는 7점 척도화에서, 우리 사회에서는 긍정적·부정적 의사를 뚜렷하게 표현하는 것을 꺼리기 때문에 긍정적·부정적인 응답 대신 중간항을 선택하는 경향이 있다. 다음의 예를 보자.

다음 라면들을 시식해 보고 의견을 말해주십시오.
해당 항에 ○표를 해주십시오.

| | 아주 좋다 | 약간 좋다 | 보통 | 약간 나쁘다 | 아주 나쁘다 |
|---|---|---|---|---|---|
| 시제품 A : | ⑤ | ④ | ③ | ② | ① |
| 시제품 B : | ⑤ | ④ | ③ | ② | ① |
| 시제품 C : | ⑤ | ④ | ③ | ② | ① |
| 시제품 D : | ⑤ | ④ | ③ | ② | ① |

이와 같이 5점 척도로 하는 경우 '아주 좋다'와 '아주 나쁘다' 등 양 끝의 응답은 거의 없게 되고, '보통'에 응답이 쏠리는 경향이 있을 수 있는데, 응답자들의 보다 분명한 의사 표현을 유도하기 위해서 다음과 같이 4점 척도로 설문할 수도 있다.

| | 아주 좋다 | 약간 좋다 | 약간 나쁘다 | 아주 나쁘다 |
|---|---|---|---|---|
| 시제품 A : | ④ | ③ | ② | ① |
| 시제품 B : | ④ | ③ | ② | ① |
| 시제품 C : | ④ | ③ | ② | ① |
| 시제품 D : | ④ | ③ | ② | ① |

---

### 5.5.3 순위화 질문

주어진 항목들에 대한 순서화를 요구하는 **순위화**(ranking) 질문에는 완전 순위화와 부분 순위화의 두가지 유형이 있다.

**완전 순위화**(complete ranking) 질문에서 응답자는 $k$개의 항목에 대하여 선호하는 순서에 따라 1부터 $k$까지의 순위를 부여해야 한다. 항목 수 $k$가 큰 경우, 가장 선호하는 $l(\leq k)$)개의 항목을 고르고, 순서화하여 1부터 $l$까지의 순위를 부여하도록 하는 **부분 순위화**(partial ranking) 질문을 한다.

예를 들어, 대학 1학년 교양과정을 마친 학생들에게 교양의 다섯 영역을 비교 평가하기 위하여 질문지 문항을 다음과 같이 구성할 수 있다.

---

다음 5개 교양교육 영역을 유익성의 순서로 평가하여 주세요.

(가장 유익한 영역에 순위 1, 그 다음 유익한 영역에 순위 2, ... 등)

- 언어영역 : 순위 ___
- 인문영역 : 순위 ___
- 사회영역 : 순위 ___
- 수리영역 : 순위 ___
- 과학영역 : 순위 ___

---

이렇게 순위화를 요구하는 질문은 상대적 평가가 꼭 필요한 경우에 유용하다.

위의 질문을 “다음 5개 교양교육 영역 중에서 가장 유익한 2개 영역에 대하여 순위를 매겨 주세요.(가장 유익한 2개 영역에 순위 1과 순위 2를 주고, 나머지 영역에 대한 순위는 빈칸으로 남겨 둡니다.)”로 바꾸면 부분 순위화 질문이 된다. 빈칸으로 남겨진 항목에 대한 자료값은 나머지 순위값들의 평균으로 코딩하는 것이 무난하다(앞의 경우 빈칸에 대한 코딩값을 순위 3, 4, 5의 평균인 4로 한다).

<사례 5.3> 여러 가지 유형의 질문

다음과 같은 설문은 택일형도 괜찮고 5점 척도(혹은 7점 척도)의 리커트 형식도 좋은 경우이다.

---

우리나라 역대 대통령 중에서 가장 뛰어난 업적을 남긴 사람은? (     )

1. 이승만 2. 윤보선 3. 박정희 4. 전두환 5. 김영삼 6. 김대중 7. 노무현

---

같은 질문을 다음과 같이 순위화나 여럿을 선택하는 다중선택형으로 바꾼 형식도 생각해 볼 수 있다.

---

우리나라 역대 대통령 일곱 명을 뛰어난 업적을 남긴 순서로 배열한다면?

(가장 뛰어난 업적을 남긴 대통령일수록 앞 쪽에 배열합니다.)

(     ) - (     ) - (     ) - (     ) - (     ) - (     ) - (     )

1. 이승만 2. 윤보선 3. 박정희 4. 전두환 5. 김영삼 6. 김대중 7. 노무현

---

우리나라 역대 대통령 중에서 긍정적인 업적을 남긴 사람을 모두 고르시오. (     )

(번호로 답하되 아무도 해당되지 않으면 ‘없다’로 써주십시오.)

1. 이승만 2. 윤보선 3. 박정희 4. 전두환 5. 김영삼 6. 김대중 7. 노무현

---

다중선택형 질문은 이후의 자료입력 과정에서 코딩이 의외로 번거롭게 되기 쉬우므로 다음과 같이 택일형의 설문으로 바꾸어 볼 수 있다.

우리나라 역대 대통령이 남긴 업적을 부정적 또는 긍정적으로 평가하여 주시기 바랍니다.

1. 이승만 : 부정적 ( ), 긍정적 ( )
2. 윤보선 : 부정적 ( ), 긍정적 ( )
3. 박정희 : 부정적 ( ), 긍정적 ( )
4. 전두환 : 부정적 ( ), 긍정적 ( )
5. 김영삼 : 부정적 ( ), 긍정적 ( )
6. 김대중 : 부정적 ( ), 긍정적 ( )
7. 노무현 : 부정적 ( ), 긍정적 ( )

역대 대통령들에 관한 앞의 설문들은 엄밀한 의미에서는 각기 조금씩 다르다. 따라서 조사결과 보고서에는 설문의 어구(語句, wording)가 무엇이었는지를 알 수 있도록 원문을 그대로 기재하여야 한다.

---

<사례 5.4> 수치형 질문

수치형 응답을 요구하는 질문도 있다. 예를 들어, 대학생활 실태조사에서 다음과 같이 학습시간을 응답하도록 하는 질문이다.

수강과목 1개(3학점)당 일주일에 평균 몇 시간씩 개인학습을 하였습니까?
_____ 시간

이렇게 수치로 응답하게 하는 대신 다음과 같이 답 항을 주고 그 중에서 택일하도록 하는 방안이 있다.

① 30분 미만
② 1시간
③ 2-3 시간
④ 4-6 시간
⑤ 7시간 이상

답 항 보기가 제시되는 경우 응답자들은 스스로 자신을 준거집단에 맞춰 상대평가하는 경향이 있다.

## 5.6 기타 사항

이 절에서는 좋은 응답자료를 얻기 위한 몇 가지 사항들과 사전 테스트에 대하여 논의한다.

### 5.6.1 좋지 않은 설문

매우 당연하게도, 설문 작성의 일반적 원칙에 벗어나는 설문은 좋지 않다. 뿐만 아니라 다음과 같은 설문들도 좋지 않다.

일부 응답자에게 해당되지 않는 질문은 좋지 않다. 예외적인 경우를 고려하여 '해당 없음'(N/A, Not Applicable)이 답항으로 있어야 한다. 예를 들어, "지난 해의 국회의원 선거에서 투표하셨습니까?"[예, 아니오]라는 설문을 생각해 보자. 지난 해 나이가 어려 투표권이 없었던 응답자들에게 문제가 된다.

일부 응답자들은 제시된 질문에 대하여 아무 생각이 없을 수 있다. 그런 응답자들은 '의견 없음'(No Opinion) 또는 '모른다'(Don't Know)로 응답할 수 있어야 한다. 예를 들어 "미국과의 자유무업협정에 대하여 귀하는 찬성하십니까, 아니면 반대하십니까?"[찬성, 반대]라는 설문을 생각해 보자. 자유무업협정에 대하여 별 관심이 없었던 응답자들은 아무 의견도 없을 것이다. 그런 응답자들에게 '찬성' 또는 '반대' 중에서 선택하도록 하는 것은 곤란하다.

이중부정으로 묻는 설문은 응답자에게 혼란을 주기 쉽다. 예를 들어 "당신은 이번 정책에 찬성하지 않을 수 없다고 생각하십니까?"와 같은 질문은 바람직하지 않다. 대신에 "당신은 이번 정책에 찬성하십니까, 아니면 반대하십니까?"와 같이 질문해야 한다.

기억의 한계를 넘는 설문은 좋지 않다. 예를 들어 "지난 10년간 영화를 몇 번 보셨습니까?"라는 설문은 좋지 않다. 어떻게 10년 동안 본 영화를 모두 기억할 수 있을까?

설문 중에는 고의건 그렇지 않건 간에 한 쪽으로 편향될 수 있는 것이 있다. 대표적으로는 일부 응답의 좋은 면을 부각시키는 것인데 예를 들면, "일반시민 대다수를 위하여 지하철노조의 파업은 법적으로 금지되어야 한다고 생각하십니까?"[예, 아니오]와 같은 설문이다. 지하철노조 파업을 법적으로 금지해야 한다는 응답을 유도하고 있기 때문이다. 그러나 다음 설문 "지하철노조의 파업은 법적으로 금지되어야 한다고 생각하십니까?"[예, 아니오]에는 그런 편향이 없다. 답항의 길이가 들쭉날쭉한 설문도 편향된 경우에 해당한다. 따라서 가급적 답항의 길이를 균등하게 하는 것이 좋다.

모호한 설문은 응답자를 당혹스럽게 하기 때문에 문제가 된다. 대표적으로는 답항이 중복될 수 있는 경우인데, 예를 들면 당신은 다음 중 어떤 직장 상사가 좋습니까?
① 인생 상담을 잘 해주는 상사
② 규정 외의 업무를 시키지 않는 상사

와 같은 설문이다. 이 설문의 답항들은 중복가능성이 있다. 그러나 다음 설문에는 그런 문제가 없다.

당신은 다음 중 어떤 직장 상사가 좋습니까?
① 인생 상담을 잘 해주지만 규정 외의 업무를 시키는 상사
② 규정 외의 업무를 시키지 않지만 인생 상담을 잘 안 해주는 상사

### 5.6.2 좋은 응답자료를 얻으려면?

응답자가 답할 수 있는 질문을 해야 한다. 제시된 주제에 대해 생각해본 일이 있는가, 특정 사건을 경험한 일이 있는가를 묻고 해당되는 사람들에 질문을 해야 한다(예: 자유무역협정, 국회의원 선거).

다중선택형 질문에 대한 응답 항목들은 빠짐이 없고 겹침이 없어야 한다. 그렇지 않다면 일부응답자들은 혼동스러워 할 수 있다. 예를 들어,

결혼 시 가장 중요한 요소는 무엇입니까?
1. 사랑 2. 용모 3. 학벌 4. 재산 5. 가문

의 경우를 보자. 결혼 시 가장 중요한 요소는 어떤 사람들에게는 2개 이상일 수 있다. '종교'가 중요하다고 생각하는 사람들이 있을 것이다. 그러나 종교는 답항에 없다.

개방형 질문(open question)은 최소로 해야 한다. 특히 응답자 수가 많은 경우에 그렇다. 조사자료의 코딩과 분석에 많은 노력이 들기 때문이다. 그러나 조사대상이 특정화되어 있고 표본이 작은 경우 개방형 질문으로 유용한 정보를 얻을 수 있다.

### 5.6.3 세부 사항

여기서는 설문지를 어떻게 찍어내야 좋은가에 대하여 이야기한다.

우선, 응답자들에게 산뜻하게 보이도록, 문법적으로 올바른 문장으로, 응답자들이 쉽게 읽을 수 있도록 편집되고 프린트되어야 한다. 같은 버전의 워드프로세서를 써서 워딩하더라도 편집 실력에 따라 설문지가 상당히 다르게 보인다. 철자나 띄어쓰기가 틀린다든가 설문을 법적으로 옳지 않게 써 가지고는 성의 있는 응답을 기대하기 어렵다.

설문지 조사(특히 자기기입식 조사)에서 선행설문의 응답에 따라 후행설문이 달라지는 경우, 이에 대한 친절하고 정확한 안내가 있어야 한다.

예를 들어보자. 대학교 졸업생들을 대상으로 하는 설문이다.

---

10. 대학교 재학시 제2외국어 과목을 수강한 경험이 있습니까?

① 수강경험이 없다. ( ) → 문항 11로

② 수강경험이 있다. ( ) → 문항 10-A로

10-A. 제2외국어 교육의 전반적인 질을 어떻게 평가하십니까?

① ... ② ... ③ ... ④ ...

10-B. 제2외국어 교과의 운영시 어떤 점이 개선되어야 한다고 생각됩니까?

① ... ② ... ③ ... ④ ...

---

이와 같이 지시하면 설문 10에서 ①에 응답해 놓고도 설문 10-A와 10-B에 또 응답하는 실수나, 설문 10에 ②로 응답해 놓고 설문 11로 뛰어넘는 실수가 드물지 않게 발생할 것으로 예상된다. 이는 물론 응답자가 설문을 잘 읽어보지 않았기 때문이지만, 다음과 같이 설문 번호가 매겨지도록 설문지를 편집한다면 응답자가 실수를 범할 가능성이 줄지 않을까?

---

10. 대학교 재학시 제2외국어 과목을 수강한 경험이 있습니까?

① 수강경험이 없다. ( ) → 문항 11로

② 수강경험이 있다. ( ) → 문항 10-A로

(설문 10에서 ②로 응답한 응답자에 한하여)

10-A. 제2외국어 교육의 전반적인 질을 어떻게 평가하십니까?

① ... ② ... ③ ... ④ ...

10-B. 제2외국어 교과의 운영시 어떤 점이 개선되어야 한다고 생각됩니까?

① ... ② ... ③ ... ④ ...

(수고하셨습니다. 설문은 11번으로 계속됩니다.)

---

설문지는 나중에 코딩이 쉽도록 편집되고 인쇄되어야 한다. 설문지 편집의 경험이 없다면 국내외 국가 통계작성 기관이나 유명 조사전문회사의 설문지를 참조할 필요가 있다.[2] 또한 미리 코딩 설계를 해두는 것이 좋다.

### 5.6.4 사전 테스트

설문지가 완성되었다고 해서 그대로 인쇄에 들어가는 것이 아니다. 설문지에 결함이 있을 수 있으므로 사전 테스트(pretest)를 거쳐 문제점을 미리 발견하고자 하는 것이다.

[2] 문화체육관광부에서 운영하는 '정책브리핑' 웹사이트(http://www.korea.kr)에서 '아카이브→전문자료→유형별 → 여론조사' 순으로 메뉴를 찾아가면, 국가기관에서 수행한 수많은 여론조사에 대하여 설문지, 조사자료, 보고서 등을 얻을 수 있다.

사전 테스트는 꼭 무작위로 추출된 응답자에게 하는 것은 아니나, 연구자의 판단에 따라 다양한 층의 사람들을 골고루 포함시키는 것이 좋다. 대상자 수가 꼭 많아야 하는 것은 아니다. 10-20명 정도로도 충분한 경우가 많다.

사전 테스트에서 검토되어야 할 사항은 각 설문과 답항이 응답자들에게 의도된대로 잘 이해되는지와 설문지 기입에 총 몇 분 정도가 소요되는지 등이다. 아울러 설문지 조사에 경험이 많은 '전문가' 수 명의 의견을 들어보는 것도 좋을 것이다. 이러한 사전 테스트 과정에서 드러난 문제점들을 보완하여 설문지의 최종본을 확정한다.

## 5.A [부록] 여학생의 소비성향과 성의식 조사 설문지

여기에서는 설문지의 일례로서 K대학교 통계학과 학생 팀이 수행한 'K대학교 여학생과 Y대학교 여학생 간 소비성향과 성의식 비교 연구'의 설문지를 보기로 한다.

---

**K대학교와 Y대학교 여학생의 소비성향과 성의식 조사**

안녕하세요. 저희들은 K대학교 통계학과 4학년에 재학중인 학생들입니다.
이번 학기 전공과목인 '통계세미나 I'의 과제로서 K대학과 Y대학에 재학중인 여학생들의 소비성향 및 성의식을 조사하여 비교 분석하고자 합니다. 본 조사항목은 총 20개이며 10분 정도 소요됩니다.
다음 설문에 정성껏 응답해 주시길 부탁드립니다. 귀하의 응답은 통계적 목적으로만 사용될 것입니다.
저희들의 소박한 연구에 도움을 주시는 데 감사드립니다.

0000년 00월 00일
K대학교 통계학과 4학년
OOO OOO OOO

* 지도교수: K대학교 통계학과 OOO, Tel. 000-000-0000, e-mail: OOOOO@kuniv.ac.kr

□ 면접원 이름 ____________ □ 면접장소 ____________ □ 면접일시 ____________

다음은 소비성향에 대한 질문입니다.

*[답항: 1=전혀 그렇지 않다, 2=그렇지 않다, 3=보통이다, 4=그렇다, 5=매우 그렇다]

| | | | | | |
|---|---|---|---|---|---|
| 1. 호사스러운 장신구나 액세서리들을 많이 갖고 싶다. | 1 | 2 | 3 | 4 | 5 |
| 2. 신문을 읽는 것보다 TV 보는 것을 좋아한다. | 1 | 2 | 3 | 4 | 5 |
| 3. 결혼식은 결혼하는데 꼭 필요한 절차라고 생각한다. | 1 | 2 | 3 | 4 | 5 |
| 4. 새로운 패션이나 유행을 빨리 받아 들이는 편이다. | 1 | 2 | 3 | 4 | 5 |
| 5. 상품을 구입하기 전에 여러 상점의 가격을 비교한다. | 1 | 2 | 3 | 4 | 5 |
| 6. 쇼핑을 가기 전에 쇼핑 품목을 미리 작성하는 편이다. | 1 | 2 | 3 | 4 | 5 |
| 7. 풍요로운 생활을 위해 항상 공부를 한다. | 1 | 2 | 3 | 4 | 5 |
| 8. 비싼 것 하나보다 싼 것 여러 개를 갖는 편이 낫다. | 1 | 2 | 3 | 4 | 5 |
| 9. 옷에 맞춰 액세서리나 구두를 바꿔 착용한다. | 1 | 2 | 3 | 4 | 5 |
| 10. 생활하는데 불편하더라도 옷의 모양이 좋으면 입는다. | 1 | 2 | 3 | 4 | 5 |

다음은 성 의식에 대한 질문입니다.

*[답항: 1=전혀 그렇지 않다, 2=그렇지 않다, 3=보통이다, 4=그렇다, 5=매우 그렇다]

| | | | | | |
|---|---|---|---|---|---|
| 1. 여성은 결혼 전까지 순결한 편이 좋다고 생각한다. | 1 | 2 | 3 | 4 | 5 |
| 2. 나는 낙태제도를 찬성한다. | 1 | 2 | 3 | 4 | 5 |
| 3. 결혼한 여성의 행복은 남편에 달려 있다. | 1 | 2 | 3 | 4 | 5 |
| 4. 자녀가 있더라도 사랑하지 않으면 이혼할 수 있다. | 1 | 2 | 3 | 4 | 5 |
| 5. 동성동본이라 할지라도 결혼할 수 있어야 한다. | 1 | 2 | 3 | 4 | 5 |
| 6. 여자가 담배 피는 것을 보면 못마땅하다. | 1 | 2 | 3 | 4 | 5 |
| 7. 남자와 여자 사이에는 친구관계가 성립되지 않는다. | 1 | 2 | 3 | 4 | 5 |
| 8. 연애와 결혼은 별개의 것이다. | 1 | 2 | 3 | 4 | 5 |
| 9. 남자도 결혼 전까지 순결을 지켜야 한다. | 1 | 2 | 3 | 4 | 5 |
| 10. 순결은 육체에 있는 것이 아니라 마음에 있다. | 1 | 2 | 3 | 4 | 5 |

마지막으로 몇가지 인적 사항에 관한 질문을 하겠습니다.

1. 몇 학년이세요? ____ 학년

2. 지금 사는 곳이 어디세요? ____

   (1) 자기집 또는 친척집 (2) 하숙집 (3) 자취방 (4) 기숙사 (5) 다른 곳

3. 귀하의 당신의 종교는? ____

   (1) 개신교 (2) 천주교 (3) 불교 (4) 기타 (5) 없음

응답을 마쳐 주셔서 대단히 감사합니다.

이 설문지에 따라 K대학교에서 82명, Y대학교에서 82명이 응답하였다. 자료 입력과 분석에 대하여는 제9장에서 다룰 것이다.

## 5.B [부록] 리커트 척도 간 변환

한 조사에서는 리커트 5점 척도를 썼는데 다른 조사에서는 7점 척도를 쓴 경우 두 조사의 개체 간 비교는 어렵다. 따라서 두 조사의 자료를 병합하여 활용할 필요가 있는 경우 한 가지 척도로 통일하는 것이 원칙이다. 그럼에도 불구하고 부득이한 사정에 의하여, 다른 척도가 쓰인 경우 한 척도를 다른 척도로 변환할 필요가 있다.

예를 들어, A 은행의 고객만족도 조사는 7점 척도였고 B 은행의 고객만족도 조사는 5점 척도였다고 하자. 두 은행의 조사 결과는 비교가 불가능하다. 그러나 꼭 비교할 필요가 있는 경우, 척도 등화(等化, scale equating)를 해야 한다. 그 방법은 다음과 같다: 이하는 7점 척도를 5점 척도로 변환하는 경우.

A 은행의 7점 척도 고객만족도 자료를 요약하여 확률분포를 구한다. 그 결과가 $P$ : $(p_1, \cdots, p_7)$이었다고 하자($\sum_{i=1}^{7} p_i = 1$). 이산형 척도에서 점 $i$의 확률은 연속형 척도에서 구간 $(i-0.5, i+0.5)$에 균일하게 퍼져있는 것과 같다고 간주한다($i = 1, \cdots, 7$). 그러면 $P$의 누적분포는 다음과 같이 연속형으로 표현된다.

$$P(x) = \sum_{i \le [x+0.5]-1} p_i \ + p_{[x+0.5]}\,(x - [x+0.5] + 0.5), \quad 0.5 \le x < 7.5.$$

A 은행 고객 리스트에서 새로 작은 표본을 취하여 5점 척도의 조사를 한다. 그 결과가 $Q$ : $(q_1, \cdots, q_5)$로 나왔다고 간주하자($\sum_{j=1}^{5} q_j = 1$). 마찬가지 원리에 의하여 $Q$의 누적분포는 다음과 같이 연속형으로 표현된다.

$$Q(y) = \sum_{j \le [y+0.5]-1} q_j \ + q_{[y+0.5]}\,(y - [y+0.5] + 0.5), \quad 0.5 \le y < 5.5.$$

등화변환의 목적은 7점 척도의 각 $i\,(= 1, \cdots, 7)$에 대하여 다음 식을 만족하는 $y$를 $(1-0.5,\ 5+0.5)$에서 찾는 것이다.

$$P(i) = Q(y).$$

예를 들어 $P$와 $Q$가 다음과 같이 나왔다고 하자.

$$P : (0.05, 0.1, 0.2, 0.3, 0.2, 0.1, 0.05), \quad Q : (0.1, 0.2, 0.4, 0.2, 0.1).$$

참고로 ⟨그림 5.1⟩은 $P$의 연속형 누적분포와 $Q$의 연속형 누적분포이다.

다음은 $P$ 척도를 $Q$ 척도로 바꾸는 `R` 스크립트의 예이다.

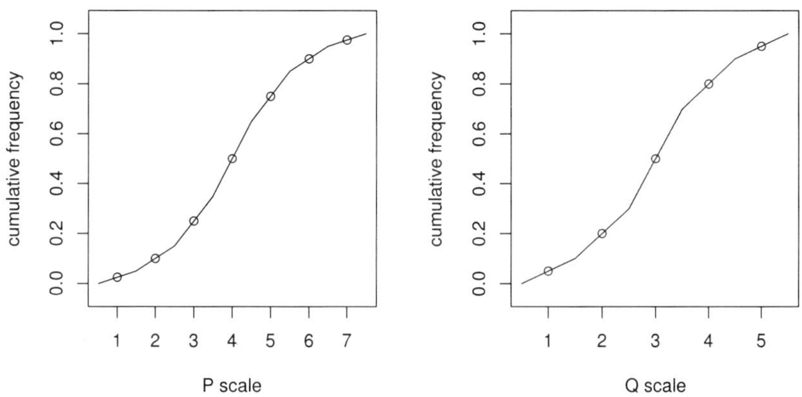


⟨그림 5.1⟩ $P$와 $Q$의 연속형 누적분포

```
# Equating two discrete distributions, "scale equating.r"
P <- c(0.05,0.10,0.20,0.30,0.20,0.10,0.05)
Q <- c(0.1,0.2,0.4,0.2,0.1)
p <- length(P); q <- length(Q)
equate <- function(P,Q){
          x <- rep(0,p)
          P.c <- c(0,cumsum(P)[1:(p-1)])+0.5*P
          Q.0 <- c(0,cumsum(Q)[1:(q-1)])
          Q.1 <- cumsum(Q)
          for (i in 1:p){
            for (j in 1:q){
              if((P.c[i]>=Q.0[j]) & (P.c[i]<Q.1[j])) {
                increment <- (P.c[i]-Q.0[j])/Q[j]
                x[i] <- (j-0.5) + increment
              }
            }
          }
          return(x)
          }
y <- equate(P,Q)
round(y,2)
```

실행결과는 다음과 같다.

```
> round(y,2)
[1] 0.75 1.50 2.25 3.00 3.75 4.50 5.25
```

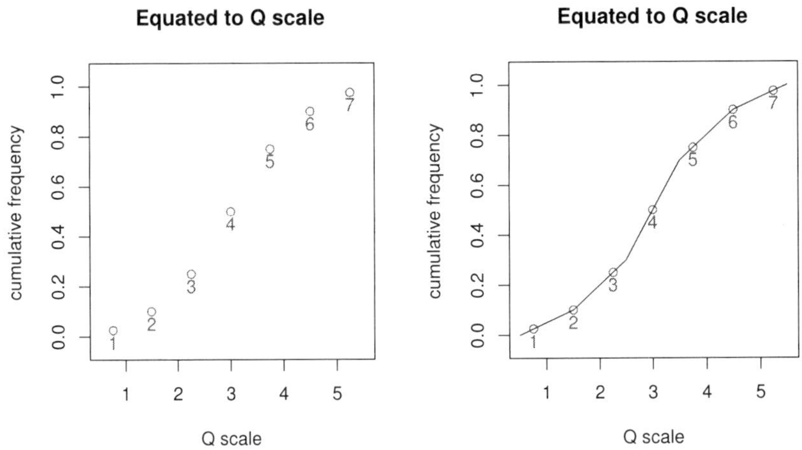


〈그림 5.2〉 $P$ 척도를 $Q$ 척도로 바꾸기

7점 척도의 1은 5점 척도에서 0.75로, 2는 1.5로, 3은 2.25로, 4는 3으로, 5는 3.75로, 6은 4.5로, 7은 5.25로 변환된다. 〈그림 5.2〉에서 변환-$P$ 점이 $Q$의 연속형 누적분포 그래프에 완전히 놓임을 볼 수 있다.

# 제 6 장
# 측정과 척도

이 장에서는 조사에서 활용되는 척도(尺度, scale)의 유형을 설명하고, 측정(測定, measurement)의 타당도와 신뢰도 등에 대한 주제들을 다룬다.

## 6.1 측정의 수준

설문지 조사에서는 개별 응답자들에서 얻은 관측을 일정한 방식으로 기록할 필요가 있다. 그 방법은 수치화이다. 예를 들어 "귀하의 나이는 몇 세이십니까?"에 대한 응답을 받으면서 그것을 연(年) 단위로 할 것인지, 아니면 그것을 10년 간격으로 묶어 범주화할 것인지를 결정해야 한다.

측정(測定, measurement)은 관측의 수치적 기록이다. 측정 결과는 수치이지만 여기에는 4개의 수준이 있다.

- 명목척도(nominal scale): 수치값이 비순서화된 범주를 나타내는 경우이다.

〈예〉 귀하의 직업은 무엇입니까?
① 농업/광업 ② 자영업 ③ 화이트컬러 ④ 블루컬러 ⑤ 가정주부 ⑥ 학생 ⑦ 무직

- 순서척도(ordinal scale): 수치값이 순서화된 범주를 나타내는 경우이다.

〈예〉 귀하는 내각책임제를 찬성하십니까?
① 적극 찬성한다.
② 찬성하는 편이다.
③ 찬성도 반대도 아니다.
④ 반대하는 편이다.
⑤ 적극 반대한다.

- 구간척도(interval scale): 2개 수치값의 차이가 실제 의미를 갖는 경우이다.

〈예〉 가장 선호하는 실내 기온은 몇 도입니까? 섭씨 ____ 도

구간척도는 상대영점을 가지며(예컨대, 온도가 0도라고 하는 것은 온도가 없다는 의미가 아니다), 구간척도 자료에는 덧셈과 뺄셈을 적용할 수 있다.

- 비율척도(ratio scale): 2개 수치값의 비(比, ratio)가 실제 의미를 갖는 경우이다.

〈예〉 귀하는 지난 1개월 동안 몇 권의 책을 읽으셨습니까? ____ 권

비율척도는 절대영점을 가지며(예컨대, 수입이 0이라는 것은 수입이 하나도 없다는 것을 의미한다), 비율척도 자료에는 덧셈, 뺄셈, 곱셈, 나눗셈을 모두 적용할 수 있다.

측정의 수준에 따라 구할 수 있는 통계나 변수 변환의 종류가 다르다. 명목척도의 변수에 대하여는 범주별 빈도를 구하는 것 정도가 가능하다. 순서척도의 변수에 대하여는 범주별 빈도 외에 누적빈도를 구할 수 있다(분석자에 따라서는 평균을 구하는 경우도 있으나 이에 대하여는 논란이 있을 수 있다). 구간척도의 변수에 대하여는 평균과 표준편차 등을 구할 수 있다. 마지막으로 비율척도의 변수에 대하여는 그 외에 비를 구하는 것이 가능하다. 예를 들어, A 그룹이 선호하는 최적 실내기온이 평균 섭씨 20도이고 B 그룹이 선호하는 최적 실내기온이 평균 섭씨 25도라고 할 때 "두 그룹 간 비가 80%(=20/25)로 나타났다."고 말하는 것은 아무 의미가 없다. 그러나 A 그룹이 지난 1개월 간 읽은 책이 평균 2.0권이고 B 그룹이 평균 2.5권이라고 할 때는 "두 그룹 간 평균의 비가 80%(=2.0/2.5)로 나타났다."고 말할 수 있다.

## 6.2 척도의 종류

척도(尺度, scale)는 응답자의 태도나 가치 또는 느낌의 강도와 같은 질적 속성을 양적 속성으로 측정하고자 할 때 사용하는 일종의 측정도구이다. 여기서는 5.5절에 이어서 척도의 종류들을 정리한다.

### 6.2.1 평정척도

응답자에게 그들의 태도를 평가점수의 형태, 즉 평정척도(評定尺度, rating scale)로 요구하는 경우가 있다.

대표적인 것이 5점 척도(five-point scale)인데, 이것은 앞 절에서 순서척도의 예로 나타나 있다. 이와 같이 각각의 척도에 일종의 점수에 해당하는 수치를 배정하고 이를 통계적으로 분석할 수 있도록 하는 방법을 **수치적 평정척도**라고 한다. 수치적 평정척도는 배정된 수치를 규정함에 따라서 구간척도에 해당하는 측정도 가능하다.

같은 질문에 대하여 다음과 같이 눈금을 넣은 자에 개별적 응답을 표시하도록 하기도 한다.

| | 적극찬성 | 찬성 | 중립 | 반대 | 적극반대 |
|---|---|---|---|---|---|
| 귀하는 내각책임제를 찬성하십니까? | + - - - | + - - - | + - - - | + - - - | + |

이와 같은 형식을 **도표식 평정척도**라고 하는데, 여기서 적극 찬성을 높은 점수로 해서 5, 4, 3, 2, 1로 수치를 부여하면 이것은 동시에 수치적 평정척도가 된다.

5점 척도에서는 중간항(3점)이 과다하게 선택되는 경향이 자주 나타난다. 그 이유는 응답자들이 자신의 생각을 명확히 밝히는 것을 기피하기 때문이다(건성 응답, satisficing). 그렇게 되는 것을 막기 위하여 의사결정이 필요한 시점에서 시행되는 설문지 조사에서는 5점 척도에서 중간항을 없앤 4점 척도를 사용하기도 한다.

| | 적극찬성 찬성 반대 적극반대 |
|---|---|
| 귀하는 내각책임제를 찬성하십니까? | + - - - + - - - + - - - + |

5점 척도 대신 7점(9점) 척도를 사용하는 경우도 있다. 수(數)직선 상에 5개의 점 대신 7개(9개)의 점을 제시하여 응답자로 하여금 자신의 태도에 가장 가까운 점을 표시하도록 하는 것이다. 7점(9점) 척도에서는 응답자들이 더 세분화된 척도에서 자신들의 태도를 표현할 수 있다. 이것이 일반인 대상의 조사에서는 오히려 부담을 초래할 수 있지만 전문인 대상의 조사에서는 효력을 발휘할 수 있다. 예컨대, 의사·약사 등을 대상으로 정부의 의료정책에 대한 의견조사를 하는 경우이다.

평점척도는 측정 수준에서 순서형 또는 구간형에 해당한다. 따라서 범주별 빈도와 누적빈도가 계산가능하고 평균을 구하는 경우도 있다.

### 6.2.2 리커트 척도

리커트 척도(Likert scale)는 평점척도의 변형으로 응답자의 태도나 성향의 강도를 측정하는 데 주로 사용하는 척도이다.

다음 TV 프로그램의 유형별 시청정도를 응답해 주십시오.

| | 매우 많이 본다 | 많이 본다 | 보통이다 | 별로 안본다 | 전혀 안본다 |
|---|---|---|---|---|---|
| 1. 뉴스/보도 | ⑤ | ④ | ③ | ② | ① |
| 2. 드라마 | ⑤ | ④ | ③ | ② | ① |
| 3. 영화 | ⑤ | ④ | ③ | ② | ① |
| 4. 쇼/오락 | ⑤ | ④ | ③ | ② | ① |
| 5. 스포츠 | ⑤ | ④ | ③ | ② | ① |
| 6. 다큐멘터리 | ⑤ | ④ | ③ | ② | ① |
| 7. 생활정보 | ⑤ | ④ | ③ | ② | ① |
| 8. 어린이/만화 | ⑤ | ④ | ③ | ② | ① |

리커트 척도에서는 위와 같이 동일 평점척도의 설문들을 묶어 행렬 형태로 제시하는 것이 일반적이다. 또한 여러 문항의 개별 응답점수를 합하여(또는 평균을 내어) 척도를 구성한다는 의미에서 **총화평정척도**(summated rating scale)라고도 한다.

### 6.2.3 지수

2개 이상의 개별척도를 결합하여 만든 복합측도(composite measure)를 지수(指數, index)라고 한다.

(예 1) 소득수준, 교육, 직업 등을 묶어 10점 척도의 '사회경제적 지위'(socioeconomic status)가 정의된다.

(예 2) 시험점수(exam score)는 시험지 내 $p$개 문항들의 가중 합으로 정의된다.

(예 3) 소비성 지수를 다음 5개 응답의 합으로 정의한다.

* 1=전혀 그렇지 않다. 2=그렇지 않다. 3=보통이다. 4=그렇다. 5=아주 그렇다.

| | | | | | |
|---|---|---|---|---|---|
| Q1. 나는 멋있는 옷을 사는 데 돈을 아끼지 않는다. | 1 | 2 | 3 | 4 | 5 |
| Q2. 나는 맛있는 식사를 하는 데 돈을 아끼지 않는다. | 1 | 2 | 3 | 4 | 5 |
| Q3. 나는 전자제품을 사는 데 돈을 아끼지 않는다. | 1 | 2 | 3 | 4 | 5 |
| Q4. 나는 TV/신문 광고를 자세히 보는 편이다. | 1 | 2 | 3 | 4 | 5 |
| Q5. 나는 최근 유행에 민감한 편이다. | 1 | 2 | 3 | 4 | 5 |

<참조> 여러 가지 척도의 유형

- 어의구별척도(Semantic Differential Scale, 의미분화척도)

몇 개의 기본적인 속성에 속하는 양극화된 형용사들을 배열하여 양 극단 사이에서 속성에 대한 평가를 한다.

Q1. 이 매장에 대한 접근성에 대하여 어떻게 생각하십니까?

좋다 | – | – | – | – | 나쁘다

5 4 3 2 1

Q2. 이 매장 시설의 편리성에 대하여 어떻게 생각하십니까?

편리하다 | – | – | – | – | 불편하다

5 4 3 2 1

Q3. 이 매장 직원들의 태도에 대하여 어떻게 생각하십니까?

적극적 | – | – | – | – | 소극적

5 4 3 2 1

- 등현등간척도(Equal-Appearing Interval Scale)

서스톤 척도(Thurstone scale)의 한 가지 유형으로 유사등간척도라고도 한다. 어떤 사실에 대하여 태도의 양 극단을 등간적으로 구분하여 수치를 부여함으로써 등간-비율척도를 구성한다. 서스톤 척도는 가중치가 부여된 일련의 문항을 나열하고, 응답자가 각 문항에 찬성(Yes)/반대(No)를 표시하게 한 다음, 응답자가 갖는 척도의 측정값은 응답자가 찬성하는 모든 문항의 가중치를 합해서 평균을 낸 것으로 하는 척도이다. 척도 개발 시 평가를 위한 문항의 수가 많고 동원되는 평가자들이 다수이므로 척도 구성에 있어서 많은 시간과 인원이 소요될 수 있다.

- 누적척도(Cumulative Scale)

**거트만 척도**(Guttman scale) 또는 **척도 도식법**(scalogram method)이라고도 한다. 단일 차원에 속하는 여러 문항들을 약한 강도의 질문부터 강한 강도의 질문으로 배열의 순서를 서열화하여 구성한다. 이 척도의 중요한 전제조건은 측정의 대상이 되는 척도가 하나의 요소이어야 한다는 것이다(단일차원성). 척도 사용 시 일관성이 없는 응답을 고려한 **척도화 가능성 계수**(coefficient of scalability) 혹은 **재생계수**(coefficient of reproducibility)를 계산하여 척도의 유용성을 평가한다(재생계수는 1에 가까울수록 좋음을 나타낸다).

---

## 6.3 측정의 타당도

설문지의 각 문항은 각각 특유의 개념(concept)을 측정한다. 개념에는 성, 나이, 학력과 같이 명확히 할 수 있는 것이 있지만, 개중에는 보수성, 소비성향, 신제품 선호도와 같이 다소 추상적인 것이 있다. 추상적인 개념일수록 측정이 쉽지 않게 되는 것은 당연하다.

문항의 타당도(妥當性, validity)는 질문이 원래 의도한 개념을 충실히 반영하는가 하는 것이다. 따라서 질문의 내용을 면밀하게 분석하여 정성적으로 타당성을 따진다. 예를 들어, 일반적 대일본(對日本) 정서 문항으로서 독도 문제에 대한 생각을 묻는 것은 타당하지 않다. 독도 문제라는 한 이슈에 대한 생각만 측정되기 때문이다.

이렇듯 문항의 타당도 평가는 정성적으로 접근된다. 분야 전문가(subject expert)와 방법론 전문가(methodology expert)로 위원회를 구성하여 질문지에 대한 타당도 검토를 할 수 있다. 예를 들어, S 그룹이 신입사원 입사시험으로 '직무적성 테스트'를 시행하고 있다고 하자. 이 테스트가 사원 선별을 위해서 타당한 측정치를 제공하는가? 이에 대한 답을 하기 위해서는 해당 분야 전문가의 검토가 필요한 것이다.

측정의 **타당도**(validity)는 척도 또는 지수가 그것이 원래 의도하였던 것을 반영하는 정도를 말한다. 예를 들어, 병원에서 외래환자의 체중을 측정하면서 어쩔 수 없이 가벼운 평상복을 입은 상태의 무게를 재게 되는데, 이것은 엄밀한 의미에서 체중(body weight)이 아니다.

### 6.3.1 내용 타당도

타당도의 질적 평가에서 주요 부분은 내용 타당도(content validity)이다. 지수 또는 척도에 반영되는 '그 무엇'의 실체를 내용적으로 분석하는 것이다. 만약 '그 무엇'의 내용에 원래 의도하였던 것이 아닌 것이 포함되어 있거나, 원래 의도하였던 '그 무엇'의 내용이 지수 또는 척도에 반영되어 있지 않다면 타당도의 문제가 있다. 내용 타당도는 주로 전문가 집단의 판단에 의해 평가된다.

예를 들어, 조사방법론의 기말시험이 학업성취도(이해 75% + 응용 25%)의 측정으로 타당한가를 검토해보자. 실제 주요 학습 영역이 기말시험 문제지에 골고루 포함되었는지, 기말시험 문제가 모두 학습 영역에서 나왔는지, 이해 정도와 응용 능력이 제시된 비율로 나타났는지를 검토할 필요가 있다.

### 6.3.2 준거 타당도

타당도의 양적 평가로는 준거 타당도와 구인 타당도를 보는 방법이 있다. 준거 타당도(criterion validity, 기준관련 타당도)는 측정에 의한 점수와 어떤 준거와의 상관관계를 평가하는 것으로, 공인 타당도와 예측 타당도로 구분된다.

공인 타당도(concurrent validity)는 현재의 측정과 타당성을 이미 입증 받은 측정도구 간의 상관관계로 정의된다. 예를 들어, 300명의 응답자에게 새로운 인성검사 도구와 기존에 공인된 MMPI(Minnesota multiple personality inventory) 검사를 모두 실시하고, 두 측정치 간의 상관계수에 의해 새로운 인성검사 도구의 공인 타당도를 평가할 수 있다.

예측 타당도(predictive validity)는 그 척도 또는 지수와 향후 실현되는 의도된 것과의 상관관계로 정의된다. 예를 들어, S 그룹 '직무적성 테스트'의 예측 타당도는 직원들이 입사하여 일정 시간이 경과된 후에 측정된 근무 평점과의 상관계수로 평가될 수 있다. 그 상관계수가 1에 가까우면 타당도가 높은 것이고, 반대로 0에 가까우면 타당도가 낮은 것이다. 예측 타당도를 보기 위해서는 사후적으로 자료(예: 근무 평점)를 확보해야 한다. 예를 들어, 대학에 입학한 학생들의 학업성취도(GPA)를 확보한 후 입시선발지표의 타당도를 평가할 수 있다.

### 6.3.3 구인 타당도

구인 타당도(construct vality, 구성체 타당도)는 그 척도 또는 지수와 기존의 확립된 몇 가지 심리적 구인(構因, construct)들 간 연관성을 보는 것이다. 예를 들어, S 그룹 '직무적성 테스트'는 지능지수(IQ)와 감성지수(EQ) 등과 연관성을 보이면서도 어느 정도의 독자성을 가지고 있어야 타당성이 있다. 구인 타당도를 보기 위하여는 동일 응답자로부터 추가 변수(예: IQ, EQ)가 확보되어야 한다.

<사례 6.1> 상관계수를 이용한 구인 타당도 평가

어떤 연구자는 언어성 측정도구를 제작할 때 이해력, 구사력, 추리력, 논리력, 수리력의 구인으로 구성되어 있다는 가정을 하였고, 실제 측정된 구인들 및 총점 간의 상관계수가 다음과 같게 나타났다고 하자.

| | 이해력 | 구사력 | 추리력 | 논리력 | 수리력 |
|---|---|---|---|---|---|
| 구사력 | 0.71 | | | | |
| 추리력 | 0.85 | 0.76 | | | |
| 논리력 | 0.73 | 0.64 | 0.77 | | |
| 수리력 | 0.22 | 0.31 | 0.18 | 0.24 | |
| 총 점 | 0.87 | 0.83 | 0.79 | 0.72 | 0.21 |

이 예에서 수리력은 총점 및 다른 구인과의 상관계수가 매우 낮으므로 언어성의 구인이 될 수 없다고 판단하게 된다.

한편 각각의 구인들이 여러 개의 문항들에 의해 측정되도록 구성된 측정도구의 경우, 인자분석(factor analysis)을 통해 구인 타당도를 평가하는 방법이 주로 사용된다.[1]

### 6.3.4 [사례] 인자분석을 이용한 문항들의 내적 구조 분석

인자분석(factor analysis; 요인분석)은 측정도구에 포함된 문항들의 내적 구조를 분석하기 위한 목적으로 자주 사용되는 기법이다. 기본적인 검토사항은 "같은 개념을 측정하는 문항들 간에는 상대적으로 높은 상관성(수렴성)"을, "다른 개념을 측정하는 문항들 간에는 상대적으로 낮은 상관성(판별성)"을 가져야 한다는 것이다.

예를 들어 보자. 어떤 연구자는 건강통제행위에 대한 연구를 위해서 180명의 응답자로부터 다음과 같은 12항목의 5점 척도 리커트 문항에 대해서 응답을 얻었다.

Q1. 건강에 문제가 생기는 것은 내 탓이다.

Q2. 건강이 좋지 않다고 느낄 때는 언제든지 의료인을 찾아야 한다.

Q3. 질병을 방지하는 것은 나 자신의 행동에 달려있다.

[1]강현철 (2013). 구성타당도 평가에 있어서 요인분석의 활용, *Journal of Korean Academy Nursing*, 43(5), 587-594.

Q4. 의사에게 정기적으로 진찰을 받는 것이 병에 걸리지 않는 가장 좋은 방법이다.
Q5. 나의 건강유지에 가족들의 역할이 크다.
Q6. 질병에서 빨리 회복되는 것은 내 자신에 달려있다.
Q7. 건강은 내가 어떻게 관리하느냐에 달려있다.
Q8. 의사의 지시를 따르는 것이 건강유지를 위한 가장 좋은 방법이다.
Q9. 내가 건강한 생활을 해도 병에 걸릴 수 있다.
Q10. 내가 건강관리를 잘 하면 병을 피할 수 있다.
Q11. 나의 건강유지는 주로 운이 크게 작용한다.
Q12. 질병회복은 주로 행운이 크게 작용한다.

연구자는 건강통제행위를 측정하기 위한 이 문항들이 다음과 같은 3개의 개념을 측정한다고 가정하고 있다.

- 타인의존성향: Q2, Q4, Q5, Q8
- 내적성향: Q1, Q3, Q6, Q7, Q10
- 우연성향: Q9, Q11, Q12

### ○ 상관행렬의 고유값

인자의 개수를 추측하기 위해 일반적으로 사용되는 방법은 고유값(eigenvalue)의 크기를 이용하는 것이다. 가장 널리 사용되는 Kaiser의 규칙은 상관행렬의 고유값 중 1보다 큰 개수만큼 인자를 보유하는 것이다.

〈표 6.1〉에서 고유값이 1보다 큰 것은 3개이며, 이 3개의 고유값이 전체 분산 중 약 50% 정도를 차지하므로, 3개의 인자를 보유하는 것이 적절하다고 하겠다.

### ○ 인자적재

인자분석에서는 인자적재(factor loading) 값을 통해 어느 측정변수가 어느 인자에 속하는지를 결정하고, 높은 적재값을 갖는 측정변수들의 공통적인 의미가 무엇인지를 파악하여 인자의 의미를 부여한다. 높은 적재값에 대한 기준은 보통 절대값 0.3~0.5 정도가 사용된다.

〈표 6.2〉를 살펴보면, 첫 번째 인자에 높은 적재값을 갖는 것은 Q7, Q6, Q1, Q3의 순으로 첫 번째 인자는 '내적성향'에 해당한다고 볼 수 있다. 두 번째 인자에 높은 적재값을 갖는 것은 Q4, Q5, Q8, Q2의 순으로 두 번째 인자는 '타인의존성향'에 해당한다고 볼 수 있다. 세 번째 인자에 높은 적재값을 갖는 것은 Q11, Q9, Q12의 순으로 세 번째 인자는 '우연성향'에 해당한다고 볼 수 있다.

〈표 6.1〉 상관행렬의 고유값

| | 고유값 | 차이 | 비율 | 누적비율 |
|---|---|---|---|---|
| 1 | 2.9325 | 1.2169 | 0.2444 | 0.2444 |
| 2 | 1.7156 | 0.4461 | 0.1430 | 0.3873 |
| 3 | 1.2695 | 0.2881 | 0.1058 | 0.4931 |
| 4 | 0.9814 | 0.0974 | 0.0818 | 0.5749 |
| 5 | 0.8840 | 0.0284 | 0.0737 | 0.6486 |
| 6 | 0.8556 | 0.0858 | 0.0713 | 0.7199 |
| 7 | 0.7698 | 0.1027 | 0.0642 | 0.7840 |
| 8 | 0.6671 | 0.0617 | 0.0556 | 0.8396 |
| 9 | 0.6054 | 0.1027 | 0.0505 | 0.8901 |
| 10 | 0.5027 | 0.0488 | 0.0419 | 0.9320 |
| 11 | 0.4539 | 0.0915 | 0.0378 | 0.9698 |
| 12 | 0.3624 | | 0.0302 | 1.0000 |

〈표 6.2〉 회전된 인자적재 행렬

| | Factor1 | Factor2 | Factor3 |
|---|---|---|---|
| Q7 | 0.7850 | 0.1310 | -0.1205 |
| Q6 | 0.7780 | 0.0729 | -0.0381 |
| Q1 | 0.7210 | -0.0675 | -0.0998 |
| Q3 | 0.5662 | 0.2939 | -0.2682 |
| Q4 | 0.1068 | 0.7643 | 0.0579 |
| Q5 | -0.1036 | 0.6587 | -0.0789 |
| Q8 | 0.3336 | 0.4948 | 0.3217 |
| Q2 | 0.1384 | 0.4931 | -0.0995 |
| Q11 | 0.0704 | -0.0564 | 0.7282 |
| Q9 | -0.1416 | 0.2886 | 0.5994 |
| Q12 | -0.2003 | -0.0630 | 0.5905 |
| Q10 | 0.2737 | 0.3158 | -0.5426 |

〈표 6.2〉에서 한 가지 주목할 것은 문항 Q10이 원래 가정하였던 바와는 달리, '내적성향'에 해당하는 첫 번째 인자에 낮은 적재값을 갖는다는 것이다. 따라서 Q10은 내적 구조의 평가에 있어서 문제를 일으키는 문항으로 판단된다. 이러한 경우 아직 예비조사의 단계라면 Q10을 수정하여 다시 예비조사 혹은 본조사를 실시하고 재분석을 실시하는 것을 고려할 수 있으며, 또는 Q10을 제외하고 이후의 분석 과정을 진행하는 것을 고려할 수 있다.

예를 들어, 이후의 통계분석을 위해 다음과 같이 해당 문항들의 평균(또는 합)으로 각 개념의 점수를 산출하는 것이다.

〈표 6.3〉 개념 점수들 간의 상관계수

| | 타인의존성향 | 내적성향 |
|---|---|---|
| 내적성향 | 0.268 | |
| 우연성향 | 0.043 | -0.237 |

◦ 타인의존성향 점수 = (Q2 + Q4 + Q5 + Q8)/4
◦ 내적성향 점수 = (Q1 + Q3 + Q6 + Q7)/4
◦ 우연성향 점수 = (Q9 + Q11 + Q12)/3

○ **개념 점수들 간의 상관계수**

통계분석을 위해 산출된 개념 점수들이 연구자가 기대하고 있는 바와 같은 상관성을 가지고 있는지를 검토할 필요가 있다. 예를 들어, 〈사례 6.1〉에서와 같이 하나의 개념에 대한 구인 타당도를 검증하는 경우라면 구인점수들 간의 상관계수는 일정 수준 이상의 높은 값을 가져야 할 것이다.

이 예에서 연구자는 3개의 개념에 대응하는 점수들 간에 매우 낮거나 혹은 음(−)의 상관계수를 가질 것으로 기대하고 있다. 〈표 6.3〉의 결과에서 상관계수들이 연구자의 기대에 부합하는 형태로 나타나고 있음을 볼 수 있다.

## 6.4 측정의 신뢰도

문항의 신뢰도(信賴性, reliability)는 문항에 대한 응답의 안정성을 말한다. 예를 들어, 몸무게를 재는 저울이 있는데 언제 어디에서 재든 사람 별로 같은 값을 보여준다면 그 저울에 의한 몸무게 측정은 신뢰도가 높고, 그렇지 않다면 그 저울은 신뢰도가 낮은 것이다.

시험(exam)도 측정의 일종이므로 각 시험마다 신뢰도가 다르다. 신뢰도가 높은 시험에서는 누구든 두 번 보더라도 거의 같은 점수를 얻게 된다(앞 시험으로부터의 학습과 기억이 존재하지 않는다는 가정 하에서). 그러나 신뢰도가 낮은 시험에서는 두 시험점수가 상당히 다를 수 있다.

### 6.4.1 신뢰도의 종류

측정의 신뢰도(reliability)는 측정의 척도 또는 지수의 일관성(consistency)을 말한다. 이는 $n$개 개체 각각에 대하여 2회의 독립적인 측정 $X_1$과 $X_2$가 이루어졌을 때 상관계수

$cor(X_1, X_2)$를 의미한다. 예를 들어 신장(height)을 자동 측정하는 계기에 대하여 신뢰성을 알고자 한다면 100명(또는 1,000명)의 사람들의 신장을 2번씩 측정하여 $X_1$과 $X_2$를 획득한 다음 상관계수를 구하면 된다.

측정도구의 일관성(안정성)을 평가하기 위한 신뢰도 측정방법은 다음과 같은 것들이 있다.

- 재검사 신뢰도(test-retest reliability): 동일한 측정도구에 의한 측정을 동일한 응답자 집단에게 일정한 시간 간격을 두고 실시하고, 여기서 얻은 두 측정값들의 상관계수에 의해 신뢰도를 평가한다. 재검사 신뢰도는 측정의 일관성이라는 신뢰도의 개념에 가장 부합하는 신뢰도이다. 그러나, 동일한 응답자 집단에 두 번의 조사를 하는 것은 어렵다는 것과 시간 간격에 따라 결과가 다를 수 있다는 문제점이 있다.
- 동형검사 신뢰도(paralled-form reliability): 두 개의 동형검사(내용, 형태, 개수, 난이도, 변별도 등이 동일한 측정도구)를 제작하여 동일한 응답자 집단에게 측정을 실시하고. 여기서 얻은 두 측정값들의 상관계수에 의해 신뢰도를 평가한다. 예를 들어 TOIEC, TOEFL, PSAT(공직적성평가) 등과 같이 문제은행식 검사에서 적용될 수 있다. 그러나 동형의 검사를 제작하는 것이 쉽지 않다는 문제점이 있다.
- 내적일관성 신뢰도(internal consistency reliability): 총화평정척도(리커트 척도)와 같이 여러 문항의 개별 응답점수를 합하여 척도를 구성할 경우, 동일한 개념을 이루고 있는 문항들 간의 내적 일관성에 의해 신뢰도를 측정한다.

### 6.4.2 내적일관성 신뢰도

재검사 신뢰도와 같은 직접적인 신뢰도 측정은 현실적으로 어렵다. 따라서 1개 시점의 1회 조사로써 신뢰도를 추정하는 방식인 내적일관성 신뢰도가 널리 사용된다. 이러한 방법은 '(1) $p$개의 동일 척도로 지수가 정의된 경우', '(2) 그 지수의 신뢰도는 개별 응답 간 상관계수가 클수록 증가한다'는 점을 활용하다.

어떤 하나의 개념을 $p$개의 문항 $X_1$, $X_2$, $\cdots$, $X_p$로 측정하도록 구성된 측정도구를 고려하자.

반분법(split halves method)에 의한 내석일관성 신뢰도 추정방법은 다음과 같다. 먼저 $p$개의 문항을 두 개의 그룹으로 나누고 각각의 합점수 $C_1$과 $C_2$를 응답자 별로 구한다. $C_1$과 $C_2$의 상관계수 $\rho_0 = cor(C_1, C_2)$를 계산하고, 소위 Spearman-Brown(1910) 공식에 의한 신뢰도를 다음과 같이 계산한다.

$$\rho = \frac{2\rho_0}{1+\rho_0}$$

반분법은 내적일관성 신뢰도를 쉽게 계산할 수 있다는 장점이 있지만, 문항을 두 개의 그룹으로 나누는 방법에 따라 신뢰도가 달라질 수 있다는 단점이 있다.

문항들에 대한 내적일관성 신뢰도의 추정을 위해 가장 널리 사용되는 방법은 다음과 같은 크론바흐 알파(Cronbach's alpha) 계수이다.

$$\alpha = \left(\frac{p}{p-1}\right)\left(1 - \frac{\sum_{j=1}^{p} Var(X_j)}{Var(\sum_{j=1}^{p} X_j)}\right)$$

이와 같은 알파 계수는 반분신뢰도 $\rho$의 하한(lower bound)으로 간주될 수 있으며, 모든 문항이 이항(0과 1의 값을 가짐)으로 측정된 경우 KR-20(Kuder-Richardson 20) 계수와 동일한 것으로 알려져 있다.

### 6.4.3 [사례] 내적일관성 신뢰도 분석 – 1

어떤 연구자는 '상사와의 긴밀함'을 측정하기 위하여 620명의 응답자로부터 다음과 같은 4항목의 5점 척도 리커트 문항에 대해서 응답을 얻었다.

Q1. 나는 상사와 나의 생각, 느낌, 희망까지 자유롭게 이야기를 나눌 수 있다.
Q2. 나는 일하면서 겪는 어려움을 상사에게 편안하게 이야기할 수 있으며 그 역시 내 이야기를 잘 들어 줄 것이다.
Q3. 만일 나와 상사 중에서 한 명이 부서가 바뀌어 함께 일할 수 없게 된다면 우리는 둘 다 상실감을 느낄 것이다.
Q4. 나의 상사는 나의 업무상 과실에 대해 다른 사람 앞에서 공개적으로 비판한다.

**○ 내적일관성 신뢰도 – 역코딩 이전**

⟨표 6.4⟩는 4개 문항에 대한 내적일관성 신뢰도 분석을 수행하여 얻은 결과이다. 여기에서 '합계에 대한 상관계수'는 각 변수들과 해당되는 구성개념(합점수)과의 상관계수를 의미하고, '변수를 제외했을 때의 크론바흐의 $\alpha$계수'는 해당 변수를 제거한 뒤 남아 있는 문항들만을 기초로 계산된 알파 계수를 의미한다.

결과를 살펴보면 알파계수가 −0.218로 계산되었으며, 특히 문항 Q4의 경우 합점수와 매우 큰 음의 상관을 가진다는 것을 알 수 있다.

**○ 내적일관성 신뢰도 – 역코딩 이후**

그런데 제시된 4개 문항의 내용을 자세히 살펴보면 Q4의 경우 다른 문항들과는 반대의 방향으로 질문을 하고 있다는 것을 알 수 있다. 따라서 이 경우 문항 Q4에 대해서는 관측값 5, 4, 3, 2, 1을 1, 2, 3, 4, 5로 바꾸어야 한다(이러한 과정을 역코딩이라고 한다).

〈표 6.4〉 내적일관성 신뢰도 - 역코딩 이전

| 크론바흐의 α계수 | |
|---|---|
| 변수 | α계수 |
| 원데이터 | -0.218079 |
| 표준화 | -0.255933 |

| 변수를 제외했을 때의 크론바흐의 α계수 | | | | |
|---|---|---|---|---|
| | 데이터 변수 | | 표준화된 변수 | |
| 제외한 변수 | 합계에 대한 상관 계수 | α계수 | 합계에 대한 상관 계수 | α계수 |
| Q1 | 0.033827 | -0.489827 | 0.038846 | -0.509305 |
| Q2 | 0.047756 | -0.471874 | 0.045734 | -0.527416 |
| Q3 | 0.178452 | -0.715322 | 0.142002 | -0.797790 |
| Q4 | -0.468300 | 0.439017 | -0.467682 | 0.452059 |

〈표 6.5〉 내적일관성 신뢰도 - 역코딩 이후

| 크론바흐의 α계수 | |
|---|---|
| 변수 | α계수 |
| 원데이터 | 0.586221 |
| 표준화 | 0.595913 |

| 변수를 제외했을 때의 크론바흐의 α계수 | | | | |
|---|---|---|---|---|
| | 데이터 변수 | | 표준화된 변수 | |
| 제외한 변수 | 합계에 대한 상관 계수 | α계수 | 합계에 대한 상관 계수 | α계수 |
| Q1 | 0.339083 | 0.544702 | 0.345773 | 0.548350 |
| Q2 | 0.265885 | 0.593559 | 0.275943 | 0.599739 |
| Q3 | 0.423671 | 0.477784 | 0.424316 | 0.487293 |
| Q4_r | 0.468300 | 0.439017 | 0.467682 | 0.452059 |

문항 Q4에 대하여 역코딩을 하고 다시 내적일관성 신뢰도 분석을 수행한 결과가 〈표 6.5〉에 제시되어 있다. 결과를 살펴보면 알파 계수의 값이 0.586으로서 비교적 만족스러우며, 각 문항들과 합점수의 상관계수도 모두 양의 부호를 가진다는 것을 알 수 있다.

### 6.4.4 [사례] 내적일관성 신뢰도 분석 – 2

분석 결과의 '변수를 제외했을 때의 크론바흐의 $\alpha$계수'를 통해 어떤 문항이 내적일관성 신뢰도를 저해하는지를 파악할 수 있다. 즉, 어떤 문항에 대하여 '변수를 제외했을 때의

〈표 6.6〉 내적일관성 신뢰도 - 자녀와의 결속감

| 크론바흐의 α계수 | |
|---|---|
| 변수 | α계수 |
| 원데이터 | 0.7357 |
| 표준화 | 0.7131 |

| 변수를 제외했을 때의 크론바흐의 α계수 | | | | |
|---|---|---|---|---|
| | 데이터 변수 | | 표준화된 변수 | |
| 제외한 변수 | 합계에 대한 상관 계수 | α계수 | 합계에 대한 상관 계수 | α계수 |
| Q1 | 0.6575 | 0.5955 | 0.6424 | 0.6043 |
| Q2 | 0.7178 | 0.5501 | 0.7019 | 0.5473 |
| Q3 | 0.5959 | 0.6336 | 0.6032 | 0.6375 |
| Q4_r | 0.1698 | 0.8299 | 0.1701 | 0.8321 |

크론바흐의 $\alpha$계수'가 상당히 높게 된다면, 그 문항을 제거함으로써 내적일관성 신뢰도가 높아진다는 것을 나타낸다.

예를 들어, 어떤 연구자는 '자녀와의 결속감'을 측정하기 위하여 108명의 응답자로부터 다음과 같은 4항목의 5점 척도 리커트 문항에 대해서 응답을 얻었다.

Q1. 직장에 있는 동안에도 집에 있는 자녀들에 대해 자주 생각을 한다.

Q2. 집에 전화를 걸러서 자녀의 안부를 확인하는 일이 많다.

Q3. 자녀가 아프거나 특별한 외출이 필요한 경우 집에 전화를 거는 경우가 많다.

Q4. 직장에 있을 때는 집안 일이나 자녀에 대한 생각은 되도록 하지 않고 직장 일에 집중하려고 한다(역코딩 문항).

〈표 6.6〉의 결과를 살펴보면 알파 계수 값이 0.7357인 것을 볼 수 있는데, 문항 Q4를 제거하는 경우에는 계수 값이 0.8299로 상당히 증가하는 것을 알 수 있다(이 문항은 합계에 대한 상관계수도 0.1698로 매우 낮다). 이 문항은 '자녀와의 결속감'에 대한 것이라기보다는 자녀양육과 직장생활 사이의 '갈등'이라는 조금 다른 개념에 관한 것으로 보이야 할 것으로 생각된다.

### <참조> 측정 오차

측정값과 참값 사이에는 다음과 같은 관계가 있다. 즉, 측정 오차는 편향과 임의오차(확률오차)로 구분될 수 있다.

측정값 = 참값 + 편향 + 임의오차

• 편향(Bias)

편향이란 측정결과가 한쪽으로 일관되게 치우쳐져 나타나는 현상을 말한다(체계적 오차). 측정과정에서 변수의 참값을 과장하거나 과소하게 기술하지 않을 때 비편향성이 있다고 한다. 편향은 측정도구가 얼마나 좋은가에 따라 좌우되며, 편향을 줄이기 위해서는 좀 더 좋은 측정도구를 사용하여야 한다. 편향은 측정의 타당도와 관련이 있다.

• 임의오차(Random Error)

임의오차(확률오차)는 무작위적으로 발생하는 오차를 말한다(비체계적 오차). 측정 과정에서 같은 단위를 반복측정 하였을 때 동일하거나 거의 같은 결과가 나오는 경우 임의오차가 작다고 한다. 임의오차는 측정에서 발생하는 예측 불가능한 오차로서, 측정의 신뢰도와 관련이 있다.

---

## 6.A [부록] SAS 프로그램의 사용 예

여기에서는 6.3절과 6.4절에서 다루었던 사례들에 대하여 SAS 프로그램의 사용 예를 들어 보겠다.

### ○ 인자분석 및 상관분석

```
PROC FACTOR DATA=exam.construct
            METHOD=PRINCIPAL NFACTORS=3 ROTATE=VARIMAX
            SIMPLE REORDER;
     VAR q1-q12;
RUN;

DATA exam.construct;
     SET exam.construct;
     construct1=q2+q4+q5+q8;
     construct2=q1+q3+q6+q7;
     construct3=q9+q11+q12;
RUN;

PROC CORR DATA=exam.construct;
     VAR construct1 construct2 construct3;
RUN;
```

- FACTOR Procedure: 인자분석을 수행한다.
  - METHOD=: 인자추출 방법을 지정한다(PRINCIPAL: 주성분분석법).
  - NFACTORS=: 인자의 개수를 지정한다. 이 옵션을 지정하지 않으면 상관행렬의 고유값이 1보다 큰 개수만큼 인자가 추출된다.
  - ROTATE=: 인자회전 방법을 지정한다(VARIMAX: 배리맥스 방법).
  - SIMPLE: 평균, 표준편차 등 기초통계량을 출력한다.
  - REORDER: 인자적재 등을 출력할 때, 각 인자에 대해 값의 크기 순서대로 변수를 정렬하여 출력한다. 이 옵션을 사용하지 않으면 VAR 명령문에 나열된 변수의 순서대로 출력한다.

## ○ 내적일관성 신뢰도 분석

```
PROC CORR DATA=exam.alpha ALPHA;
     VAR Q1 Q2 Q3 Q4;
RUN;

DATA exam.alpha;
     SET exam.alpha;
     Q4_r = 6 - Q4;
RUN;

PROC CORR DATA=exam.alpha ALPHA NOCORR;
     VAR Q1 Q2 Q3 Q4_r;
RUN;
```

- CORR Procedure: 상관분석을 수행한다.
  - ALPHA: 크론바흐 알파(Cronbach's alpha) 계수 및 관련 통계량들을 출력한다.
  - NOCORR: 상관계수를 출력하지 않는다.

# 제 7 장
# 조사 진행

설문지가 모양을 갖추면 소수의 잘 선택된 응답자에 적용해보는 사전 테스트를 거친다. 테스트 결과를 피드백 받아 설문지는 최종 수정되고 편집된다. 예비 조사는 최종 리허설이라고 할 수 있다. 잘 준비된 조사만이 성공할 수 있다. 조사자에게 실사(實査, field work)는 대학입학시험과 같은 것이다. 조사자는 표본추출과 설문지, 예비 조사 등 모든 준비를 마쳤으므로 이제까지의 노력에 상응하는 성과를 거두고자 한다. 이 장에서는 이와 관련된 사항을 소개하고자 한다.

## 7.1 시험조사

아무리 잘 준비되어 있는 조사라도 실제 상황에 적용하여 보면 의도한대로 잘되지 않는다. 조사방법에 부분적인 결함이 있는 수 있고 표집계획에 무리가 있는 수도 있다. 이러한 것들을 본조사에 앞서 테스트하여 볼 필요가 있는데 이를 시험조사(pilot survey)라고 한다.

시험조사(예비조사)에서 확인해야 할 사항은 사실상 조사에 관한 모든 것이다. 조사원 훈련과 본조사 일정에 관한 귀중한 정보를 얻을 수 있다.

조사자가 설문지를 아무리 치밀하게 만들어도 경험적으로 볼 때 완벽한 경우는 별로 없다. 조사 현장에서 부딪히는 사람들은 매우 다양하기 때문이다. 따라서 설문지가 어느 정도 모양을 갖추면 10여 명의 잘 선택된 응답자에 적용해보는 사전 테스트(pretest)를 거치는 것이 좋다. 시간이 촉박하다는 이유로, 또는 번거롭다는 이유로 이 과정을 생략하면 조사 전체를 망칠 수 있다.

사전 테스트의 응답자 선정은 조사자의 편의(convenience)에 의하여 쉽게 협조를 받을 수 있는 사람을 선택하거나, 조사자의 판단(judgment)에 의하여 실제 응답자의 전형으로 생각되는 사람을 선택해도 된다. 그러나 가급적 이질적인 인구사회적 배경을 가진 사람들로 표본을 구성하는 것이 좋다. 설문지에 내재된 다양한 문제가 표출될 수 있기 때문이다.

이 단계에서 여러 버전의 설문지를 비교해볼 수 있다. 이런 목적의 테스트를 위해서는 표본크기가 다소 커야한다. 사전 테스트에 개방형 질문을 넣고, 이에 대한 응답 내용을 토대로 본 설문지에서 폐쇄형 질문으로 바꾸는 것도 한 방법이다.

사전 데스트 결과를 토대로 설문지 구성을 개선하고 어구(語句, wording)를 다듬는다. 시간이 충분하다면 여러 단계의 사전 테스트를 거치는 것이 좋다.

표집과정에 대하여, 특히 다단추출의 경우, 시험적으로 표집이 제대로 될 수 있는지 정해진 표집절차에 따라 응답자를 찾아가 본다. 이 과정에서 무리가 있다면 표집절차를 수정해야 할 것이다.

이제까지 표본추출 계획을 구체화했고 설문지가 완성되었다고 하더라도 현장 조사에 들어가기 전에 총연습, 즉 리허설을 해볼 필요가 있다. 조사자의 머리에 현장 조사의 모습이 아무리 잘 그려졌다고 하더라도 현실은 복잡다단하기 때문이다.

백화점 출구에서 매 10번째 고객을 면접하는 출구 조사의 경우를 생각해보자. D 데이를 며칠 앞둔 시점에서 예비 조사를 함으로써 실제로 백화점 출구에서 그 추출 간격을 계속 유지할 수 있는지, 지정된 응답자들이 협조하는지, 제공되는 인센티브가 효과적인지, 면접과정에서 특별한 어려움이 있는지를 알아볼 필요가 있다.

시험조사의 부가적 활용도는 두 가지이다. (1) 면접원 훈련(interviewer training)의 기본 자료로 활용한다. 현실 감각이 스며든 훈련이 가능하다. (2) 예비자료 세트를 만들고 통계적 집계 및 분석 프로그램을 작성하여 테스트한다. 테스트된 프로그램은 본조사 자료 세트가 완성되는대로 곧바로 투입되므로 향후 분석시간이 절약된다.

만약 시험조사에서도 드러나지 않은 문제가 발생할 경우에 대비하여 본조사 기간 중에는 조사원과 조사책임자간, 그리고 응답자와 조사책임자간 핫라인(hot line)을 운영하는 것이 바람직하다. 따라서 설문지 머리말에 다음과 같은 문구를 넣어두는 것이 좋다.

---

본조사 또는 설문에 대하여 의문이 있으시면 전화주시기 바랍니다.
전화: 01-234-5678. 시간: 09:00부터 18:00 사이
조사책임자(담당자) 홍길동

---

## 7.2 조사원 훈련 및 관리

조사원 훈련(interviewer training)은 조사책임자가 주관하여 조사의 목적, 표집 및 면접방법, 코딩방법 등 조사원이 알아야 할 모든 사항을 교육시킨다. 조사원들끼리 면접자-피면접자 역할 연습(role play)을 한다든지, 노련한 조사원 몇 명의 경험담을 들어본다든지, 가능하다면 시험조사에서 찍은 비디오 영상을 보여준다든지 하면 좋을 것이다. 전화조사의 경우에는 조사원이 능숙하지 않은 경우 응답 거부율이 높아지므로 충분한 연습이 필요하다.

본조사에서 매우 중요한 부분은 첫 인사이다. 조사원은 응답자와의 첫 인사에서 조사원의 소속과 신원을 밝히고, 어떤 조사를 하려고 하며(조사의 목적), 상대방이 응답자로 선정된 경위, 응납에 소요되는 시간, 응답에 대한 사례에 대하여 이야기한다. 아울러 조사자료는 통계처리된 결과로만 사용되므로 개인의 신상정보가 누출될 염려가 없음을 주지시킨다.

<참조> 친밀감 형성과 탐구조사

- 친밀감(rapport, 라포) 형성: 실사에서 조사자와 응답자 간의 인간적이고 친근한 느낌을 형성하는 것.

- 탐구조사(probing, 프로빙): 추가질문을 통해 답변을 다시 확인하여 정확한 답을 알아내는 것.

---

통계조사가 성공하기 위해서는 무엇보다도 조사원들이 현지에서 성실하게 일해 주어야 한다. 이를 위해서는 조사원들에게 적절한 수당을 지급해야 하며, 조사일정을 빡빡하게 잡지 않도록 해야 한다. 그 밖에도 조사원들에 대한 상벌을 명확하게 하는 등 효과적인 인사관리를 하여야 한다.

경험이 많고 전문적인 조사원이 그렇지 않은 조사원보다 좋은 것은 물론이다. 그런 이유로 조사전문회사들은 조사원으로 아르바이트 대학생보다는 파트타임으로 꾸준히 일할 수 있는 가정주부를 선호한다.

<참조> 면접조사에서 편향된 응답을 유발하는 요인

- 자신향상 효과(self-lifting effect): 응답자 자신의 사회적 위치를 현실보다 높게 생각하여, 현재 자신의 위치에 해당하는 응답 대신 자기가 이상으로 생각하 는 모습에서 응답하게 되는 경향.
- 동조 효과(conformity effect, 유사 효과): 자신의 생각과는 다르게 면접원이나 주위 사람들의 영향을 받아 다른 사람을 따라 응답하는 경향.
- 체면치레 효과(ego-threat effect): 자신향상 효과와 비슷한 효과로, 위신이나 사회적 지위보다는 유행이나 시대에 뒤떨어질 것을 두려워하여 그릇된 응답을 하는 경향.
- 후광 효과(halo effect): 조사 전에는 생각해 본 적이 없는 문제에 대하여 조사자의 질문을 받고 그 문제에 대한 급조된 생각으로 물음에 응답하는 것.
- 겸손 효과(senor effect): 자기 생각과는 달리 조사자의 기분이나 감정에 맞추는 방향으로 응답하려는 경향.
- 선전 효과(bandwagon effect): 선거에 관한 여론조사 등에서 자기 자신의 소신과는 달리 선두 주자나 동정심이 가는 후보자에게 표를 주어야 한다는 선전에 영향을 받아서 질문에 응답하는 것.
- 습관 효과(habit effect): 질문의 내용을 신중하게 생각한 후에 응답하지 않고, 단지 습관적으로 예 또는 그렇다는 대답을 되풀이하는 경향.
- 무관심 효과(irrelevance effect): 자신은 조사와 상관이 없다고 생각하여 빨리 끝내기만을 바라고 생각 없이 마음 내키는 대로 아무렇게나 대답하는 것.

---

## 7.3 재검 실시

조사원들이 지시된 대로 작업하지 않는 수가 간혹 있다. 현지에 나가서 조사하지 않고 집에 앉아 조사표를 스스로 대리 작성하는 경우는 가장 극단적인 경우이지만, 그렇지 않더라도 표집절차를 제대로 따르지 않던가 또는 설문지 기입방식을 제대로 지키지 않는 경우 등이 있다.

그러나 이런 경우들이 그대로 보고될 리 없으므로 수집된 조사표 중 일부를 재추출하여 상급 조사자가 해당 응답자를 재면접하는 것을 재검(verification)이라고 한다.

재검 절차가 전체 조사일정을 늘릴 뿐 아니라 비용을 추가시키므로, 재검을 하더라도 그 비율은 낮은 수준으로, 예컨대 5-10% 정도로 잡는다. 재검절차를 둠으로써 생기는 이점(利點)은 조사원들의 부정을 심리적으로 예방할 수 있다는 점과 조사자료의 신뢰도를 질적으로 그리고 자체적으로 평가해볼 수 있다는 것이다.

## 7.4 응답자 인센티브

응답자에게 적절한 수준의 성의표시를 하여야 하는 것은 당연한 것이다. 그 중 대표적인 것은 사례품이다. 문방용품에서부터 각종 아이디어 상품에 이르기까지 정해진 예산 내에서 할 수 있는 최선의 선택을 하여야 한다. 응답자들은 자신의 견해와 남들의 견해를 비교해보는 것에 관심이 있으므로 조사가 끝난 뒤 일부 결과(요약)를 보내주겠다는 약속도 응답자 사례의 일종이다. 표본으로 선정된 응답자를 여러 차례 접근해야 되는 패널조사의 경우는 특히 응답자 사례에 신경을 써서 도중 이탈율(비협조율)을 가능한 한 줄여야 한다.

다음의 사례연구들은 주로 국외에서 연구된 사례들을 재정리한 허명회(1998)[1]와 오인환(1992)[2]의 사례들을 중심으로 구성되었음을 밝혀 둔다.

### 7.4.1 [사례] 우편조사에서의 응답률 – 금전적 인센티브와 후속우편의 효과

이 사례에서는 우편조사에서 금전적 인센티브(monetary incentive, 사례금)와 후속우편(follow-up mailing)이 응답률에 주는 영향에 대하여 조사한 James and Bolstein(1990)[3]의 연구를 살펴보도록 할 것이다.

---

[1] 허명회 (1998). ≪사회여론조사 - 통계적 연구사례≫, 자유아카데미.

[2] 오인환 (1992). ≪사회조사 방법≫, 나남.

[3] James, J. M., and Bolstein, R. (1990). The effect of monetary incentives and follow-up mailings on the response rate and response quality in mail survey, *Public Opinion Quarterly*, 54, 346-361.

〈표 7.1〉 인센티브와 후속우편에 따른 누적 응답률

| 우편차수 | 대조($0.00) | $0.25 그룹 | $0.50 그룹 | $1.00 그룹 | $2.00 그룹 |
|---|---|---|---|---|---|
| 제1차 | 54.2% | 62.7% | 63.1% | 72.8% | 77.6% |
| 제2차 | 72.0% | 74.6% | 78.0% | 88.2% | 88.2% |
| 제3차 | 83.3% | 82.8% | 82.7% | 91.7% | 94.7% |
| 제4차 | 88.1% | 86.4% | 86.5% | 92.9% | 95.9% |
| 표본크기 | 168 | 169 | 168 | 169 | 170 |

### ○ 연구 설계

연구자들은 1986년 가을 워싱턴 D.C 주변의 한 교외 지역에서 케이블 TV 가입자를 대상으로 시청현황과 인적 특성 등을 조사하고자 하였다. 그들은 TV 가입 순서에 따라 리스트된 가입자 목록에서 체계적으로 케이블 TV 가입가구를 추출하였고, 표집가구들을 1차 설문지에 동봉할 금액에 따라 대조그룹($0.00) 및 $0.25, $0.50, $1.00, $2.00 그룹 등 다섯 그룹으로 나누었다(체계적으로). 그리고 네 차례에 걸친 후속우편을 3주 간격으로 무응답자에게 보냈다. 사례금(즉, 인센티브)은 1차 설문지 발송에만 동봉될 뿐이며 후속우편에는 들어 있지 않았다.

결과를 보기 전에 실험그룹의 응답자들에게 연구자들이 보낸 편지글의 추신(p.s.)에서 인센티브에 대해 설명한 다음 글을 감상해 보자.

---

동봉한 돈 0.25(0.50/1.00/2.00)가 설문지 조사에 응해주신 귀하의 시간과 노력을 보상할 수는 없겠습니다만, 저희들의 작은 성의이오니 받아주시기 바랍니다.[4]

---

### ○ 응답률

연구자들이 얻은 응답률(설문지 회수율)은 〈표 7.1〉과 같다. 우선 눈여겨 볼 수 있는 것은 전반적으로 높은 응답률이 나오고 있다는 것이다. 대조그룹의 제1차 응답률조차 50%를 상회하는 것을 보면 상당히 놀랄 일이다. 이와 같이 우편조사에서 응답률이 높은 경우는 ① 응답자들의 평균 교육수준이 높고, ② 응답자들이 조사내용에 관심 또는 흥미를 갖는 경우 등이다. 반대로 우편조사에서 응답률이 낮은 경우는 ① 응답자들의 평균 교육수준이

[4]Although the enclosed 0.25(0.50/1.00/2.00) cannot possibly compensate you for your time and effort on our behalf, please accept this as a small token of our appreciation for your cooperation in completing and returning the enclosed questionnaire.

〈표 7.2〉 비용 분석 (총비용/단위비용*)

| 우편차수 | 대조($0.00) | $0.25 그룹 | $0.50 그룹 | $1.00 그룹 | $2.00 그룹 |
|---|---|---|---|---|---|
| 제1차 | $321/$3.5 | $400/$3.8 | $443/$4.2 | $506/$4.1 | $679/$5.2 |
| 제2차 | $430/$3.6 | $493/$3.9 | $537/$4.1 | $591/$4.0 | $756/$5.1 |
| 제3차 | $498/$3.6 | $554/$4.0 | $591/$4.3 | $631/$4.1 | $795/$4.9 |
| 제4차 | $539/$3.7 | $596/$4.1 | $629/$4.3 | $657/$4.2 | $819/$5.0 |
| 표본크기 | 168 | 169 | 168 | 169 | 170 |

* 회수 설문지 1매당 비용 = 총비용 / 회수설문지수

낮거나, ② 응답자들이 조사내용에 관심 또는 흥미를 갖지 않는 경우 등이다.

〈표 7.1〉의 수치들을 자세히 보면, 제1차 설문지 회수율에 있어 대조그룹이 54.2%이지만, $0.25 그룹이 62.7%로 대조그룹보다 우세하고, $0.50 그룹은 63.1%로 $0.25 그룹과 별 차이가 없고, $1.00 그룹이 72.8%로 $0.50 그룹보다 우세하며, $2.00 그룹은 77.6%로 $1.00 그룹과 별 차이가 없다고 하겠다. 그러므로 인센티브 금액으로 $0.25와 $1.00이 각각 유효하였던 것으로 판단된다. $0.25는 동전 1개에 지나지 않는 미미한 액수이지만 응답자들이 조사자의 성의를 인정할 수 있는 수준이었던 것으로 보인다. 이에 반하여 $1.00은 응답자들이 자신들의 시간과 노력을 일부 보상받는다고 느끼는 수준이겠다.

또한, 〈표 7.1〉은 인센티브 못지않게 후속 우편, 즉 설문지의 재발송이 응답률 결정에 영향을 주는 중요한 요인이라는 것을 보여준다. 제2차 설문지 누적회수율(누적응답률)이 제1차 회수율보다 그룹별로 약간의 차이가 있지만, 10.6%에서 17.8% 포인트 상회하는 수준에 이른다. 이 연구에서는 제3차, 제4차 설문지 발송이 시도되는 등 상당한 끈기와 노력을 보았지만, 한정된 시간과 재정 때문에 많은 우편조사는 제2차 발송 정도로 마감되는 것이 현실이겠다.

논의를 정리해보면, 인센티브의 제공과 후속우편이 우편조사의 응답률에 영향을 주는 중요한 요인이라는 것이다. 그러면 어느 요인이 더 중요하다고 할 수 있을까? 비용(cost)과 편익(benefit) 측면에서 이를 비교해 보겠다.

### ○ 비용/편익 분석

〈표 7.2〉를 이용할 때, 무조건 단위비용이 적은 것이 좋은 것만은 아니겠다(응답률이 작을 수 있으니까). 그러니 응답율이 일정 수준 것들 중에서 단위비용이 적은 것이 좋을 것이다. 〈표 7.1〉에서 예컨대 응답율 85% 이상인 것들(밑줄로 표시) 중에서 찾아보자.

1순위 : 인센티브 $0.00, 4차우편, 총비용 $539, 단위비용 $3.7
2순위 : 인센티브 $1.00, 2차우편, 총비용 $591, 단위비용 $4.0
3순위 : 인센티브 $0.25, 4차우편, 총비용 $596, 단위비용 $4.1
4순위 : 인센티브 $1.00, 3차우편, 총비용 $631, 단위비용 $4.1

비용 면에서는 1순위인 인센티브 $0.00의 4차우편이 최선이지만, 편익(benefit) 측면에서는 꼭 그렇다고 할 수 없다. 왜냐하면 2순위인 인센티브 $1.00의 2차우편이 시간 면에서는 훨씬 우수하기 때문이다(1차례의 우편에 3주일이 소요되므로). 따라서 바쁜 조사자에게는 2순위가 1순위보다 오히려 낫다고 할 수 있겠다.

〈표 7.2〉를 활용할 수 있는 또 하나의 경우는 우편조사에서의 무응답자를 방문하여 면접조사해야 하는 경우다. 가령 1인 면접에 $5.00의 비용이 든다고 하자. 그리고 여기서는 인센티브가 $1.00인 경우를 생각해보기로 하겠다. 몇 차례의 후속우편이 적절하다고 할 수 있을까?

1차 우편: 총비용 $506, 회수 설문지수 123(=169×72.8%)
2차 우편: 총비용 $591(△$85), 회수 설문지수 149(△26), 한계비용 $3.27(=$85/26)
3차 우편: 총비용 $631(△$40), 회수 설문지수 155(△6), 한계비용 $6.67(=$40/6)
4차 우편: 총비용 $657(△$26), 회수 설문지수 157(△2), 한계비용 $13.00(=$26/2)

제2차 우편이 초래하는 한계비용이 회수 설문지 1매당 $3.27이므로 면접비용 $5.00보다 적다. 그러나 제3차 우편이 초래하는 한계비용은 회수 설문지 1매당 $6.67이므로 면접비용 $5.00보다 오히려 크게 된다. 그러므로 제3차 우편보다는 오히려 제2차 우편이후 무응답자에 대하여는 면접조사로 전환하는 것이 오히려 경제적이라고 하겠다.

이러한 경제분석은 후속우편의 횟수를 가령 2차례로 고정시킨 경우 얼마만큼의 인센티브가 최적인가를 결정하는 데에도 매우 유용하다.

우편조사에서 설문지만 달랑 보내지 말고 인센티브를 동봉함으로써 응답자들의 마음을 움직이는 것이 중요하다. 물론 인센티브(사례금)만 떼어 주머니에 넣고 설문지는 휴지통에 분리수거하는 사람들도 있다. 그렇다 하더라도 총괄적으로는 인센티브 제공이 응답률을 높임으로써 오히려 비용 대비 편익을 증대시킬 수 있겠다. 인센티브의 효과를 분석적으로 보려면 〈표 7.1〉 및 〈표 7.2〉와 같은 자료가 있어야 한다. 그것이 도움이 되기 위해서는 이와 같은 자료가 사전적으로 수집되어야 할 것이다. 즉 예비조사를 해봐야 한다는 것이다. 그렇지만 이 연구사례가 주는 기본적인 교훈은 예비자료 없이도 역시 유효하다고 하겠다. 다시 반복하건대, 우편조사에서 응답률을 높이기 위해서는 인센티브(사례금)의 제공과 적어도 1차례의 후속우편이 필요하다는 것이다.

〈표 7.3〉 면대면조사에서의 응답률: 현금 vs 티켓

| 결과 | 현금 | 티켓 | 합계 |
|---|---|---|---|
| 조사완료 | 161(61.7%) | 149(58.2%) | 310(60.0%) |
| 조사거절 | 41(15.7%) | 57(22.3%) | 98(19.0%) |
| 기타* | 59(22.6%) | 50(19.5%) | 109(21.1%) |
| 합계 | 261(100%) | 256(100%) | 517(100%) |

* 비접촉(noncontact) 또는 기타 사유로 면접 실패.

우리나라에서는 우편으로 화폐를 직접 보낼 수 없다. 그렇다고 1,000원이나 2,000원 정도를 우편환으로 바꾸어 보내는 것도 응답자를 귀찮게 하는 것 같다. 그러므로 우리나라에서는 불가피하게 환금성이 좋은 물건을 인센티브로 하는 것이 좋은 방법일 수 있다. 예컨대 상품권 같은 것이 될 수 있을 것이다.

### 7.4.2 [사례] 면대면조사와 우편조사에서의 인센티브 효과 차이

이 사례에서는 면대면(FTF, face-to-face)조사에서와 우편조사에서의 인센티브 효과의 차이를 밝혔다는 데 있다.

**○ 연구 설계**

이 조사 연구는 미국 Detroit 시에서 시행되었는데, 일부는 지역 추출된 586 가구에 대한 면대면조사였고 일부는 주소 리스트에서 추출된 8,418 가구에 대한 우편조사였다. 면대면조사에서 69가구는 무효화되었고, 유효한 나머지 517가구(=586-69) 중 310가구가 응답하였다[응답률 60.0%(=310/517)]. 우편조사에서는 1,191가구가 무효화되었고, 유효한 나머지 7,227가구(=8,418-1,191) 중 4,064가구가 응답하였다[응답률 56.2%(=4,064/7,227)].

면대면조사에서 각 면접은 거의 1시간 정도 걸렸고, 우편조사는 면대면조사의 내용 중 일부를 담은 20쪽 분량의 질문지에 의한 자기식(自已式, self-administered) 조사였다. 두 방식의 조사 모두에서 인센티브는 사전에 우편으로 제공되었으며 두 종류였다. 하나는 $5.00 현금이었고 다른 하나는 대공원(Metropark) 시즌 티켓 4장이었다(티켓 4장은 총 $12.00의 가치가 있었다고 한다). 면대면조사 응답자들에게는 면접이 완료된 후 $5.00 현금이 추가로 주어졌다. 응답률이 인센티브 종류에 따라 어떻게 다르게 나타났는지를 살펴보자.

**○ 응답률**

〈표 7.3〉은 면대면조사에서의 인센티브 종류별 응답률을 보여준다. 현금 그룹의 응답률

〈표 7.4〉 우편조사에서의 응답률: 현금 vs 티켓

| 결과 | 현금 | 티켓 | 합계 |
|---|---|---|---|
| 조사완료 | 2,465(67.0%) | 1,599(45.1%) | 4,064(56.2%) |
| 거절회신 | 75( 2.0%) | 119( 3.4%) | 194( 2.7%) |
| 비회신 | 1,140(31.0%) | 1,829(51.6%) | 2,969(41.1%) |
| 합계 | 3,682(100%) | 3,547(100%) | 7,227(100%) |

이 61.7%였고 티켓 그룹의 응답률은 58.2%였다. 즉, 현금 그룹의 응답률이 티켓 그룹의 응답률에 비해 3.5%p 크게 나타났다. 그러나 통계적으로 유의하지는 않았다($\chi^2 = 3.73$, d.f.$=$ 2, $p$-value$=$0.16).

〈표 7.4〉는 우편조사에서의 인센티브 종류별 응답률을 보여준다. 현금 그룹의 응답률이 67.0%였고 티켓 그룹의 응답률은 45.1%였다. 따라서 현금 그룹의 응답률이 티켓 그룹의 응답률에 비해 11.9%p 크게 나타났다. 그리고 이 차이는 통계적으로 유의하였다($\chi^2 = 358$, d.f.$=$ 2, $p$-value$<$0.001).

현금이 티켓보다 낫다는 것을 알 수 있다. 티켓은 공원에 자주 다니는 사람에게는 유용하겠지만, 그렇지 않은 사람들에게는 잠재적 가치만 있기 때문일 것이다. 기존의 연구들 대다수에서 현금이 현물(물건, 선물)보다 낫다고 나온 바 있다. 우리나라에서도 조사에서 현금 인센티브가 낫다고 생각할 수는 없다. 우리나라 사람들은 다를 수 있다. 우리나라에서는 현금과 현물의 효과를 비교한 조사 연구는 없다.

여기서 왜 면대면조사에서는 현금이 현물(티켓)에 비해 더 좋은 성적을 내지 못하였을까를 생각해보면, 면대면조사에서는 면접원들이 응답자를 설득하는 기회를 갖는다. 조사 참여를 내켜하지 않는 응답자에게 다양한 방식으로 협조를 요청할 수 있다. 이에 반하여 우편조사에서는 면접원이 개입하지 않는다. 따라서 우편조사에서 인센티브의 효과가 제대로 반영된다고 볼 수 있다.

### 7.4.3 [사례] 가구방문조사에서의 인센티브 효과

이 예는 미국 농업부 농업통계실의 윌맥과 미시간대학 사회연구소 조사연구센터의 Willmack et al.(1995)의 연구사례로서 가구방문조사에 대하여 연구자들이 수행한 실험연구 사례이다.[5]

[5] Willmack, D. K., Schman, H., Pennel, B. H., and Lepkowski, J. M. (1995). Effects of a prepaid nonmonetary incentive on response rates and response quality in a face-to-face survey, *Public Opinion Quarterly*, 59, 78-92.

〈표 7.5〉 인센티브 그룹별 응답률, 거절율, 비표본율 ($n$은 분모크기)

| | | 전체 | | 인센티브 그룹 | | 대조 그룹 | | 오즈비* |
|---|---|---|---|---|---|---|---|---|
| | | $n$ | % | $n$ | % | $n$ | % | |
| 전체 | 응답률 | 1,334 | 78.1% | 656 | 80.6% | 678 | 75.7% | 1.34 |
| | 거절율 | 1,334 | 14.2% | 656 | 12.4% | 678 | 16.1% | 0.73 |
| | 비표본율 | 1,451 | 8.1% | 727 | 9.8% | 724 | 6.4% | 1.71 |
| 시내 | 응답률 | 288 | 76.2% | 138 | 77.5% | 150 | 76.0% | 1.08 |
| | 거절율 | 288 | 11.1% | 138 | 10.1% | 150 | 11.3% | 0.92 |
| | 비표본율 | 1,342 | 15.8% | 171 | 19.3% | 171 | 12.3% | 1.85 |
| 시 외곽 | 응답률 | 1,334 | 78.5% | 518 | 81.5% | 528 | 75.6% | 1.42 |
| | 거절율 | 1,334 | 15.1% | 518 | 12.7% | 528 | 17.4% | 0.7 |
| | 비표본율 | 1,451 | 8.1% | 556 | 6.9% | 553 | 4.5% | 1.62 |

* Cochran-Mantel-Haenszel(CMH) 추정 오즈비.

### ○ 연구 설계

우편조사에서 인센티브를 줄 때에는 사전에 주는 것이 사후에 주는 것보다 낫고, 금전적인 것(사례금)이 비금전적인 것(조사답례품)보다 낫다는 것이 여러 사례에서 거듭 확인된 바 있다(통계청 사례에서도 조사된 경우가 있다).

연구자들은 미국 디트로이트 및 인근지역에서 총 1,451개의 주소를 다음과 같은 방법으로 표집하였다. 우선 조사지역을 지도 상에서 다수의 구역으로 나누었고, 각 구역의 크기(가구수) 비례로 총 82개 구역을 추출하였다. 따라서 가구수가 밀집된 구역은 가구수가 적은 구역에 비하여 추출될 가능성이 컸다. 그리고 추출된 구역 내에서 표본가구는 계통추출되었다. 각 추출 구역내 표본가구들을 지리적 인접도에 의하여 2개 그룹으로 묶어, 한 그룹에는 $3.75 짜리 미시간대학 기념펜을 조사방문 예고편지와 함께 발송하였고, 다른 한 그룹에는 아무런 조사답례품 없이 예고편지만 발송하였다. 그리고 1주후에 면접원이 각 추출 가구를 방문조사하도록 하였다. 만약 집에 사람이 없거나 조사를 거절하는 경우에는 5회이상 재방문하도록 하였다.

### ○ 응답률 및 거절율의 차이

결과가 〈표 7.5〉로 나타났다. 여기서 먼저 응답률(response rate), 거절율(refuse rate), 비표본율(nonsample rate)의 정의를 명확히 하겠다.

응답률 = 면접 수 / (주소 수 − 무효주소 수),
거절율 = 거절 수 / (주소 수 − 무효주소 수),
비표본율 = 무효주소 수 / 주소 수

무효주소가 되는 경우는 ① 빈 집이거나, ② 주소기입에 오류가 있거나, ③ 사람이 거주하는 집이 아니거나, ④ 한 철에만 사람이 거주하는 별장이거나, ⑤ 외국인 가구인 경우 등 여러 경우가 해당된다. 총 주소 중에서 무효주소를 뺀 것이 유효 주소인데, 유효주소는 다시 (ⅰ) 면접, (ⅱ) 거절, (ⅲ) 無면접으로 분류된다. 그러므로 면접률과 거절율이 합하여 항상 100%가 되는 것은 아니다. 無면접(noninterview)이란 가구방문시 면접에 성공한 것도 아니고 거절당한 것도 아닌 경우, 예컨대 18세 이상 성인이 없어서 면접하지 않은 경우이다.

전체적으로 보면, 인센티브 그룹의 면접률이 80.6%로 대조그룹의 면접률 75.7%에 비하여 4.9% 포인트 높게 나왔다. 그리고 거절율에 있어서는 3.7% 포인트가 작게 나왔다. 이를 시내와 시외곽으로 나누어 살펴보면, 시내에서는 인센티브 그룹이 대조그룹에 비하여 면접률에서 1.5% 포인트가 크고 거절율에서 1.2% 포인트가 작다. 시 외곽에서는 인센티브 그룹이 대조그룹에 비하여 면접률에서 5.9% 포인트가 크고 거절율에서 4.7% 포인트가 작다. 그러므로 어디에서나 대단한 차이가 있지는 않았지만, 시외곽에서는 그렇다고 무시할 수 없는 차이가 나왔다. 인센티브가 조사에 대한 인지도를 높임으로써 응답자 호응을 그만큼 더 얻어낸 것이다.

### ○ 응답자 호응에서의 차이

가구방문하여 면접을 하다보면, 아무리 예고 편지를 냈다 하더라도 사람들이 집에서 조사원을 기다릴리 만무하다. 게다가 바쁘니 다음에 하자는 사람들도 있다. 그러니 조사원으로서는 허탕치는 수가 많게 된다. 요일과 시간대를 달리하여 방문하여 볼 수밖에 없겠다 (일반적으로, 휴일 낮 시간대가 가장 성공률이 높다.)

연구자들은 조사원들에게 가구별 방문 횟수를 기록하게 하였는데 〈표 7.6〉이 그 결과이다. 응답률(=설문지 회수율)을 보면 첫 방문에서 인센티브 그룹이 17.7%, 대조그룹이 12.9%를 기록함으로써 가구방문 조사가 얼마나 어려운가를 잘 말해준다. 2차 방문까지를 누적하여도 응답률이 그룹별로 각각 32.2%, 28.9%에 지나지 않다.

그룹별 응답률의 차이를 비교해보면 1차 방문에서는 4.8% 포인트로 작지 않게 나타났지만 2차, 3차, 4차, 5차+ 방문에서의 그룹간 차이는 각각 -1.5%, 2.2%, -1.9%, 1.3%로 무시할 수 있겠다. 따라서 인센티브의 효과는 첫 방문에서의 성공 여부에만 영향을 미치는 것을 알 수 있다. 2차 방문부터는 인센티브 그룹에서도 인센티브에 관해 응답자들의

〈표 7.6〉 방문회수별 설문지 회수율

| 방문회수 | 응답률 구성 | | 누적 퍼센트 | |
|---|---|---|---|---|
| | 인센티브 | 대조 | 인센티브 | 대조 |
| 1 | 17.7% | 12.9% | 17.7% | 12.9% |
| 2 | 14.5% | 16.0% | 32.2% | 28.9% |
| 3 | 11.5% | 9.3% | 43.7% | 38.2% |
| 4 | 7.6% | 9.5% | 51.3% | 47.7% |
| 5+ | 29.3% | 28.0% | 80.6% | 75.7% |
| N | 656 | 678 | 656 | 678 |

기억이 희미해졌을 것이므로, 오직 조사원의 은근과 끈기가 힘이 될 뿐이라는 것이다.

가구방문조사에서 응답자의 호응을 받기가 점점 어려워져가고 있다. 사람들이 바빠지기도 하였을 뿐더러, 사회에 범죄가 만연하므로 모르는 사람에게는 웬만하면 문을 열어주지 않기 때문이다. 그래서 많은 사회여론조사들이 조사방식을 가구방문조사에서 전화조사로 바꾸고 있는 추세다. 그러나 소비실태조사와 같은 많은 사회통계는 여전히 가구방문조사가 아니면 불가능하다. 어떻게 하면 가구방문조사에서 응답률을 높일 수 있는가를 연구하여 대안을 제시하여야 한다. 이 연구사례가 보여주는 것은 응답자에 주는 조사답례품(인센티브)이 효과가 있다는 것이다.

다른 보완적 방법이 없을까? 조사대상 지역에 널리 홍보하는 것은 어떨까? 대규모 조사라면 플래카드를 내건다던가 포스터를 붙인다던가 하는 것으로 신문이나 TV를 통해 광고하는 것까지 여러 방식의 홍보가 가능할 것이다. 또한 조사대상 가구에 예고편지 및 조사에 관한 설명 편지를 보내는 것도 방법일 수 있다. 또한 조사답례품의 종류에 따라 효과가 다를 수 있겠다. 펜과 같이 개인용으로 쓰는 물건이 아니라 곽휴지와 같이 일정기간 가구에 비치될 수 있는 물건이 더 낫겠다. 여러 사람에게 조사에 대하여 두루 알릴 수 있으니까.

### 7.4.4 [사례] 메타분석 사례

이 사례는 인센티브가 응답률에 주는 효과에 대해 메타분석을 실시한 사례이다(Church, 1993).[6]

[6]Church, A. H. (1993). Estimating the effect of incentiveon mail survey response rate: A meta-analysis, *Public Opinion Quarterly*, 57, 62-79.

### ○ 연구 설계

연구자는 4종의 대표적인 사회연구학술지인 Psychological Abstract, Sociological Abstract, Public Opinion Quarterly, Journal of Marketing research 등으로부터 총 38편의 관련 주제의 실험 및 준실험(quasi-experiment) 연구결과를 찾았다. 이들 분석대상 논문들은 1930년에서 1988년까지 50년이 넘는 시기에 걸쳐 있다. 연구자는 총 74개의 개별 결과들을 찾아 정리할 수 있었으며, 이것들을 인센티브의 종류와 제공시기에 따라 다음과 같이 네 유형으로 분류할 수 있었다.

- MI형 43사례: 금전적 인센티브(monetary), 사전제공(initial mailing)
- MR형 9사례: 금전적 인센티브(monetary), 사후제공(on return)
- OI형 12사례 : 비금전적 인센티브(nonmonetary), 사전제공(initial mailing)
- OR형 10사례 : 비금전적 인센티브(nonmonetary), 사후제공(on return)

여기서 금전적 인센티브란 현금이나 수표를 말하고 비금전적 인센티브는 금전적 인센티브를 제외한 그 밖의 인센티브로 펜, 열쇠고리, 복권, 자선단체 기부, 커피, 책, 골프공, 넥타이 핀, 우표, 터키 등이 실제 예들이다.

메타분석은 처리와 대조의 표준화된 차이인 효과크기(effect size)를 종합한다. 구체적으로 처리 그룹의 평균을 $\bar{y}_1$, 대조 그룹의 평균을 $\bar{y}_0$, 두 집단 분포의 공통분산을 $s^2$이라고 할 때 효과크기 $d$의 한 가지 정의는 다음과 같다.

$$d = \frac{\bar{y}_1 - \bar{y}_0}{s}.$$

따라서 만약 $d$가 1이라는 것은 처리의 평균적 효과가 대조 그룹의 분포에서 상위 16% 쯤이라는 것을 말하는 것이다. 왜냐하면 표준정규분포에서는 $P(Z \geq 1) = 0.16$이 되기 때문이다. 그러므로 효과크기 1은 처리가 대조에 비해 대단히 효과적임을 말한다. 다음은 효과크기 $d$의 각 값에 대응하여 처리 평균의 위치를 대조 분포의 상위 분위수로 보여준다.

| 효과크기 | $d$=0.1 | $d$=0.2 | $d$=0.3 | $d$=0.4 | $d$=0.5 |
|---|---|---|---|---|---|
| 상대적 위치 | 상위 46% | 상위 42% | 상위 38% | 상위 34% | 상위 31% |

효과크기가 얼마 이상이어야 실제적으로(통계적이 아니라) 유의한 것으로 생각되느냐에는 어떤 일정한 기준치가 있을 수 없다. 그렇지만, 10% 향상을 작은 효과(small effect)의 기준으로 삼는다면 효과크기 $d$가 0.25이어야 하고(처리 평균의 위치가 대조 분포에서 상위 40% 분위수가 되므로), 20% 향상을 중간 효과(medium effect)의 기준으로 하면 효과크기 $d$가 0.5가 되어야 한다(처리 평균의 위치가 대조 분포에서 상위 30% 분위수가 되므로).

〈표 7.7〉 메타분석: 전체 사례의 요약 기술

| 변수 | 비가중 평균 | 가중 평균 | 최소값 | 최대값 |
|---|---|---|---|---|
| 인센티브 응답률 | 48.9% | 44.6% | 12.1% | 86.5% |
| 대조 응답률 | 35.8% | 33.0% | 13.0% | 64.0% |
| 응답률 차이 | 13.4% | 11.6% | - | - |
| 효과크기 | 0.244 | 0.241 | -0.239 | 0.244 |

그리고 30~40% 향상을 큰 효과(large effect)의 기준으로 한다면 효과크기 $d$는 0.8~1.2가 되어야 한다.

### ○ 주요 결과

인센티브와 응답률에 관한 연구에서, 인센티브 그룹의 응답률이 $p_1$이고 非인센티브 그룹(대조 그룹)의 응답률이 $p_0$이면 효과크기는

$$d = \frac{p_1 - p_0}{\sqrt{p(1-p)}}.$$

이다. 여기에서 $p$는 $p_1$과 $p_0$의 가중평균이다. 이런 식으로 연구대상 74사례의 효과크기를 구한 다음 이를 정리한 결과가 〈표 7.7〉이다. 인센티브 그룹과 대조 그룹의 가중평균 응답률이 각각 44.6%와 33.0%로 11.6% 포인트의 차이가 있으며, 또한 효과크기의 가중평균이 0.241로서 약간의 유의함이 있음도 볼 수 있다.

〈표 7.7〉은 전체를 요약한 결과인데 비해 〈표 7.8〉은 인센티브 유형별 비교의 결과이다. 효과크기로 판단하건데 MI(금전적 인센티브 사전제공) 그룹이 대조그룹에 비교하여 가장 좋은 효과를 보였다(가중평균 효과크기 0.347). 그리고 OI(비금전적 사전제공) 그룹도 효과크기가 0.136에 이른다. 반면, 금전적·비금전적 인센티브를 사후 보상하는 경우에는 효과크기가 무시할 수 있을 정도로 작음을 볼 수 있다(각각 0.085와 0.020). 자료로부터 이 연구에서 알아 낼 수 있었던 것은 MI 그룹에 있어서 인센티브의 화폐가치(물가상승률 보정)와 응답률 사이의 상관계수가 0.45로 꽤 유의한 것으로 나타났다는 것이다.

### ○ 결론

메타분석 연구의 결과, 우편조사에서 응답률을 높이기 위해서는 금전적 인센티브(돈)를 설문지에 동봉하는 사전제공 방식이 가장 좋다고 하겠다. 금전적 인센티브가 가능하지 않은 경우에는 비금전적 인센티브라도 사전 제공하는 것이 좋으며, 설문지를 회송하는 경우에 한하여 금전적·비금전적 인센티브를 사후 보상하는 방식은 별 효과가 없다는 것을 이 연구가 보여준다.

〈표 7.8〉 인센티브 유형별 메타분석

| | 금전적 인센티브 | | 비금전적 인센티브 | |
|---|---|---|---|---|
| | 사전적 | 사후적 | 사전적 | 사후적 |
| 인센티브 응답률 | 53.0% | 41.1% | 36.8% | 33.1% |
| 대조 응답률 | 34.2% | 29.1% | 28.9% | 30.1% |
| 응답률 차이 | 18.8% | 12.0% | 7.9% | 3.0% |
| 효과크기 | 0.347 | 0.085 | 0.136 | 0.020 |
| 사례수 | 43 | 9 | 12 | 10 |

앞에서 소개한 "K대학교와 Y대학교 여학생 조사"에서 총 164명의 응답자들에게는 1,000원 상당의 학용품으로 사례하였으며, 본조사는 3명의 연구자(남) 및 그들의 친구들(여)이 담당하였다. 응답자들은 조사에 대부분 협조적이었으며 일부는 조사결과에 상당한 관심을 표명하였다.

## 7.A [부록] 관찰법의 유형

자료는 관찰에 의해서도 얻어질 수 있다. 관찰이란 어떤 대상이나 과정이 어떻게 존재하며 어떻게 하여 생겨나는가 하는 등, 있는 그대로의 사실을 확인하는 것을 말한다. 넓은 의미에서는 실험도 여기에 포함시킬 수가 있지만, 일반적으로는 실험과 같이 대상 및 과정에 인위적인 간섭을 가하지 않는 경우를 말한다.

〈장점〉

◦ 피관찰자의 의사표현 능력이 부족할 경에도 조사가 가능하다.
◦ 행동을 직접 관찰하므로 신뢰성이 높은 자료를 구할 수 있다.
◦ 조사대상자의 조사거부나 비협조적인 경우에도 자료수집이 가능하다.
◦ 기대하지 못한 새로운 사실을 발견할 수 있다.
◦ 피관찰자에게 조사로 인한 지장을 줄일 수 있다.

〈단점〉

◦ 조사에 긴 시간이 필요할 수 있다.
◦ 환경 또는 조사대상의 특성상 관찰이 곤란한 것이 있다.
◦ 관찰자의 주관적인 판단이 작용하기 쉽다.
◦ 피관찰자가 평소와는 다른 행동을 보일 수 있다.
◦ 관찰 당시의 특수한 형태를 일반적인 형태로 오인할 수 있다

○ **직접관찰, 간접관찰**

- 직접관찰: 연구대상이 되는 사회적 현상이나 대상자의 행위 또는 태도를 관찰자가 직접 관찰하는 방법.
- 간접관찰: 직접 관찰할 수 없는 사건 및 행위나 태도를 기록물, 문헌 등을 통해 관찰하는 방법.

○ **조직적관찰, 비조직적관찰**

- 조직적관찰: 관찰의 대상, 내용, 절차 등을 사전에 규정하여 체계적으로 관찰하는 방법.
- 비조직적관찰: 관찰의 대상, 내용, 절차 등을 명백히 규정하지 않고 어떤 현상을 관찰하는 방법

○ **자연적관찰, 인위적관찰**

- 자연적관찰: 일상적인 환경에서 일어나는 자연적 현상을 관찰하는 방법.
- 인위적관찰: 인위적으로 행동을 유발시켜 일어나는 현상을 관찰하는 방법.

○ **참여관찰, 준참여관찰, 비참여관찰**

- 참여관찰: 관찰자가 신분과 목적을 알리지 않은 상태에서, 관찰대상 집단의 내부에 들어가서 그 구성원의 일부가 되어 참여하면서 관찰하는 방법(완전참여자). 동조현상이나 주관성의 개입으로 일반화가 어려울 수 있다.
- 준참여관찰: 관찰대상들이 관찰을 받고 있다는 사실은 알고 있으나 집단에 부분적으로 참여하는 관찰자를 관찰대상에게 노출시키지 않는 방법(참여자적 관찰자, 관찰자적 참여자).
- 비참여관찰: 관찰자의 신분은 밝히지만 집단에 참여하지 않고 제 삼자의 입장에서 관찰하는 방법(완전관찰자).

# 제 8 장
# 무응답과 조사 오차

조사 거절과 항목(변수) 무응답을 통칭하여 무응답이라고 하는데, 무응답은 조사자료의 질을 저해시키는 주요 원인이다. 또한, 조사의 과정에서 불가피하게 오차가 발생한다. 이 장에서는 무응답과 관련하여 제 원인을 설명하고, 낮은 응답률이 갖는 문제를 살펴본다. 아울러 응답률 제고 방안을 제시한다. 그리고 오차와 관련하여 두 단계의 추측(推測, inference), 응답자 심리, 조사 오차의 크기, 조사표본의 왜곡과 보정 등의 이슈를 다루겠다.

## 8.1 무응답

무응답(無應答, nonresponse)은 조사자료의 질을 떨어뜨리는 가장 큰 요소이다. 따라서 무응답 문제에 대한 정확한 인식과 구체적 대처 없이는 조사연구의 성공을 기대하기 어렵다. 여기서는 무응답의 원인, 유형, 응답률의 정의, 무응답 처리 등 관련 이슈를 다루겠다.

### 8.1.1 무응답의 원인

확률표본추출로 특정 개인이 조사대상으로 뽑히는 확률은 극히 작다. 따라서 조사대상 응답자는 희소기회를 놓치려하지 않아야 맞다. 그러나 일부 응답자들은 조사 거절과 항목 무응답 등으로 그런 기회를 스스로 포기한다. 왜 그런가?

첫째, 과(過)조사효과(over-surveying effect) 때문이다. 최근 사회에는 매우 많은 수의 소비자만족도조사, 사회여론조사, 마케팅 조사가 시행되고 있고 사이비 조사도 횡행하고 있는 실정이다. 이에 따라 응답 대상자로 선정되는 일이 더 이상 눈에 띄게 희소한 기회가 아니게 되었다.

둘째, 응답자의 동기(動機, motivation) 부족 때문이다. 많은 사람들이 개인주의화되어 있어 자기에 직접 이득이 없는 일에 비협조하는 경향이 있다.

셋째, 사생활(privacy) 침해와 기밀(confidentiality) 누출을 우려하기 때문이다. 1인 가구의 급속한 증가와 사회 정보화가 초래한 결과이다.

### 8.1.2 낮은 응답률이 갖는 문제

확률표본추출을 충실하게 따르있다고 하더라도 응답률이 낮게 나온 조사자료는 편향된 결과를 만들어낼 가능성이 있다. 예를 들어 보자. 어느 조직에서 전체 대의원 수는 200명인데 이 중에서 A 후보 지지자가 120명이고 B 후보 지지자가 80명이라고 하자. 즉, A 후보 지지율의 참값은 60%(=120/(120+80))이다. 그런데 A 후보 지지자 중 40명이 조사를 거절하였고, B 후보 지지자 중에서는 60명이 조사를 거절하였다고 하자. 따라서 응답자료는 A 후보 지지자 80명과 B 후보 지지자 20명으로 구성된다. 그리고 응답 자료로부터 산출되는 A 후보 지지율은 80%(=80/(80+20))이다. 이 표본에서 산출된 A 후보 지지율은 참값보다 20%p나 높다.

앞의 예에서 응답률은 50%였다. 그러나 같은 응답률의 조사자료인데도 편향되지 않은 결과를 만들어내는 경우도 있다. 앞의 예에서 A 후보 지지자 중 60명이 조사를 거절하였고 B 후보 지지자 중에서는 40명이 조사를 거절하였다고 하자(응답률 50%). 이 경우 응답자료는 A 후보 지지자 60명과 B 후보 지지자 40명으로 구성되므로 응답 자료로부터 산출되는 A 후보 지지율은 60%(=60/(60+40))이다. 이 표본에서 산출된 A 후보 지지율은 편향되어 있지 않다.

진짜 문제는 무응답자들이 어떤 속성을 가지고 있는가를 알 수 없다는 데 있다. 응답률이 낮은 표본으로는 조사 결과가 편향되어 있는지 아니면 그렇지 않은지를 알기 어렵다. 그러나 응답률이 높은 표본에서 산출된 조사 결과는 편향되었을 가능성이 극히 작다. 설혹 무응답자의 속성이 극단적으로 한 쪽으로 치우쳐 있다고 하더라도 무응답자 층의 크기가 작으므로 편향의 크기가 작을 수밖에 없기 때문이다.

### 8.1.3 무응답률의 최소화

무응답률을 줄이기 위해서는 응답자들에게 조사 참여의 동기를 부여하여야 한다. 이제까지 알려진 가장 효과적인 방법은 응답자들에게 직접적인 금전적 인센티브를 제공하는 것이다. 인센티브는 최소한의 자극이 될 수준이면 충분하다. 또는 조사결과가 가져다줄 사회적 편익(social benefit)을 일깨우는 방법도 있다. 통계적 정보가 중요한 사회적 간접자본이라는 점을 알릴 필요가 있다.

우편조사(mail survey)와 인터넷 조사(Internet survey, Web survey)의 경우, (1) 조사대상자로 선정되었음을 알리는 사전우편을 보내고, (2) 인센티브를 제공하고, (3) 적어도 2회에 걸쳐 설문지를 발송하거나 설문지 접속방법을 알리고, (4) 가능하다면 직접 전화통화로 협조를 당부함으로써 응답률을 높일 수 있다.

전화조사(telephone survey)와 면대면 조사(face-to-face survey)의 경우에는 비접촉자에 대한 재통화(recall), 재방문(revisit)을 일정 횟수 시도함으로써 응답률을 높일 수 있다.

### 8.1.4 무응답률의 보고

응답률(response rate)의 보고는 조사결과의 공표 시 포함되어야 할 최소 기준 중 하나이다. 응답률이 조사자료의 질을 나타내는 가장 중요한 지표이기 때문이다.

낮은 응답률이 곧바로 조사결과의 편향성을 의미하는 것은 아니다. 조사결과가 어느 정도 편향되어 있는가를 평가하기 위해서는 응답률 외에 응답자와 무응답자 간 차이를 추정해야 한다. 예를 들어, 선거예측조사를 실시한 결과 1,000명이 응답하였으나 1,000명이 응답하지 않았다고 하자(조사거절 포함). 조사에 경험 많은 1급 면접원을 동원하여 무응답자 1,000명 중 일정 비율로 재추출된 일부 응답자를 접촉하여 그들이 어떤 생각을 하는지를 알아보는 방법이 있다. 그러나 조사비용의 대폭적 증가는 불가피하다. 뿐만 아니라 비접촉자를 접촉하고 조사 거절자를 설득하여 참여하도록 유도하는 일은 결코 쉬운 일이 아니다.

### 8.1.5 무응답자의 심리적·사회적 성향

사람들은 자신들이 사회의 열세자 그룹에 속한다고 생각하는 경우 무응답하는 경향이 있다(침묵의 나선, spiral of silence). 때문에 선거 전 여론조사에서 2등을 하는 것으로 나타난 후보자가 공식적인 개표 결과 1등을 하는 경우가 종종 발생한다.

고학력자와 저학력자의 무응답률이 중간 학력자의 무응답률에 비해 높은 경향이 있다. 마찬가지로 고소득층과 저소득층의 무응답률이 중간소득층의 무응답률에 비해 높은 경향이 있다. 여성이 남성에 비해, 나이 많은 사람들이 나이 적은 사람들에 비해 무응답률이 높은 경향이 있다.

## 8.2 무응답의 유형

무응답에는 개체 무응답(unit nonresponse)과 항목 무응답(item nonresponse)이 있다. 전자는 표본 응답자로부터 어떤 정보도 얻지 못한 경우이고, 후자는 특정 문항에 대한 응답을 얻지 못한 경우이다.

### 8.2.1 개체 무응답

개체 무응답(unit nonresponse)에는 세 가지 유형이 있다.[1]

(1) 비접촉(noncontact): 응답자를 접촉하지 못한 경우이다. 면대면 조사와 전화조사에서는 응답자의 부재로 인하여, 우편조사와 인터넷 조사에서는 조사요청이 전달되지 않아서 발생한다. 새방문과 새통화와 같은 거듭된 접촉시도와 최신 우편주소(주거/전자)와 전화번호 등 양질의 접촉정보가 필요하다.
(2) 거절(refusal): 조사 협조를 거절하는 경우가 있다. 조사에 대한 부담감, 과조사효과, 참여 동기의 부족, 사생활 침해, 개인정보 제공에 대한 거부감 등이 원인이다.

[1] Groves, R. M., Fowler, Jr., Couper, M. P., Lepkowski, J. M., Singer, E., Tourangeau, R. (2004). *Survey Methodology*, Chapter 6.

(3) 능력부족(inability): 응답자가 신체적, 언어적, 기술적 장애 등의 이유로 조사에 응할 능력이 없는 경우이다.

현대사회의 소가구화 추세와 비재택 시간의 증가 추세 때문에 비접촉은 현재도 상당하지만 향후 더욱 증가할 것으로 보인다. 비접촉을 줄이기 위하여는 응답자를 재방문·재통화해야 하므로 조사자의 많은 노력이 투입되어야 한다. 많은 노력은 큰 비용과 긴 시간을 의미하기도 한다. 우편조사에서도 잦은 주거지 변경으로 인하여 접촉되지 않는 응답자가 생긴다. 전자우편의 경우 주소변경이 더욱 잦아 인터넷 조사에 영향을 준다.

조사거절의 원인은 조사에 대한 부담감, 조사과잉으로 인한 부작용, 참여동기의 부족, 사생활 침해, 개인정보 제공에 대한 거부감 외에 조사주제에 대한 사회심리도 작용한다. 정치 및 선거 여론조사의 경우에는 정부/여당 및 사회 주류에 대한 반감이 있는 사람들은 조사를 거절하기 쉽다.

시력과 청력에 제한 있는 고연령층, 언어구사에 제한이 있는 사람들도 무응답자가 될 가능성이 높다. 또한 ARS 전화조사나 인터넷 조사의 경우 기기/소프트웨어 조작에 어려움이 있는 고연령·저학력층이 비협조할 가능성이 높다. 개체 무응답 문제를 방치하는 경우 조사표본의 모집단 대표성이 현저히 떨어질 수 있다. 지역, 성, 연령대 등 주요 인구적 분포에서도 왜곡될 가능성이 많다.

### 8.2.2 항목 무응답

항목 무응답(item nonresponse)에도 세 가지 유형이 있다.

(1) 회피(avoidance): 개인정보 제공에 대한 부담감, 질문내용에 대한 거부감, 답변의 어려움(difficulty) 등이 원인이다. 이에 따라 지지후보, 소득, 학력 등을 묻는 질문과 숙고를 요구하는 질문에 무응답이 많게 된다.
(2) 건성(satisfice): 응답자가 조사에 성의껏 응하지 않는 경우이다. 설문지 응답을 빨리 마치기 위하여 일부 문항을 건너뛴다.
(3) 중도이탈(breakoff): 응답자가 도중에 이탈하는 경우이다. 설문지 길이가 긴 조사의 경우 많이 발생한다.

항목 무응답을 그대로 놓아두면 자료분석 시 해당 항목이 결측인 케이스들이 불포함된다. 특히 이런 현상은 다변량적 자료분석에서 심각한 결과를 초래할 수 있다. 예컨대 결측률이 10%인 변수 10개를 동시에 분석하는 경우, 이들 변수들의 결측 패턴이 독립적이라면 완결 케이스(complete case) 비율은 34.9%($= (1-0.1)^{10}$)에 불과하게 된다. 이렇듯

분석자료의 크기가 총 표본크기에 비해 아주 작아진다. 따라서 결측률이 높은 변수들에 대하여는 응답값을 채워넣는 결측값 대체(missing-value imputation)가 필요하다.

## 8.3 무응답에 대한 대처

이 절에서는 응답률 및 결측률의 계산과 무응답에 대한 대처 방안을 다룬다.

### 8.3.1 응답률과 개체 무응답에 대한 대처

개체 무응답에 대한 대처에 앞서, 조사 질(survey quality)을 나타내는 응답률(response rate)을 산출할 필요가 있다(AAPOR 2008 Standard Definitions, RR4).

$$\text{응답률(RR)} = \frac{\mathrm{I} + \mathrm{P}}{\mathrm{I} + \mathrm{P} + \mathrm{R} + \mathrm{NC} + \mathrm{O} + \mathrm{eU}},$$

I = 완결면접(complete interview),
P = 부분면접(partial interview),
R = 거절/중도이탈(refusal/breakoff),
NC = 비접촉(noncontact),
O = 그 밖의 유효 케이스(other eligible),
U = 미지 케이스(unknown case),
e = 미지 케이스 중 유효비율(proportion of unknown case being eligible).

우리나라 전화조사에 적용하기 위하여 위 식을 다음과 같이 쓸 수 있다.

$$\text{응답률(RR)} = \frac{\mathrm{I} + \mathrm{P}}{\mathrm{I} + \mathrm{P} + \mathrm{R} + \mathrm{eU}},$$

I = 완결면접,
P = 부분면접,
R = 거절/중도이탈,
U = 부재 및 통화중,
e = 부재 및 통화중 번호 가운데 유효번호 비율.

시도된 번호 가운데 분모에서 제외되는 번호는 결번, 상가, 팩스 등이다.[2] 할당추출의 경우 '할당초과'로 조사대상에서 제외되는 케이스가 상당 수 생기는데 이는 분자와 분모에서 모두 제외되는 것이 개념적으로 맞다.

[2]밀워드브라운미디어리서치의 2009년 조사자료에 의하면 부재 및 통화중 번호 가운데 상가, 팩스, 기타 사유로 무효가 되는 비율은 0.168로서 유효비율은 0.832로 추정된다.

개체 무응답으로 인해 관측 표본이 모집단과 주요 인구사회적 특성에서 다른 모습을 보이게 된다. 이를 해결하기 위하여 셀 가중법 또는 RIM 가중법을 적용한다(이에 대해서는 다시 자세히 설명하도록 할 것이다). 그러나 이와 같은 가중법 적용은 중요한 가정을 암묵리에 하는 셈이다. 그 가정은 가중법 기준변수들이 같은 값을 갖는 조건에서 관측 개체와 비관측(=거절+비접촉) 개체들의 조사변수 특성이 같다고 보는 것이다.

예를 들어 선거여론조사의 경우 지역·성·연령대로 셀 가중법을 적용하게 되는데, 이는 동일 지역·성·연령대 칸에서는 후보 지지/선호 성향이 같은 경우에 타당하다. 그러나 과연 이런 가정이 옳을지 생각해 보아야 한다. 동일 지역·성·연령대 칸에서도 거절자는 협조자와 뭔가 다른 생각을 하는 것이 아닐까? 또한 동일 칸에서도 비접촉자는 접촉자와 뭔가 다른 사회적 특성을 갖는 것이 아닐까?[3]

### 8.3.2 결측률과 항목 무응답에 대한 대처

항목 무응답의 정도를 결측률(missing ratio)로 나타낼 수 있다.

$$\text{결측률(MR)} = \frac{\text{결측값의 개수}}{\text{총 표본크기}}$$

결측률이 심한 변수에 대하여는 대책을 강구할 필요가 있으며, 변수 값의 결측 패턴에는 다음과 같은 세 가지 유형이 있다.

(1) MCAR(missing completely at random): 변수 값이 관측되는지 아니면 결측되는지가 완전하게(어느 무엇과도 관계 없이) 임의로 정해지는 경우이다.
(2) MAR(missing at random): 변수 값의 결측이 관측된 다른 변수 값에 관련된 확률로 임의 결정되는 경우이다.
(3) NI(not ignorable): 변수 값의 결측이 관측된 다른 변수 값과 자체 변수 값에 관련된 확률로 임의 결정되는 경우이다.

실제 관측표본에서 발생한 결측이 위의 세 경우 중 어떤 경우에 해당하는지는 알기 어렵지만, MCAR과 MAR의 경우에서는 관측된 다른 변수 값으로 결측 변수의 값을 통계적으로 추정하여 사용할 수 있는데 이를 결측값 대체(missing value imputation)라고 한다.

NI 상황에서는 변수 값 자체가 원인이 되어 무응답이 된다. 예를 들어, 소득이 너무 많기 때문에 소득 값이 결측되는 경우이다. 또는 야당 후보를 지지하기 때문에 선호후보를 밝히

[3]김세용, 허명회 (2009). "전화조사의 체계적 편향: 2007년 대통령선거 여론조사들에 대한 메타분석"(응용통계연구, 22(2), 375-385)은 우리나라 전화조사에 의한 선거여론조사에서 그런 편향이 존재한다는 주장을 하였다.

지 않은 경우이다. 이런 상황에서는 자칫 결측값 대체에만 의존하다가 큰 코 다칠 수 있다. NI 상황인가 또는 아닌가를 알기 위해서는, 쉽지 않은 일이지만 무응답자를 일부 추출하여 심층면접을 해볼 필요가 있다. 또는 다른 방법으로 접근하여 재조사를 해볼 필요가 있다. 이런 추가적 노력을 통해 얻는 정보는 정성적이어서 조사결과의 수정에 쓰기 어렵지만 정량적 조사결과의 해석 및 활용에서 방향을 제시해준다는 점에서 충분한 가치가 있다.

### 8.3.3 [사례] 회귀대체와 평균대체의 비교

여기에서 사례 연구를 위해 사용될 Lalonde 자료는 10개 변수에 대한 722개 개체가 조사된 종단면 조사에서 나왔다.[4]

- ◦ Treated: 처리그룹 (1), 대조그룹(0)
- ◦ Age: 나이
- ◦ Education: 교육 정도
- ◦ Black: 흑인(1), 기타(0)
- ◦ Hispanic: 히스패닉(1), 기타(0)
- ◦ Married: 결혼(1), 기타(0)
- ◦ Nodegree: 고졸이상(1), 기타(0)
- ◦ RE74: 1974년 실질소득(real earnings)
- ◦ RE75: 1975년 실질소득
- ◦ RE78: 1978년 실질소득(처리 이후)

**○ RE74 변수에 대한 MCAR 모의 상황**

1974년 실질소득인 RE74에서 100개 결측을 어떤 변수 값과도 무관하게 임의적으로 생성시킨 MCAR 모의 상황을 고려하겠다.

이런 경우 RE74에 대한 추정모형이 필요한데 여기서는 비모수적 방법인 회귀분석을 활용하기로 하겠다. 먼저 10개의 변수에 대하여 관측값이 모두 있는 622개 자료를 이용하여 회귀추정식을 구축한다. RE74가 결측인 100개 개체에서 나머지 9개 변수에 대하여는 관측값이 있으므로, 이들 개체에서 RE74에 대한 예측값을 산출하고 예측값으로 결측값을 대체한다. 이런 결측값 대체법을 회귀대체(regression imputation)라고 하는데, 과연 이 방법이 효과적인지 알아보자.

---

[4]R의 rrp 라이브러리 내 LL 자료에 대한 설명을 참조하기 바란다.

<참조> 몇 가지 무응답 대체 방법 [5]

- 콜드덱 대체(Cold-Deck Imputaion): 기존의 조사자료에서 비슷한 항목의 값을 선택하여 결측값을 대체한다.
- 핫덱 대체(Hot-Deck Imputation): 조사된 다른 응답자의 값에서 임의로 선택하여 결측값을 대체한다. 일반적으로는 층화(stratification)를 통하여 유사한 특성을 가진 그룹을 구성하고, 같은 층에 속하는 대상자 중 적절한 제공자(donor)를 선택하여 이 제공자의 응답값을 대체에 이용한다.
- 평균 대체(Mean Imputation): 응답자들의 평균 값으로 결측값을 대체한다. 일반적으로는 몇 개의 대체 층으로 모든 표본을 분류한 후에 각 층에서 응답자의 평균 값으로 그 층에 해당되는 결측값을 모두 대체한다.
- 회귀 대체(Regression Imputation): 무응답이 있는 항목 $Y$에 응답이 있는 보조변수 $X_1, X_2, \cdots, X_p$를 회귀모형에 적합시키고, 추정된 회귀식에서의 예측값으로 결측값을 대체한다.

---

다행히 앞의 상황은 모의 상황이므로 실제 RE74의 관측값을 알고 있다. 따라서 '대체값−실제값'을 오차라고 할 수 있다. 다음은 RE74가 모의 결측화된 개체들에서 평균오차($ME$)와 평균제곱오차($MSE$)를 구해본 결과이다.[6]

$$ME_r = 232.8,\ \ MSE_r = 5,520,155.$$

회귀대체의 벤치마킹으로서, RE74의 결측값을 그 변수의 관측값 평균으로 대체하는 평균대체(mean imputation)를 고려해 보겠다. RE74의 평균대체에서 평균오차와 평균제곱오차는 다음과 같다.

$$ME_m = 661.6,\ \ MSE_m = 17,105,242.$$

따라서 회귀대체의 $ME$와 $MSE$가 평균대체의 $ME_m$과 $MSE_m$에 비교하여 상대적으로 각각 35%(=232.8/661.6)와 32%(=5,520,155/17,105,242)인 것으로 평가된다. 이 경우에서는 회귀대체가 상당히 효과적이다.

### ○ RE78 변수에 대한 MCAR 모의 상황

처리 이후에 추적 조사된 1978년 실질소득 RE78에 대하여, 100개 개체에서 어떤 변수 값과도 무관하게 결측을 임의적으로 생성시킨 MCAR 모의 상황에 앞의 회귀대체와

[5]자세한 사항은 "조사통계연구회 (2000). ≪무응답 오차≫, 자유아카데미"를 참조하여라.

[6]$ME =$ (대체값 − 실제값)/100, $MSE =$ (대체값 − 실제값)$^2$/100.

평균대체를 적용해 보겠다.

다음은 RE78 변수의 결측값에 대한 회귀대체와 평균대체의 평균오차와 평균제곱오차이다.

$$\text{회귀대체}: \quad ME_r = 91.8, \ MSE_r = 42,809,207,$$
$$\text{평균대체}: \quad ME_m = 112.1, \ MSE_m = 40,548,319.$$

평균대체에 비교하여 회귀대체의 $ME$와 $MSE$가 상대적으로 각각 82%와 106%이며, 따라서 이 경우에서는 회귀대체가 평균대체와 비슷한 것으로 평가된다. 이와 같은 결과는 회귀모형의 적합도가 별로 좋지 않은 경우 생길 수 있다.

### ○ RE74 변수에 대한 MAR 모의 상황

1974년 실질소득인 RE74에서 결측인 100개 개체가 1975년 실질소득 RE75가 0인 289개 개체 군에서 집중적으로 출현한 MAR 모의 상황을 고려하겠다.

다음은 RE74 변수의 결측값에 대한 회귀대체와 평균대체의 평균오차와 평균제곱오차이다.

$$\text{회귀대체}: \quad ME_r = 594.2, \ MSE_r = 2,520,651,$$
$$\text{평균대체}: \quad ME_m = 4,043.3, \ MSE_m = 1,7056,850.$$

회귀대체가 평균대체에 비교하여 $ME$와 $MSE$가 상대적으로 각각 15%와 15%이다. RE74 변수에 대하여는 MAR 상황에서도 회귀대체가 상당히 효과적이다.

### ○ RE78 변수에 대한 MAR 모의 상황

처리 이후에 추적 조사된 1978년 실질소득 RE78에서 결측인 100개 개체가 1975년 실질소득 RE75가 0인 289개 개체 군에서 집중적으로 출현한 MAR 모의 상황을 고려하겠다.

다음은 RE78 변수의 결측값에 대한 회귀대체와 평균대체의 평균오차와 평균제곱오차이다.

$$\text{회귀대체}: ME_r = -89.6, \ MSE_r = 33,281,517,$$
$$\text{평균대체}: ME_m = 338.6, \ MSE_m = 30,462,690.$$

평균대체에 비교하여 회귀대체의 $ME$와 $MSE$가 상대적으로 각각 26%(부호는 무시)와 109%이다. 따라서 MSE의 비교에서는 회귀대체와 평균대체가 비슷하지만 ME에서는 회귀대체가 훨씬 나은 것으로 나타나는데, 이는 MAR 상황에서 평균대체가 편향된 결과를 초래하기 때문이다.

## 8.4 응답자 심리

조사가 잘 되려면 접촉된 모든 사람이 조사에 협조해 주어야 한다. 그러나 현실은 그렇지 않다. 간단한 전화조사인 경우에도 거절률이 50%를 넘어서곤 한다. 기꺼이 협조한 사람들과 기어코 거절한 사람들과는 여러 특성이 다를 수 있기 때문에, 협조한 사람들로부터 얻은 조사자료는 편향될 가능성이 있다. 그렇기 때문에 정확한 조사를 위하여 거절률을 줄어야 한다.

우선, 사람들이 왜 조사를 거절하는지 그 원인을 생각해 보아야 한다.

첫째, 수많은 조사들이 시행됨으로써 사람들이 피곤(fatigue)해 하는 '과조사 효과'(過調査效果, over-surveying effect) 때문이다. B2C(business-to-customer) 기업들이 수많은 만족도 조사(satisfaction survey)를 하고 있다. 그 외 많은 수의 마케팅 조사와 사회조사가 시행된다. 어느 특정인이 1개 조사에 응답자로 선정될 확률은 엄청 작은데도 불구하고, 워낙 많은 수의 조사가 시행되다 보니 사람들이 조사에 시달리게 된 것이다. 선거철에는 특정 후보가 ARS 조사를 빙자하여 자신을 홍보하는 경우가 있는데 이는 위법이다.

둘째, 조사 주제에 흥미(interest)를 느끼지 못하기 때문이다. 또는 왜 그런 것을 조사할 필요가 있는지 중요도(importance)를 이해하지 못하기 때문이다. 조사의 의도가 의심되는 경우도 있다. 이런 경우들에서는 조사에 참여하고자 하는 동기(動機, motivation)가 약할 수밖에 없다.

셋째, 조사가 응답자에게 부담(burden)을 주기 때문이다. 응답자는 자기 시간을 내어야 하고 자신의 의견과 개인 정보를 제공해야 한다. 그것도 잘 모르는 사람(조사원)에게 말이다.

그럼에도 불구하고 어떤 사람들은 조사에 참여한다. 앞에서 조사를 거절하는 원인들을 열거하였으니, 조사에 참여하는 사람들은 조사로 인한 피로도가 적으며, 조사 자체에 어느 정도 흥미를 가지고 있고, 조사에 드는 시간과 노력정보에 대한 개인적 부담을 작게 생각하기 때문일 것이다.

다시 말하면, 조사에 참여한 경험이 없거나 조사에 참여한 과거의 경험에 대하여 좋은 기억을 가지고 있는 사람들이 조사에 참여한다. 이를 위하여 1개의 조사라도 허술하게 실행되는 일이 없도록 해야 한다. 장기적 관점에서 조사에 대한 사회 구성원들의 태도가 긍정화될 수 있도록 조사기관 공동의 노력이 필요하다.

또한, 조사의 주제를 흥미롭게 받아들이고 조사의 중요성을 인식하고 있는 사람들이 조사에 참여한다. 조사자는 조사가 흥미로운 주제를 다루고 있고 사회적으로 매우 중요한 주제임을 응답자에게 전달해야 한다. 국가기관이 조사 실시를 앞두고 조사에 대한 홍보 활

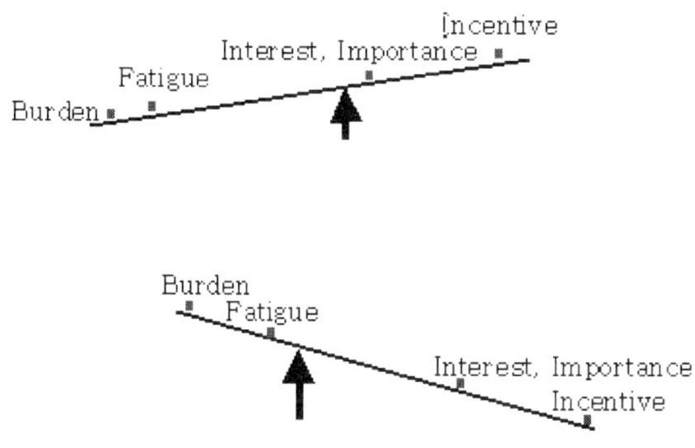


〈그림 8.1〉 지레-돌기 이론: 上) 조사거절, 下) 조사참여

동을 하는 이유가 여기에 있다. 조사자는 각각의 응답자에게 조사참여가 경제적으로 또는 사회적으로 매우 소중한 정보를 만드는 데 기여하게 되는 일임을 알려야 한다. 응답자 1인이 10,000명 이상을 대표하는 셈이 된다는 것을 알릴 필요가 있다.

조사 참여가 응답자에게 개인적 부담이 되는 것은 부정할 수 없는 사실이다. 그러나 사람들은 그 부담이 어느 정도인지 잘 모르는 경우 지레 겁을 먹는 수가 있다. 부담을 실제보다 과다하게 예상하는 것이다. 따라서 조사에 소요될 시간, 조사 내용과 방식, 정보 보호의 원칙 등을 사전에 잘 알릴 필요가 있다. 응답자를 몰아붙여 곤혹스럽게 하는 것은 좋지 않다.

보다 적극적으로 현금 또는 상품 등의 인센티브(incentive)를 제공하여 조사 참여를 이끌어내는 방법이 있다. 이것은 응답자의 시간과 노력에 대한 일종의 보상이다. 대부분의 경우 충분한 보상을 하기는 어렵니다. 그러나 응답자는 작은 인센티브라도 그것을 성의의 징표(token)로 받아들인다. 물론 '간(肝)에 기별이 가는' 최소한의 자극이 어느 수준인지에 대하여는 개인 차이가 있다. 때문에 인센티브 제공이 일부 사회 구성원들에게는 통하지 않을 수 있다. 그렇다고 사람에 따라 차별적 수준의 인센티브를 제공하는 것은 안된다 (인센티브의 영향에 관한 연구 사례는 제7장을 참조하여라).

이상을 조합한 소위 '지레-돌기 이론'(leverage-salience theory)은 사람들의 조사참여를 〈그림 8.1〉로 설명한다.[7] 놀이터 시소에 몇 개의 돌기가 있다. 돌기 각각은 조사의 몇 가지 두드러진 속성을 나타낸다. 조사참여 결정에 영향력이 큰 돌기는 지레점으로부터 멀리 있고 영향력이 작은 돌기는 가까이에 있다. 시소가 왼쪽으로 기울면 '거절'이고 오른쪽으로 기울면 '참여'이다. 따라서 조사참여를 유도하기 위하여는 지레점을 왼쪽으로 이동시켜 막

[7] Groves, et al. (2004). *Survey Methodology*, p.177.

대의 우측 돌기들이 힘을 쓰게 해서, 시소가 오른쪽으로 기울게 해야 한다. 조사원 개인의 끈질김(persistence)과 스킬(skill)이 요구된다.

## 8.5 오차의 크기

조사자는 표본으로 뽑힌 모든 사람들로부터 응답을 받고자 하지만 현실은 그렇게 녹녹하지 않다. 즉, 응답자는 '참여'와 '비참여'로 나뉜다. 관측자료는 어쩔 수 없이 참여 집단으로부터 나올 수밖에 없다. 그러면 어떤 결과가 초래될까?

결론부터 말하자면 조사결과에 오차(error)가 초래된다. 이를 살펴보기 위하여 다음 상황을 생각하자.[8]

$$\text{그룹 1(관측집단)}: N(\theta_1, \sigma^2), \quad \text{그룹 2(비관측집단)}: N(\theta_2, \sigma^2).$$

그룹 1과 그룹 2의 상대적 크기를 $p_1$과 $p_2$라고 하자($p_1 + p_2 = 1$). 이런 상황에서 관측집단 평균(observed group mean)과 전체집단 평균(total group mean)은 각각 다음과 같이 될 것이다.

$$\text{관측집단}: \theta_1, \quad \text{전체집단}: \theta_T = p_1\,\theta_1 + p_2\,\theta_2.$$

따라서 관측집단 평균에 다음 크기의 오차가 개입된다.

$$\theta_1 - \theta_T = \theta_1 - (p_1\,\theta_1 + p_2\,\theta_2) = -p_2\,(\theta_2 - \theta_1). \tag{8.1}$$

통계학에서는 이것을 편향(偏向, bias)이라고 하는데 여기서는 '조사 오차'(survey error)로 지칭하겠다.

수치적 예로서 $\theta_1 = 100$, $\theta_2 = 110$, $\sigma = 5$인 경우를 생각하자.

(1) $p_1 = 1.0$, $p_2 = 0.0$ 이면, $\theta_T = 1.0 \cdot 100 + 0.0 \cdot 110 = 100$. $\therefore$ 오차 $= 0$.
(2) $p_1 = 0.8$, $p_2 = 0.2$ 이면, $\theta_T = 0.8 \cdot 100 + 0.2 \cdot 110 = 102$. $\therefore$ 오차 $= -2$.
(3) $p_1 = 0.6$, $p_2 = 0.4$ 이면, $\theta_T = 0.6 \cdot 100 + 0.4 \cdot 110 = 104$. $\therefore$ 오차 $= -4$.

그룹 1의 크기 $p_1$, 즉 응답률(=조사 참여율)이 작아질수록 오차가 0으로부터 멀어지는 것을 알 수 있다(그림 8.2 참조).

또 다른 수치적 예로서 $\theta_1 = 100$, $\theta_2 = 100$, $\sigma = 5$인 경우를 생각해 보겠다. 이 경우에는

$$\theta_T = p_1 \cdot 100 + p_2 \cdot 100 = 100$$

[8] $N(\theta, \sigma^2)$는 평균이 $\theta$이고 분산이 $\sigma^2$인 정규분포(normal distribution)를 나타낸다.

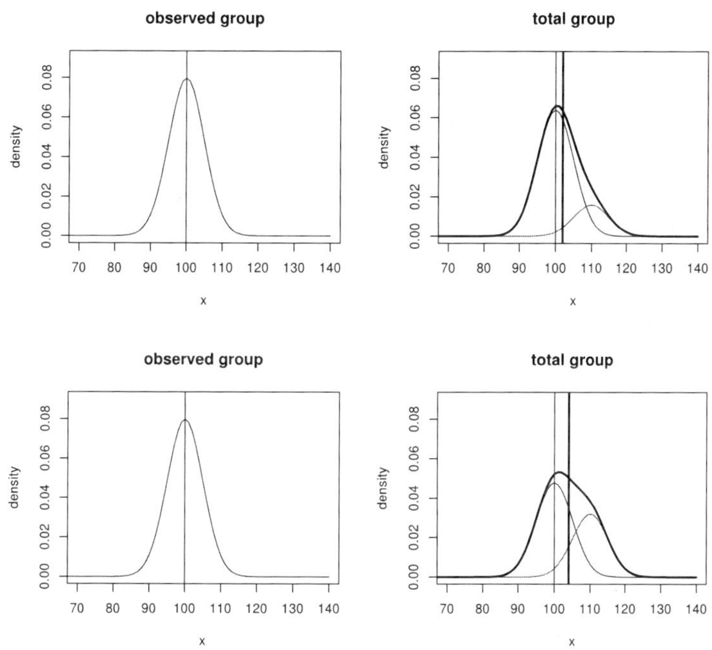


〈그림 8.2〉 응답률에 따른 조사 오차($\theta_1 = 100$, $\theta_2 = 110$, $\sigma = 5$).
(上) $p_1 = 0.8$의 경우, (下) $p_1 = 0.6$의 경우.

이므로 응답률 $p_1$이 1.0이든, 0.8이든, 0.6이든 오차는 0이다. 즉 응답률의 크기가 오차에 영향을 주지 않는다.

조사 오차의 크기는 식 (8.1)에서 볼 수 있듯이 비관측집단의 크기 $p_2$ 및 비관측집단 평균과 관측집단 평균의 차이 $\theta_2 - \theta_1$의 곱으로 결정된다. 그런데 일반적으로 $\theta_2 - \theta_1$에 대한 정보는 얻기 어렵다.[9] 따라서 조사 오차 (8.1)의 절대값을 작게 하기 위해서는 비관측집단의 크기, 즉 무응답률(nonresponse rate) $p_2$를 작게 하는 수밖에 없다.

요약하자면, 조사 오차는 무응답률 및 비관측집단 평균과 관측집단 평균의 차이의 곱에 비례한다. 따라서 비관측집단 평균과 관측집단 평균의 차이가 작은 경우에는 무응답률이 크더라도 조사 오차는 작게 나온다. 그러나 비관측집단 평균과 관측집단 평균의 차이가 작지 않은 경우에서 무응답률이 크면 조사 오차도 상당한 크기가 된다. 따라서 무응답률이 작지 않다면 어떤 항목에서 어느 정도의 오차가 생길지 알기 어렵다. 어느 조사에서나 무응답률을 최소화해야 하는 이유가 여기에 있다.

[9] 비관측집단의 평균 $\theta_2$에 대한 정보를 얻기 위해서는 비관측집단에 대한 관측을 하지 않으면 안된다. 조사 비참여자를 재접촉하는 방법을 강구해야 한다.

## 8.6 [사례] 조사참여에 관한 연구

조사참여에 관한 사회심리학적 연구 사례를 소개한다.[10] 이 연구에서 연구자들은 조사참여(survey participation)와 거절의 원인에 관한 개념을 개발하고, 실험적 증거들을 제시한 기존의 연구결과들을 검토하여 통합시키고자 하였다. 이로부터 연구 방향을 제시하였으며 아울러 포커스 그룹 인터뷰 결과를 보고하였다.

서론: 조사참여도는 조사결과의 추론적 가치에 막대한 영향을 미친다. 조사참여도를 높이기 위한 방법으로 다음 방법들이 효과가 있다고 보고된 바 있다. – 사전 우편(advanced letter), 금전적 보상, 면접자의 설득력, 접촉시각 등.

조사참여에 영향을 미치는 요인들은 다음과 같이 다양하다.

- 사회적 요인: 조사주체 및 기관에 대한 사회적 인정, 사회적 통합도, 과조사 효과 등.
- 응답자 특성: 나이, 성, 소득, 가구원 수, 주거지 특성(도시화, 범죄율), 주택 특성 등.
- 조사설계적 요인: 접촉 방식, 설득 전략, 응답자 선택, 소요시간, 조사 주제 및 난이도 등.
- 조사원 특성: 인구사회적 요인, 경험, 감정 등.
- 조사원-응답자 상호작용: 순응(順應, compliance)에 관한 사회심리.

사람들은 다음 5개 원칙을 적용하여 조사원 요청에 승낙할 것인가, 아니면 거절할 것인가를 결정한다.

- 상호성(reciprocation): 인센티브가 제공되는 경우 자신이 무엇인가 상대방에게 주어야 한다고 생각한다. 조사결과가 사회적 효용이 된다고 생각하면 자신이 무엇인가 기여해야 한다고 생각한다.
- 일관성(consistency): 사람들은 한 번 하기로 했으면 지속적으로 해야 한다고 생각한다. 각종 사회적 의무를 일관적으로 따른다. 조사에 응하는 것도 사회적 의무의 하나라는 점을 부각시킨다.
- 사회적 호응(social validation): 응답자는 자신이 알고 있는 사람들이 하는 바를 따른다. 사회의 저명인사 또는 인기인의 말을 따른다.
- 권위(authority): 응답자는 조사주체의 사회적 권위를 존중한다. 권위 있는 기관이 수관하거나 후원하는 조사는 참여율이 높다.
- 유사성(liking): 조사원과 동질감이 형성되는 경우 조사요청을 수락한다. 응답자는 자신과 유사한 복장, 말투, 태도의 조사원이 하는 일에 호응한다.

---

[10] Groves, R. M., Cialdini, R. B., Couper, M. P. (1992). Understanding the decision to participate in a survey, *Public Opinion Quarterly*, 56. 475-495.

조사 면접원과 그룹 인터뷰를 한 결과 두 가지 사항을 결론으로 얻을 수 있었다.

- 맞춤 또는 적응(tailoring): 개별 응답자에 맞춰 적절한 복장, 몸 동작, 말투, 설득 전략을 구사해야 한다. 한 개의 표준적 지침을 따라 하면 거절될 가능성이 크다. 이 결론은 표준화된 절차를 따라 조사를 실행하여야 한다는 과학적 연구의 일반적 원칙과 상충될 수 있으므로 일정한 가이드라인 내에서 면접원들이 임기응변할 수 있도록 해야 한다.
- 상호작용의 유지(maintaining interaction): 조사 참여를 단박에 거절하는 응답자가 많다. 경험 많은 조사원은 응답자와 친밀감을 형성하는 데 시간을 보내고 나서 조사참여를 요청한다.

이상의 연구결과를 거절률이 상당한 우리나라의 전화조사에 적용해보면 다음과 같은 함축적 의미를 갖는다.

- 상호성: 응답자에게 인센티브를 제공할 수 있다면 거절률이 낮아질 것이다.
- 일관성: 조사결과가 우리 사회에서 중요한 정보가 됨을 부각시킴으로써 거절률을 낮출 수 있다.
- 사회적 호응: 인지도가 높은 사람을 내세워 조사를 사전에 홍보하면 거절률이 작아질 것이다.
- 권위: 큰 신문사와 방송사가 주관하는 조사는 거절률이 작다. 응답자들이 조사결과 발표에 기대감을 갖는다.
- 맞춤 또는 적응: 경험 있는 면접원일수록 통화 상대방의 인적 특성을 빨리 파악하여 적절한 대응을 함으로써 거절률을 낮춘다.

## 8.7 조사에서의 오차

조사의 과정에서 불가피하게 오차가 발생한다. 이 절에서는 이와 관련한 사항을 다루겠다.

### 8.7.1 표본오차와 비표본오차

먼저 **표본오차**(標本誤差, sampling error)의 교과서적 정의는 전수조사가 아니었기 때문에 결과되는 오차 즉, 표본사로 말미암은 오차를 말한다. 그런데 확률적 표집에서는 이런 오차의 크기가 확률법칙의 지배하에 있게 되므로, 표본오차는 표집방법(sampling method)과 표본크기(sample size)에 의존하게 된다.

한편, 이에 대비되는 **비표본오차**(非標本誤差, non-sampling error)는 통계조사에서 생기는 모든 오차 중에서 표본오차를 제외한 다른 모든 유형의 오차를 말한다. 따라서 비표본오차가 어느 경우에 생기고 무엇에 달려있는가를 몇 줄로 정리해 말할 수는 없다. 그렇지만 대다수의 비표본오차는 측정도구의 결함 또는 측정과정의 부실로부터 발생한다고 볼 수 있다. 예컨대 설문지 조사에서는 제시된 설문의 결함과 부실한 실사(實査) 때문에 많은 비표본오차가 발생한다. 그러므로 비표본오차는 전수조사인 경우에도 표본조사에서와 마찬가지의 비표본오차가 발생할 수 있다.

### <사례 8.1> 시청률 조사에서의 오차

비표집오차에 관한 논의로서 실제 사례를 하나 보자. 현재 우리나라에서는 닐슨코리아와 TNmS가 피플미터(people meter)라는 전자기기를 써서 TV 시청률 조사를 하고 있다. 이 기기는 각 조사회사별로 전국 주요도시 약 4,000여 가구에 설치되어 있다. 피플미터의 핸드셋에는 개인별 버튼이 있어 가구원 중 누가 보는지를 입력하도록 되어 있다. '누가 언제 무엇을' 시청하였는가에 관한 자료는 피플미터 내에 일시적으로 보관되었다가 매일 일정시각에 모뎀을 통하여 조사회사 컴퓨터로 전송된다. 이 렇게 수집된 자료는 미리 준비된 통계 소프트웨어에 의하여 즉시 분석되어, 매일 아침 각 TV사의 PD 책상 위에 전날의 프로그램별 시청률 보고서가 놓이게 된다.

일기식 조사나 전화동시조사에 의한 방법에 비하여 훨씬 효율적이고 신뢰적인 TV 시청률 통계가 피플미터라는 전자기술의 도움으로 만들어지고 있다고 할 수 있다. 그러나 문제는 이 방법도 결코 완벽하지는 않다는 것이다. 예컨대, 어떤 경우는 TV를 시청하되 잊어먹고 핸드셋에 개인 버튼을 제대로 눌러놓지 않을 수 있다. 그런가하면 TV를 보기 시작하면서 핸드셋을 조작해 놓았지만 금방 잠이 든 경우, 실제로는 TV 시청이 이루어지지 않았음에도 불구하고 조사회사 컴퓨터에는 장시간 시청하고 있는 것으로 자료가 전송될 수 있다. 이런 것들이 비표본오차가 되어 시청률 통계의 타당성을 좀 먹는다.

한편 표본크기도 문제의 소지가 된다. 4,000여 가구로 한정된 패널에서 측정되는 것이기 때문에 생산되는 추정치가 매우 정밀한 것은 아니다. 과거에 비해서는 표본크기가 크게 확대되었다. 가구시청률의 경우 단순임의추출에서의 비율에 관한 표준오차 공식을 적용하는 경우 95% 신뢰수준에서는 표본오차가 최대

$$\pm\sqrt{(0.5 \times 0.5)/4000} = 0.0079$$

즉 0.79%포인트가 된다. 이와 같이 표본크기 때문에 신뢰성이 덜해지는 결과가 초래되는 것은 사실이다. 그러나 패널가구를 1가구 추가하는데 비용이 많이 들기 때문에 시청률 조

사의 스폰서들(각 TV사 및 광고대행사, 광고주 등)이 좀 더 후원하지 않는 한 표본크기를 늘리기가 쉽지 않다.

---

### 8.7.2 조사과정에서의 오차

조사는 몇 개의 과정으로 구성되어 있다. 이에 따라 조사의 오차를 살펴볼 때도 과정, 즉 프로세스에 중점을 두어 살펴볼 필요가 있다. 다시 한번 조사과정(調査過程, survey process)을 정리해 보자.

(1) 기획(planning): 조사의 목표를 정하고 이를 명료하게 문장화한다. 모집단과 표집틀(프레임)을 염두에 두면서 조사방식을 정한다. 표본의 규모는 조사비용에 직결된다.
(2) 질문지(questionnaire) 작성: 측정도구를 준비하는 과정이다. 질문지에 포함될 질문의 내용, 질문의 수, 질문의 형식이 결정되고 어구(語句, wording)가 만들어진다. 질문지가 모습을 갖추면 예비테스트(pretest)를 통해 완성도를 높힌다.
(3) 표본추출(sampling): 표본추출 방식을 정하고 표본크기를 확정하며 표본 개체를 선정하여 목록화하는 작업이다. 어떤 경우에는 최종 목록화 작업이 조사원에 위임되기도 한다.
(4) 실사(field work): 훈련(training)을 거친 조사원을 현장에 파견하여 조사작업을 실행하는 과정이다. 응답자료를 확보함과 동시에 거절률, 접촉률, 응답률, 무응답 처리 상황 등을 파악한다.
(5) 자료분석(data analysis): 자료 입력과 검증, 가중치 부여, 관심 모수에 대한 통계적 추정치 산출, 교차표 작성과 모형화 분석 등의 작업으로 구성된다.
(6) 보고서 작성(reporting): 조사결과를 문서화하고 프리젠테이션하는 과정이다.
(7) 평가(evaluation): 조사의 전체 과정에 대한 평가이다. 외부 전문가 또는 관심자 집단의 의견을 듣는 것이 좋다.

문제는 (1)~(6) 사이의 과정에서 다양한 종류의 하자가 발생한다는 것이다. 이로부터 조사결과에 오차가 개입된다.

## 8.8 [사례] 이단계 추측과 오차

우리나라에서 국회의원 선거 예측이 만족스럽게 된 적이 애석하게도 한 번도 없었다. 2008년의 제 18대 국회의원 선거에서도 그러했다. 한 신문기사를 보도록 하자.[11]

---

[11] 2008년 4월 10일자 동아일보(http://www.donga.com).

---

KBS, MBC, SBS와 YTN 등 방송사들이 9일 오후 6시 제18대 국회의원 선거 투표가 끝난 직후 일제히 당선자 예측조사를 발표했으나 실제 개표 결과 이변이 벌어졌다. 이날 방송사들은 비례대표를 포함해 한나라당의 예상 의석수를 KBS 155~178석, MBC 154~178석, SBS 162~181석, YTN 160~184석 등 과반을 넘어서는 것으로 예상했다. 그러나 10일 오전 2시 현재 개표 결과 한나라당은 153석을 차지한 것으로 나타났다. 이는 방송사들의 최소 예측치보다 적은 것으로 총선 예측조사의 신뢰도에 문제점을 드러냈다.

특히 비례대표에서도 KBS와 MBC는 한나라당이 50.3%의 지지를 얻어 27~30석을 얻을 것으로 예상했으나, 실제로는 40%에 못 미쳐 전체 의석수 예측을 빗나가게 하는 한 원인이 됐다.

민주노동당 강기갑 후보가 당선된 경남 사천의 경우에는 방송사 예측조사가 크게 빗나갔다. 이 지역에서 KBS-MBC는 한나라당 이방호 53.1%, 강기갑 42.3%, SBS도 이방호 54.8%, 강기갑 40.5%로 이 후보의 당선이 확실시된다고 예측했으나 개표 결과는 반대였다. 창조한국당 문국현 후보가 당선된 서울 은평을에서는 SBS와 YTN은 예측조사에서 한나라당 이재오 후보가 각각 0.3%, 1.3%포인트 차로 앞선 것으로 발표했다. ⋯

이날 KBS와 MBC는 코리아리서치와 미디어리서치에 의뢰해 유권자 23만 명을 대상으로 경합지역 90개 선거구 900여 개 투표소에서 출구조사를 하고 나머지 155개 지역구에서는 전화조사를 하는 방식으로 예측조사를 벌였다. SBS는 한국갤럽, 한국사회여론연구소(KSOI)에 의뢰해 출구조사가 아닌 전화조사(50만 명)를 통해 예측 방송을 했으며, YTN도 한국리서치에 의뢰해 조사를 실시했다.

한편 KBS 등 방송사들은 1996년 15대 총선부터 당선자 예측조사를 발표했으나 매번 20~40개 지역구 당선자를 잘못 예측해 사과방송을 내보내기도 했다. 2000년 16대 총선 때는 원내 제1당과 제2당을 바꿔 예측해 물의를 빚었다.

---

신문과 방송에서는 조사결과를 보도하면서 매번 신뢰수준이 95%임을 언급함으로써 조사결과가 잘 맞을 것으로 기대하지만 국회의원 총선거에서는 그렇지 않았다. 선거예측 방법론의 세부적 사항을 다루는 대신, 여기서는 일반적으로 왜 조사결과에 오차가 개입하게 되는지를 살펴보겠다.

조사에서 오차가 생기는 원인은 두 단계의 추측(推測, inference), 즉 '미루어 짐작함'을 하기 때문이다.[12]

첫 번째 단계의 추측은 한 사람의 심리(속마음)를 정형화된 질문에 대한 응답으로부터

[12]Groves, et al. (2004). *Survey Methodology*, p. 9.

짐작하는 것으로 측정(測定, measurement)의 문제이다. 예컨대, 국회의원 선거를 일주일 앞두고 조사원이 임의의 한 집에 전화를 걸어 이번 선거에 "어느 후보에 투표하실 생각이십니까"를 묻는다고 하자. 어떤 이유에서든 그 사람은 질문에 대답하고 싶지 않을 수 있다. 어쩌면 투표를 하지 않을 생각일 수도 있다. 그러나 솔직하게 자신의 생각을 말하기에는 사회적 분위기가 부드럽지 않은 상황이라고 한다면 그가 어떻게 반응할까? 응답을 거부하거나 응답한다 하더라도 그의 응답이 그의 속마음을 제대로 반영하지 않을 수 있다.

두 번째 단계의 추측은 모집단의 특성을 표본의 것으로부터 짐작하는 것이다. 이것은 통계적인 문제로 통계학에서는 '추측의 이론'을 추론(推論, inference)이라고 한다. 확률 표본추출의 경우 통계적 오차(統計的 誤差, statistical error)의 행태에 대하여 잘 알려져 어느 정도가 될 지 가늠할 수 있으며 제어할 수도 있다. 예컨대, 표본크기 $n$이 1,600 정도이고 표본추출방법이 단순임의추출(simple random sampling)이라면, 95% 신뢰수준에서 통계적 오차는 최대 ±2.5%포인트임이 알려져 있고, 95% 신뢰수준에서 통계적 오차를 최대 ±2.0%포인트 내로 두려면 표본크기 $n$을 2,500으로 늘려야 한다.

그러므로 통계조사가 정확한 결과를 내려면 두 단계 추론에서 실패하지 않아야 한다. 첫 번째 단계의 추측에서는 측정의 정확성이 관건인데, 응답자의 인간적 요소를 고려하지 않으면 안된다. 응답자가 질문을 잘못 이해하는 경우가 있고, 응답을 거절하여 결측의 문제가 야기될 수 있으며, 응답을 하더라도 다소 편집된 의견(edited opinion)을 표명하기도 할 것이다. 편집된 의견에는 과소보고, 과대보고, 거짓 응답 등이 있다. 예를 들어, 지난 국회의원 총선거 예측의 경우 다음과 같이 다양한 문제들이 발생하였을 수 있다.

- 잘못 이해한 경우(misunderstanding, lack of understanding): "어느 후보에 투표하실 생각이십니까?"와 같이 지지하는 지역구 후보를 묻는 질문을 받았던 응답자들 중 일부는 자신의 선거구에서 누가 국회의원 출마자인지를 모르는 상태에 있었을 수 있다. "어느 정당(단체)에 투표하실 생각이십니까?"와 같이 비례대표제 지지 정당(단체)을 묻는 질문의 경우 지지하는 지역구 후보의 소속 정당 또는 단체로 잘못 이해하였을 수 있다.
- 응답자 거절(refusal): 조사시점에서 정치적 상황에 대하여 못마땅한 일부 응답자는 질문에 대한 응답을 거절하였을 수 있다. 자신이 선호하는 후보자가 열세(劣勢)에 있는 경우 그런 성향이 두드러지게 나타난다. 때문에 정국을 주도하는 정당 또는 후보자에 대한 예측이 과다하게 되는 결과가 초래된다. 전화조사에서 그리고 투표소 출구조사(exit poll)에서 그러했을 수 있다.
- 과소보고(under-reporting) 또는 과대보고(over-reporting): "이번 선거에서 투표할 생각이십니까?"를 묻는 질문에 대하여 응답자들은 자신의 투표의향을 과다하게 보고하는

성향이 있다. 즉, 투표할 생각이 '별로 없는' 사람이라도 '반반으로' 응답하고, '투표할 생각인' 사람은 사람이 '반드시 투표할 것'으로 응답하곤 한다. 이것은 선거에서의 투표가 유권자의 도덕적 의무라는 것을 응답자가 의식하기 때문이다. 소위 사회적 요망성(social desirability)으로부터 생기는 압력이다.

- 거짓 응답(false answer): 개인에 미치는 사회적 압력이 센 경우 응답자는 거짓 응답을 할 수 있다. 미국에서는 흑·백 후보가 경합하는 선거에서 예측조사로는 흑인 후보가 우세한데 실제 선거 결과로는 그렇지 못한 경우가 있었다. 다수의 백인 유권자들이 예측조사에서 인종적 이슈에 대하여 진보적 생각을 가진 것처럼 보이고자 거짓 응답하였기 때문이다. 우리나라에서는 지역성이 그런 역할을 하기도 한다.

두 번째 단계에서는 표본의 대표성이 관건이겠다. 표본의 대표성을 저해하는 요소로는 프레임의 결함과 표본크기뿐만 아니라 응답자 비접촉 또는 비확률추출로 인한 표본의 왜곡 등이 있다. 예를 들어, 지난 국회의원 총선거 예측의 경우 다음과 같이 다양한 문제들이 발생하였을 수 있다.

- 표집틀 결함(poor frame): 선거 예측을 위한 전화조사에서는 전화번호부를 표집틀로 하였는데, 전화번호부의 모집단 포함률(coverage)은 우리나라에서 평균적으로 60% 미만이다. 비등재번호(unlisted number)의 가구와 등재번호(listed number)의 가구는 기본 인구지리적 요소를 통제한다 하더라도 정치사회적 성향이 다를 가능성이 있다.
- 불충분한 표본크기(inadequate sample size): 조사를 후원하는 기관은 언론매체인데 선거예측조사를 위한 예산이 넉넉하지 못하였다. 전화조사의 경우 전국적으로는 표본크기가 꽤 커보였지만 선거구 당 표본크기를 보면 1,000명 이하가 많았다(주로 500명을 조사하였다). 투표소 출구조사(exit poll)의 경우 예산 문제로 충분한 수의 투표소를 표집할 수 없었다.
- 응답자 비접촉(non-contact) 또는 비확률추출(nonprobability sampling): 전화조사의 경우 할당추출(quota sampling)이었고, 낮 시간과 이른 저녁 시간대에 하루·이틀 정도 실시되었으므로 원래 의도하였던 목표표본의 75% 이상이 접촉되지 못했다. 접촉되지 못한 사람들은 조사회사가 접촉에 성공한 사람들과 지역·성·연령대 등의 기본 인구지리적 요소를 통제한다 하더라도 정치사회적 성향이 다를 가능성이 있다. 투표소 출구조사에서는 이런 문제가 거의 없었다고 보여진다.

이렇게 많은 문제들이 있는데도 과연 조사가 잘 맞을까? 문제의 가짓수가 많아도 각 문제들의 심각도가 그리 크지 않다면 총체적으로는 별 문제가 아닐 수도 있겠다. 유감스럽게도 우리나라의 지난 18대 국회의원 총선거에서 그렇지 않았지만 말이다. 그러나 소가

뒷걸음 치다가 쥐 잡는 요행을 바랄 수는 없다. 요소 문제를 하나씩 해결해야 국회의원 선거 예측이 제대로 될 것이다.

## 8.9 응답자 비접촉의 문제

응답자의 조사 거절(survey refusal)로 인해 오차가 초래되는 외에 표본추출 자체의 편향 때문에 오차가 초래될 수 있다. 표본추출 자체의 편향은 다음 두 단계에 걸쳐 생긴다.

첫째는 표집틀(frame)의 결함 때문이다. 조사대상인데도 표집틀에 포함되어 있지 않은 경우인 과소포함(under-coverage)과 조사대상이 아닌데도 표집틀에 포함되는 경우인 과다포함(over-coverage)이 문제이다.

둘째는 조사자가 응답자를 접촉하지 못해서 발생한다(비접촉, noncontact). 전화조사와 면대면조사에서는 응답자의 부재(不在, not-at-home), 우편조사와 인터넷 조사의 경우에서는 수신지연 등이 원인이 된다.

표집틀의 결함에 대하여는 이미 앞에서 설명한 바 있으므로 여기서는 비접촉의 문제를 중점적으로 다루겠다.

현대인들은 매우 바쁜 삶을 살아간다. 점점 재택시간이 짧아지고 귀가시간이 늦어지고 있다. 이에 따라 전화조사와 면대면 조사가 주로 이루어져야 할 낮시간대에 응답자를 접촉할 가능성이 점점 작아지는 추세에 있다.[13] 우편조사에서 주소가 맞고 우편물이 제 시간에 도착하였다고 하더라도 응답자가 우편물 확인을 제대로 하지 않을 수 있다. 게다가 전자우편에서는 한 사람이 여러 개의 주소를 가지는 경우가 빈번하므로 이런 문제가 더 심각하다.

비접촉의 문제는 할당추출(quota sampling)임을 표방하는 우리나라의 전화조사에서 큰 문제가 아닐 수 없다. 우리나라 전화조사에서 할당추출이란 지역·성·연령대에 모집단의 크기에 비례하는 표본을 배정하여 조사한다는 것인데 이것 자체는 칭찬받을 일이다. 그러나 할당 내에서 쉽게 접촉이 가능한 사람들을 우선적으로 조사한다는 데 실제 문제가 있다. 즉, 표본 응답자로 선정된 사람이 접촉되지 않으면 접촉이 쉬운 다른 사람으로 대체함으로써 비접촉의 문제가 극대화되는 결과가 초래된다. 비유적으로 이야기하자면 야생동물 조사를 하면서 쉽게 잡히는 다람쥐만 조사하는 셈이 된다. 과연 쉽게 잡히는 다람쥐와 쉽게 잡히지 않는 다람쥐가 같을까? 지역·성·연령대 셀(cell)에서는 재택률이 다르더라도 사회적 성향과 경제적 행태가 같다고 볼 수 있을까?

---

[13] 우리나라에서 이에 대한 정보를 제공하는 것은 통계청의 생활시간조사인데 가장 최근 조사는 2009년에 시행되었다. 조사 원자료를 분석하면 지역·성·연령대 셀(cell)의 각 시간대 재택자 비율을 구할 수 있다.

과거에는 지역·성·연령대 할당이 훌륭한 표본추출 방법이었을 것이다. 지역 차이, 성 차이, 세대 차이를 효과적으로 통제하는 방법이니까. 그러나 요즘의 추세는 사회의 다원화(多元化, diversification)이다. 지역, 성, 연령 외에도 교육, 직업, 소득, 정보화 등의 배경요인들(background factors)이 사람들의 사회적 성향과 경제적 행태에 영향을 준다. 그러나 지역·성·연령대 셀에서 접촉이 쉬운 사람들과 접촉이 쉽지 않은 사람들이 교육, 직업, 소득, 정보화 등 배경요인에서 차이가 있어 문제가 될 수 있다. 앞 절의 상황에서 그룹 1을 접촉집단, 그룹 2를 비접촉집단이라고 간주하면 어떤 결과가 초래되는지를 〈그림 8.2〉가 보여준다.

응답자 비접촉의 문제를 해결하는 방법은 무엇일까? 가장 원칙적인 방법은 접촉률(contact rate)을 높이는 것이다. 그러기 위해서는 전화조사의 경우 비접촉자에 대해서 재통화(callback)를 해야 한다. 재통화는 요일과 시간을 달리하여 수차례 시도해야 한다. 면대면 조사에서는 수차례 재방문(revisit)을 해야 한다. 사전에 면접시간이 조정될 수 있다면 좋을것이다. 우편조사의 경우에는 예고 엽서 및 질문지 재발송, 웹 조사의 경우에는 휴대폰 문자 통보 등 추가적 노력이 필요하다.

우리나라 조사업체 리서치&리서치가 2002년 울산에서 한 전화조사를 실시하였는데 매우 이례적으로 이 조사에서는 총 5차례 통화가 시도되었다. 그 결과 총 485명(100%)이 접촉·응답하였는데, 이들을 통화 차수에 따라 분류해보면 1차 165명(34.0%), 2차 146명(30.1%), 3차 95명(19.6%), 4차에서 40명(8.2%), 5차에서 39명(8.0%)이었다.[14] 유감스럽게도 총 몇 명이 대상이었는지는 집계되지 않았지만, 만약 1차 통화로만 조사가 진행되었다면 다섯 차례 통화규칙에 의하여 얻을 수 있었을 총 485명 가운데 오직 34.0%만이 관측표본에 들어왔을 것이다.

물론 재통화·재방문은 조사자에게는 추가적 조사비용·조사시간을 의미한다. 재통화·재방문이 없는 조사임에도 오차가 발생하지 않는 조사도 있겠지만, 1년 365일 비와 바람이 없을 수는 없겠다. 조사자에게는 정직한 노력이 요구된다. 외국에서는 총 15~20차례 통화하는 조사도 있다지만, 우리나라 전화조사에서 총 3회 통화를 최소기준(minimum standard)으로 하였으면 좋겠다.

허명회·황진모(2006)는 우리나라 전화조사의 지역·성·연령대 할당추출에 대한 대안으로서 시간대를 할당변수로 추가한 소위 '시간균형할당추출(time-balanced quota sampling)'을 제안한 바 있다.[15] 이 방법에서는 오후 6시 이전 시간대와 이후 시간대의 조사 비율이

[14] 허명회, 임여주, 노규형 (2003). 전화조사에서 재통화 규칙준수와 응답자 임의선택의 영향, ≪응용통계연구≫, 16(2). 247-259.

[15] 허명회, 황진모 (2006). 전화조사를 위한 시간균형할당추출, ≪조사연구≫, 7(2), 39-52.

지역·성·연령대별로 정해져 있다. 그 비율은 생활시간조사 원자료를 분석하여 도출되었다. 총 2회 통화를 조사규칙으로 하고 있지만 6시 이후에는 그 이전 비재택자들을 대상으로 조사하므로 단순 할당추출에 비해 어렵지 않다.

## 8.A [부록] 가중법

여기에서는 조사된 표본이 모집단과 비교하여 어떤 특성에서 차이를 보일 경우 사용될 수 있는 가중법에 대하여 설명한다.

### 8.A.1 셀 가중법과 RIM 가중법

응답자 비접촉 비율이 상당한 경우 조사자료를 그대로 분석하게 되면 여러가지 문제가 생길 수 있다. 왜냐하면 조사자료에서 특정 셀(cell)의 구성비율이 모집단에서 그 셀의 구성비율과 큰 차이를 보일 수 있기 때문이다. 예컨대, 60대 이상 남자 인구의 비율이 모집단에서는 10%인데 조사표본에서는 15%라면 나이 드신 분들이 너무 많이 조사된 것이다. 반면 20대 남자 이하 인구의 비율이 모집단에서는 10%인데 표본에서는 5%라면 젊은 사람들이 너무 적게 조사된 것이다. 이렇게 조사표본에 명백한 불균형성이 있는데 아무 대책 없이 사용한다면 편향된 결과가 도출될 것이다.

이를 해결하는 한 방법은 표본자료의 각 개체에 가중치를 부여하는 방법이다. 여기서는 가중치 부여의 기준이 3개 변수 $X_1, X_2, X_3$인 경우를 생각하도록 하겠다. 예컨대, 지역[region: 서울(1), 부산(2), $\cdots$, 제주(16)], 성[gender: 남(1), 여(2)], 연령대[age-band: 20대-(1), 30대(2), 40대(3), 50대(4), 60대+(5)]를 기준으로 하는 경우이다.

$X_1$의 범주 $j_1\,(=1,\cdots,k_1)$, $X_2$의 범주 $j_2\,(=1,\cdots,k_2)$, $X_3$의 범주 $j_3\,(=1,\cdots,k_3)$의 결합 칸 $(j_1,j_2,j_3)$의 구성비율이 표본에서 $p\,(j_1,j_2,j_3)$, 모집단에서 $q\,(j_1,j_2,j_3)$라고 하자. 두 가지 가중법이 있다.

셀 가중법(Cell Weighting)

모든 $j_1$, $j_2$, $j_3$에 대하여 $p\,(j_1,j_2,j_3) \neq 0$인 경우, 칸 $(j_1,j_2,j_3)$에 속하는 개체 $i$, 즉 $X_1(i)=j_1$, $X_2(i)=j_2$, $X_3(i)=j_3$인 개체에 다음을 가중치로 부여한다.

$$w_i \;\leftarrow\; \frac{q\,(j_1,j_2,j_3)}{p\,(j_1,j_2,j_3)}, \quad \text{for } i \text{ s.t. } X_1(i)=j_1,\ X_2(i)=j_2,\ X_3(i)=j_3.$$

이렇게 가중치를 부여하면 칸 $(j_1,j_2,j_3)$의 구성비율이 표본에서도 $q\,(j_1,j_2,j_3)$가 된다(모든 $j_1$, $j_2$, $j_3$에 대하여).

RIM 가중법(Random Iterative Method Weighting)

칸 $(j_1, j_2, j_3)$에 속하는 개체들에 다음 알고리즘의 출력을 가중치로 부여한다. 반복비례가중법(iterative proportional weighting) 또는 레이킹비(raking ratio) 가중법이라고도 한다.

(0) 초기 가중치로 모든 개체에 대하여 1을 부여한다.

$$w_i \leftarrow 1, \quad i = 1, \cdots, n.$$

(1) $X_1$의 주변비율을 다음 가중치로 $q(j_1, +, +)$에 맞춘다(모든 $j_1$에 대하여).

$$w_i \leftarrow w_i \cdot \frac{q(j_1, +, +)}{\sum_{i' \text{ s.t. } X_1(i')=j_1} w_{i'} \,/\, \sum_{i'} w_{i'}} \quad \text{for } i \text{ s.t. } X_1(i) = j_1.$$

여기에서 $q(j_1, +, +) = \sum_{j_2=1}^{k_2} \sum_{j_3=1}^{k_3} q(j_1, j_2, j_3)$.

(2) $X_2$의 주변비율을 다음 가중치로 $q(+, j_2, +)$에 맞춘다(모든 $j_2$에 대하여).

$$w_i \leftarrow w_i \cdot \frac{q(+, j_2, +)}{\sum_{i' \text{ s.t. } X_2(i')=j_2} w_{i'} \,/\, \sum_{i'} w_{i'}} \quad \text{for } i \text{ s.t. } X_2(i) = j_2.$$

여기에서 $q(+, j_2, +) = \sum_{j_1=1}^{k_1} \sum_{j_3=1}^{k_3} q(j_1, j_2, j_3)$.

(3) $X_3$의 주변비율을 다음 가중치로 $q(+, +, j_3)$에 맞춘다(모든 $j_3$에 대하여).

$$w_i \leftarrow w_i \cdot \frac{q(+, +, j_3)}{\sum_{i' \text{ s.t. } X_3(i')=j_3} w_{i'} \,/\, \sum_{i'} w_{i'}} \quad \text{for } i \text{ s.t. } X_3(i) = j_3.$$

여기에서 $q(+, +, j_3) = \sum_{j_1=1}^{k_1} \sum_{j_2=1}^{k_2} q(j_1, j_2, j_3)$.

(4) 가중치 $w_i$가 적용되어 산출된 $X_1$의 주변비율이 $\{ q(j_1, +, +) \}$와, $X_2$의 주변비율이 $\{ q(+, j_2, +) \}$와, $X_3$의 주변비율이 $\{ q(+, +, j_3) \}$와 거의 일치하면 알고리즘을 종료하고 $w_1, \cdots, w_n$을 출력한다. 그렇지 않으면 단계 (1)로 되돌아 간다.

이렇게 가중치가 부여되면 그 결과로 모든 $j_1$에 대하여 $X_1$의 주변비율이 모집단의 주변비율인 $q(j_1, +, +)$와, 모든 $j_2$에 대하여 $X_2$의 주변비율이 모집단의 주변비율인 $q(+, j_2, +)$와, 모든 $j_3$에 대하여 $X_3$의 주변비율이 모집단의 주변비율인 $q(+, +, j_3)$와 일치하게 된다.

---

우리나라 민간부문 조사에서는 전통적으로 지역, 성, 연령대를 기준변수로 셀 가중법(cell weighting)을 써왔다. 그런데 셀 가중법은 기준변수 수가 4개 이상이 되면 실제로 적용이 불가능해진다. 왜냐하면 셀(cell)의 수가 너무 많아지기 때문이다. 예컨대 지역으로 16개 범주, 성으로 2개 범주, 연령대로 5개 범주를 고려하는 경우 이것만 해도 셀의 수가

160 (= 16 × 2 × 5)개가 된다. 만약 여기에 제 4의 기준변수로 4개 범주의 교육을 고려한다면 셀의 수는 640 (= 160 × 4)개로 늘어난다. 이렇게 되면 웬만한 크기의 표본에서는 빈 셀(empty cell)이 생기게 되고, 또한 모집단 셀의 구성비율 $q\,(j_1, j_2, j_3, j_4)$를 구하기도 어려워진다. 그러나 RIM 가중법은 문제가 없다. 앞의 알고리즘에서 제 4의 기준변수에 대한 단계를 하나 추가하면 된다. 모집단에 대하여 필요한 정보도 각 변수에 대한 주변비율뿐이다.

셀 가중치이든 RIM 가중치이든 가중치로 결과를 보정한다는 것은 기준변수를 통제하는 경우 비접촉 응답자의 응답이 접촉 응답자의 응답과 유사할 것이라는 전제하에서만 의미가 있다. 만약 기준변수 모두를 통제한다고 하더라도 접촉 응답자와 비접촉 응답자 사이에 본질적인 차이가 있다면 가중법은 한계를 갖는다.

현대사회는 다원화되어 있다. 비접촉자가 상당히 있는 조사에서는 지역, 성, 연령대 만을 기준으로 표본의 균형화를 꾀하는 것으로는 충분하지 않다. 3개 기본변수 외에 교육, 직업, 소득 등을 추가로 고려하여 가중치를 산출할 필요가 있다고 본다.

### ○ RIM 가중법을 위한 R 스크립트

여기에서는 RIM 가중법을 실행하기 위한 R 스크립트의 예를 제시한다. 예제 파일로는 "survey 0011.csv" 자료를 사용하였다(표본크기: `n.case` = 1,517, 가상 자료).

이 자료에서 첫 5개(=`n.var`) 변수가 기준변수이며 각 변수의 범주 수는 $(2, 5, 4, 6, 3)$ (=`n.vateg`)이다. 그리고 기준변수의 모집단 주변비율(=`q.1`, `q.2`, `q.3`, `q.4`, `q.5`)이 다음과 같이 설정되었다.[16]

- ∘ $X_1$ : $(0.50, 0.50)$,
- ∘ $X_2$ : $(0.20, 0.20, 0.20, 0.20, 0.20)$,
- ∘ $X_3$ : $(0.20, 0.30, 0.40, 0.10)$,
- ∘ $X_4$ : $(0.20, 0.20, 0.20, 0.20, 0.10, 0.10)$,
- ∘ $X_5$ : $(0.80, 0.10, 0.10)$.

다음 스크립트에서 `eps`는 표본의 기준변수 주변비율이 모집단 주변비율 간 차이를 식별할 수 없는 최대크기이다. 소수점 아래 3자리 수로 하는 경우 `eps`=0.001로 지정하면 된다.

[16]각 주변비율은 최대 범주 수의 칸에 입력되어야 한다. 따라서 남는 칸들에는 0을 넣으면 된다. 이 사례에서 최대 범주 수는 6(=max(2, 5, 4, 6, 3)).

```
# rim weighting prototype, "rim weighting proto program.r"
# input data
library(foreign)
Survey.D <- read.csv("survey 0011.csv",header=T)
str(Survey.D)

# set parameters
n.case <- nrow(Survey.D)
n.var <- 5
n.categ <- c(2,5,4,6,3)
X <- Survey.D[,1:5]
q.1 <- c(0.50,0.50,0.00,0.00,0.00,0.00)
q.2 <- c(0.20,0.20,0.20,0.20,0.20,0.00)
q.3 <- c(0.20,0.30,0.40,0.10,0.00,0.00)
q.4 <- c(0.20,0.20,0.20,0.20,0.10,0.10)
q.5 <- c(0.80,0.10,0.10,0.00,0.00,0.00)
eps <- 0.001

# rim weighting module
p <- matrix(rep(0,n.var*max(n.categ)),nrow=n.var)
q <- rbind(q.1,q.2,q.3,q.4,q.5)
for (j in 1:n.var) {
    p[j,1:n.categ[j]] <- table(X[,j])/n.case
}
w <- rep(1,n.case)
n.repeat <- 0
max.diff <- 1
while(max.diff > eps){
  diff <- rep(0,n.var)
  for (j in 1:n.var){
    for (i in 1:n.case) {
        w[i] <- w[i]*q[j,X[i,j]]/p[j,X[i,j]]
    }
    jj <- ifelse(j==n.var,1,j+1)
    for (k in 1:n.categ[jj]){
        p[jj,k] <- sum(w[X[,jj]==k])/sum(w)
        diff[jj] <- diff[jj] + (p[jj,k]-q[jj,k])*(p[jj,k]-q[jj,k])
    }
  }
  max.diff <- sqrt(max(diff))
  n.repeat <- n.repeat+1
```

```
}
p.weighted <- p

# output values
n.repeat
round(p.weighted,3)
round(summary(w),3)
hist(w,xlim=c(0,10),nclass=20,main="Hisrogram of Rim Weights")
write.csv(cbind(Survey.D,rim.w = round(w,3)),"survey weighted.csv")

# end
```

위의 R 스크립트를 실행한 출력 결과를 보기로 하자.

```
> n.repeat
[1] 6
```

n.repeat는 가중치가 산출되기까지 거쳐간 cycle 수를 말해 준다. 각 변수에 대하여 6회씩 가중치가 업데이트되었음을 알 수 있다.

다음은 가중치를 적용한 결과로 얻게 된 기준변수의 주변비율이다. 행에 변수가, 열에 범주가 나타난다. 이것이 모집단 기준변수의 주변비율 설정 값과 일치하여야 RIM 가중치가 옳게 산출된 것이다.

```
> round(p.weighted,3)
     [,1] [,2] [,3] [,4] [,5] [,6]
[1,]  0.5  0.5  0.0  0.0  0.0  0.0
[2,]  0.2  0.2  0.2  0.2  0.2  0.0
[3,]  0.2  0.3  0.4  0.1  0.0  0.0
[4,]  0.2  0.2  0.2  0.2  0.1  0.1
[5,]  0.8  0.1  0.1  0.0  0.0  0.0
```

다음은 산출된 RIM 가중치의 분포에 대한 요약이다. 산출 가중치가 최소값 0.238, 최대값 12.330 사이에 거쳐있고 평균은 1이다. 너무 큰 가중치에 대하여는 일정값(e.g., 5)에서 끊기를 하기도 한다.

```
> round(summary(w),3)
   Min. 1st Qu.  Median    Mean 3rd Qu.    Max.
  0.238   0.591   0.808   1.000   1.151  12.330
```

산출된 RIM 가중치에 대한 히스토그램으로 ⟨그림 8.3⟩이 나타난다.

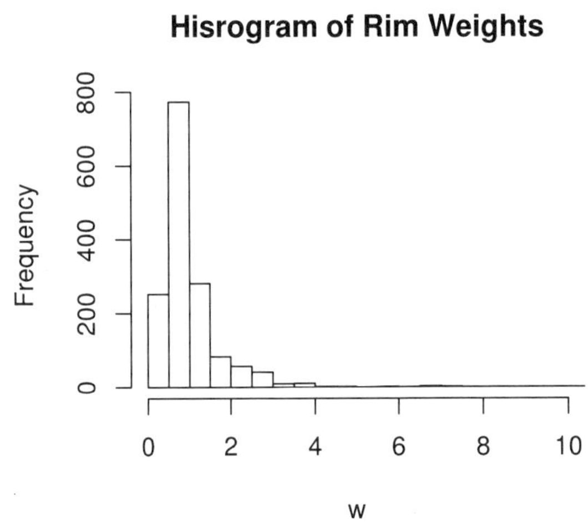


〈그림 8.3〉 RIM 가중치의 분포

원자료에 RIM 가중치(변수 명: rim.w, 소숫점 이하 3자리)가 붙어 csv 파일로 저장된다 (파일 명: survey weighted.csv). 이제부터의 모든 조사자료 분석에는 가중치가 반영되어야 한다. 예를 들어 앞의 사례에서 5점 척도 변수 pref와 연속형 변수 score에 대한 description을 가중치를 두지않고/두고 하면 다음과 같다.

| | pref(%): 1 | 2 | 3 | 4 | 5 | score 평균 |
|---|---|---|---|---|---|---|
| 가중치 無 | 34.5 | 28.6 | 33.3 | 2.7 | 0.9 | 43.0 |
| 가중치 有 | 32.6 | 30.7 | 32.0 | 2.7 | 1.0 | 42.3 |

다음은 이를 위해 사용된 R 스크립트이다.

```
library(nnet)
weighted.table <- function(class.var,weight) t(w)%*%class.ind(class.var)

round(weighted.table(Survey.D$pref,w)/n.case,3)
round(table(Survey.D$pref)/n.case,3)

round(weighted.mean(Survey.D$score,w),1)
round(mean(Survey.D$score),1)
```

### 8.A.2 성향조정 가중법

여기에서는 자원자 웹조사의 경우에 대하여 성향조정 가중법의 내용을 설명한다. 이와 같은 방법은 휴대폰 조사 등 다른 유형의 조사에서도 유용하게 사용될 수 있다.

만약 자원자 웹조사 표본이 모집단과 비교하여 인구지리적 차이를 보인다면 이것은 셀 가중법 또는 RIM 가중법을 적용하여 해결할 수 있다. 확률표본에서도 지역·성·연령대 분포가 모집단과 차이를 보이는 일은 흔하므로 이 점은 자원자 웹조사 표본에 한정되지는 않는다. 그러나 인구지리적 차이가 두 표본 간 차이의 전부인 것은 아니다. 이하 준거(reference)가 되는 확률표본을 'R 표본', 자원자 웹조사 표본을 'S 표본'으로 약칭하겠다.

인구지리적 차이를 가중법으로 보정한다고 하더라도 S 집단(=S 표본의 출처)은 모집단(=R 집단, R 표본의 출처)과 사회적·심리적 측면에서 차이가 날 수 있다. 만약 이것을 그냥 놓아두면 그만큼이 주 조사결과에 편향을 미칠 것이다.

여기에서 간단한 가공적 예를 들어보겠다. R 표본에서 교육의 고(高)수준이 50명이고 저(低)수준이 50명이라고 하자. 그런데 S 표본에서는 교육의 고(高)수준이 60명이고 저(低)수준이 40명으로 나타났다면 이만큼 S 표본의 교육수준이 높은 쪽으로 치우쳐 있는 것이다. 한편, 진보·보수의 차원에서 R 표본과 S 표본이 역시 차이가 난다고 하자. 즉, R 표본에서는 진보·보수가 각각 50명과 50명인데 S 표본에서는 진보·보수가 각각 60명과 40명이라면, 이 만큼 S 표본이 진보 쪽으로 치우쳐 있음을 의미한다. 그리고 교육수준과 정치적 성향성(진보·보수의 축)이 다음과 같이 연관성이 가진다고 하자.

| R 표본 | 진보 | 보수 | 합계 |
|---|---|---|---|
| 고 교육 | 30 | 20 | 50 |
| 저 교육 | 20 | 30 | 50 |
| 합계 | 50 | 50 | 100 |

| S 표본 | 진보 | 보수 | 합계 |
|---|---|---|---|
| 고 교육 | 40 | 20 | 60 |
| 저 교육 | 20 | 20 | 40 |
| 합계 | 60 | 40 | 100 |

S 표본이 편향된 결과를 초래하는 것을 막기 위하여, S 표본의 분포를 R 표본의 분포와 같도록 해야한다. 그 방법은 S 표본의 '고 교육·진보적' 응답자에는 0.75 ($= \frac{3}{4}$)의 가중치를 부여하여 해당 개체 수 40을 30 ($= 40 \times 0.75$)으로 줄이고, 반면 S 표본의 '저 교육·보수적' 응답자에는 1.5 ($= \frac{3}{2}$)의 가중치를 부여하여 해당 개체 수 20을 30 ($= 20 \times 1.5$)으로 늘리는 것이다. '고 교육·보수적' 응답자와 '저 교육·진보적' 응답자는 그대로 놓아두면 된다.

| | 진보 | 보수 |
|---|---|---|
| 고 교육 | 3/4 | 1 |
| 저 교육 | 1 | 3/2 |

즉, R 표본에 기준하여 S 표본이 갖는 특유의 성향(性向, propensity)을 바로잡기 위해서 다음과 같은 가중치로써 S 표본의 각 셀을 줄이거나 늘릴 필요가 있다. 이런 가중치를 **성향조정 가중치**(propensity adjustment weights)라고 한다. 이상을 방법론으로 정리하여 기술하면 다음과 같다.

성향조정 가중법(Propensity Adjustment weighting)

(1) 준거(reference)가 될 R 조사를 면대면 또는 전화조사로 시행한다. R 표본은 확률적 방법으로 충분히 큰 규모로 추출되어야 한다.
(2) R 표본과 S 표본이 인구지리적 구성에서 모집단과 차이가 있으면 각 표본을 가중치로 보정한다.
(3) R 표본과 S 표본 간 차이가 있고 주 조사결과(main survey results)에 영향을 줄 수 있는 '성향 변수'들(propensity variables) $Z_1, \cdots, Z_k$를 찾는다.
(4) $Z_1, \cdots, Z_k$의 R 집단 분포 $P_R(z_1, \cdots, z_k)$와 S 집단 분포 $P_S(z_1, \cdots, z_k)$를 같게 할 가중치 묶음(batch of weights) $w(z_1, \cdots, z_k)$를 산출한다:[17]

$$w(z_1, \cdots, z_k) = \frac{P_R(z_1, \cdots, z_k)}{P_S(z_1, \cdots, z_k)} \quad \text{or} \quad \frac{\hat{P}_R(z_1, \cdots, z_k)}{\hat{P}_S(z_1, \cdots, z_k)}. \tag{8.2}$$

(5) $z_1, \cdots, z_k$ 값을 갖는 S 표본 개체에 가중치 $w(z_1, \cdots, z_k)$를 부여한다.

단계 (4)에서 $P_R(z_1, \cdots, z_k)/P_S(z_1, \cdots, z_k)$에 대하여 로지스틱 모형을 활용하는 방법이 많이 쓰인다:

$$\log_e \frac{P_R(z_1, \cdots, z_k)}{P_S(z_1, \cdots, z_k)} = \beta_0 + \beta_1 z_1 + \cdots + \beta_k z_k. \tag{8.3}$$

---

웹조사에 성향조정 가중법을 적용하고자 하는 경우 준거가 되는 확률적 표본추출에 의한 대규모 R 조사가 필요하지만, 이렇게 되면 같은 조사를 두 번 하는 셈이므로 결국 웹조사는 쓸모 없는 것이 되는 것이 아닌가 염려할 수 있다. 그렇지 않다. R 조사에 들어간 비용과 노력을 회수하기 위하여 인터넷 조사는 상당기간 여러 회 시행하게 된다. 즉 $m$회의 독립적인 인터넷 조사 $S_1, \cdots, S_m$가 있게 되고, R 표본에 준거한 $S_1$의 성향조정 가중법 적용, $\cdots$, R 표본에 준거한 $S_m$의 성향조정 가중법 적용을 하게 된다. 이렇게 R 표본은 여러 번 활용된다.

[17]여기에서 R 집단은 R 표본이 나온 출처를, S 집단은 S 표본이 나온 출처를 말한다.

이러한 웹조사 방법론의 예를 들어 보겠다.[18] 이 사례는 통계청의 사회조사를 면대면 조사와 웹 조사로 시행하고 성향조정 가중법을 적용하여 웹 조사 결과를 보정한 연구이다.

면대면 R 조사는 통계청의 지역추출 방법인 층화다단계집락추출된 가구를 대상으로 시행되었고 총 37,049명이 응답하였다. 웹 S 조사는 모집된 7,616명의 자원자 리스트에서 광역시·도, 동/읍면, 성, 연령대를 기준으로 추출된 표본가구를 대상으로 시행되었고 총 2,903명이 응답하였다.

이렇게 확보된 R 표본과 S 표본에 일차적으로 인구지리적 4개 변수(광역시·도, 동/읍면, 성, 연령대)에 의한 가중치를 적용하였다.[19] 가중치 적용된 R 표본과 S 표본을 면밀하게 검토한 후, 연구자들은 다음과 같은 사회적·성향적 차이에 주목하였다.

- R 표본에 비해 S 표본의 교육수준이 높은 것으로 나타났다. '대학/대학원'이 R 표본에서는 39.8%였으나 S 표본에서는 59.1%였다.
- R 표본에 비하여 S 표본의 소비생활만족도, 즉 자각적 소비수준이 높았다. 5점 척도에서 '만족'과 '매우 만족'의 비율이 R 표본에서는 13.7%였으나 S 표본에서는 20.7%였다.
- R 표본에 비하여 S 표본에서 소득분배에 대해 비판적인 것으로 나타났다. 5점 척도에서 '매우 불공평'하다는 응답자 비율이 R 표본에서는 26.8%였으나 S 표본에서는 34.0%였습니다.
- R 표본에 비하여 S 표본 응답자들이 인터넷 신문을 자주 접하는 것으로 나타났다. 거의 매일 인터넷 신문을 읽는 응답자의 비율이 R 표본에서는 24.2%였으나 S 표본에서는 41.9%였다.
- R 표본에 비하여 S 표본 응답자들이 일반신문도 자주 접하는 것으로 나타났다. 거의 매일 일반신문을 읽는 응답자의 비율이 R 표본에서는 23.8%였으나 S 표본에서는 31.9%였다.

인구지리적 4개 변수와 사회적·성향적 차이 변수 5개 등 총 9개 변수로 성향조정 로지스틱 모형을 세워 적합하였고 이로부터 성향조정 가중치가 산출되었다. 따라서 S 표본에 붙은 최종 가중치는 인구지리 가중치와 사회·성향차 가중치의 곱이 되었다.

R 표본의 인구지리적 가중치 결과(R 표본)와 S 표본에 인구지리적 가중치를 적용한 결과(S 표본), 그리고 S 표본에 최종가중치를 적용한 결과(S 보정)를 몇 개의 주요 항목에서 비교해 보기로 하겠다.

[18] 조성겸 · 허명회 (2009). 인터넷 자원자 표본에 대한 추정방법 연구, ≪통계청 연구보고서≫.

[19] R 표본에는 셀 가중치를, S 표본에는 RIM 가중치를 적용하였다.

| 평가항목 | R 표본 | S 표본 | S 보정 |
|---|---|---|---|
| TV 평일(평균시간) | 2.84 | 2.67 | 2.76 |
| 해외여행 경험(%) | 13.6 | 15.3 | 13.3 |
| 전반적 만족감(5점 척도 평균) | 3.17 | 3.20 | 3.27 |
| 스트레스 인식(5점 척도 평균) | 2.52 | 2.34 | 2.34 |

'TV 평일시청'에서 R 표본이 2.84시간, S 표본이 2.67시간으로 R 표본에 비해 S 표본에서 작게 나오지만 성향보정을 하면 2.76시간으로 늘어난다. 따라서 이 경우는 성향조정 가중법이 유효한 경우로 볼 수 있다. '해외여행 경험'에 있어서는 R 표본이 13.6%, S 표본이 15.3%로 R 표본에 비해 S 표본에서 크게 나오지만 성향보정을 하면 13.3%로 줄어들어 R 표본 결과와 거의 같아진다. 따라서 이 경우는 성향조정 가중법이 매우 유효한 경우로 볼 수 있다.

성향보정 가중법이 항상 이처럼 성공적인 것은 아니다. '전반적 만족감'에서는 S 표본에 비해 S 보정이 오히려 나빴고 '스트레스 인식'에서는 S 표본이나 S 보정 모두 전혀 성공적이지 못하였다.

성향조정 가중법의 활용이 성공하기 위해서는 성향보정 기준변수의 선택 및 측정이 중요하다. 그 변수는 상당 기간 안정적이어야 하고 어렵지 않게 얻어질 수 있어야 한다. 그러면서도 R 집단과 S 집단에서 차이가 나타나야 하고 응답자의 정치적/경제적/사회적/문화적 태도와 행태와 연관된 변수여야 한다.

## 8.B [부록] SAS 프로그램의 사용 예

여기에서는 8.3.3절의 사례에 대하여 평균대체와 선형회귀분석을 이용한 회귀대체의 예를 들어 보겠다. ⟨표 8.1⟩의 변수 re74_mcar은 Re74의 값 중 임의의 100개를 결측값으로 바꾸어서 생성한 것이다.

### ○ 평균 대체

```
PROC MEANS DATA=survey.ll_mi;
     VAR re74_mcar;
     OUTPUT OUT=temp MEAN(re74)=re74_mean;
RUN;
DATA survey.ll_mi_m;
     SET survey.ll_mi;
     IF re74_mcar^=. THEN re74_m=re74_mcar;
          ELSE IF re74_mcar=. THEN re74_m=3722.38;
RUN;
```

〈표 8.1〉 Lalonde 자료에 대한 대체의 예 (첫 20개)

| Obs. | Treat_ | ··· | Hispa_ | Re74 | **Re74_mcar** | | **평균대체** | **회귀대체** |
|---|---|---|---|---|---|---|---|---|
| 1 | 1 | ··· | 0 | 0.00 | | → | **3722.38** | **621.76** |
| 2 | 1 | ··· | 0 | 8644.16 | 8644.16 | | 8644.16 | 8644.16 |
| 3 | 0 | ··· | 0 | 19785.32 | 19785.32 | | 19785.32 | 19785.32 |
| 4 | 1 | ··· | 0 | 9714.60 | 9714.60 | | 9714.60 | 9714.60 |
| 5 | 0 | ··· | 0 | 37211.76 | 37211.76 | | 37211.76 | 37211.76 |
| 6 | 0 | ··· | 0 | 14759.06 | 14759.06 | | 14759.06 | 14759.06 |
| 7 | 0 | ··· | 0 | 0.00 | 0.00 | | 0.00 | 0.00 |
| 8 | 0 | ··· | 0 | 0.00 | 0.00 | | 0.00 | 0.00 |
| 9 | 1 | ··· | 0 | 20279.95 | 20279.95 | | 20279.95 | 20279.95 |
| 10 | 0 | ··· | 0 | 12260.78 | 12260.78 | | 12260.78 | 12260.78 |
| 11 | 0 | ··· | 0 | 5440.82 | 5440.82 | | 5440.82 | 5440.82 |
| 12 | 0 | ··· | 0 | 0.00 | 0.00 | | 0.00 | 0.00 |
| 13 | 0 | ··· | 0 | 28262.13 | 28262.13 | | 28262.13 | 28262.13 |
| 14 | 0 | ··· | 0 | 12116.61 | 12116.61 | | 12116.61 | 12116.61 |
| 15 | 0 | ··· | 0 | 7254.42 | 7254.42 | | 7254.42 | 7254.42 |
| 16 | 0 | ··· | 0 | 25720.92 | 25720.92 | | 25720.92 | 25720.92 |
| 17 | 1 | ··· | 0 | 13602.43 | | → | **3722.38** | **14668.79** |
| 18 | 1 | ··· | 0 | 0.00 | 0.00 | | 0.00 | 0.00 |
| 19 | 1 | ··· | 0 | 9978.75 | 9978.75 | | 9978.75 | 9978.75 |
| 20 | 1 | ··· | 0 | 5204.26 | 5204.26 | | 5204.26 | 5204.26 |

- MEANS Procedure: 변수 re74_mcar의 결측값이 아닌 개체들의 평균을 계산한다. 그 결과는 다음과 같다.

| N | 평균 | 표준편차 | 최솟값 | 최댓값 |
|---|---|---|---|---|
| 622 | 3722.38 | 6494.84 | 0 | 39570.68 |

- DATA Step: 변수 re74_mcar이 결측값이 아닐 경우 원래의 값을 유지하고, 결측값일 경우 평균(=3722.38)로 대체하여 새로운 변수 re74_m을 생성한다.

### ○ 회귀 대체

```
PROC REG DATA=survey.ll_mi;
     MODEL re74_mcar = treated age education black married nodegree
                       re75 re78 hispanic;
     OUTPUT OUT=survey.ll_mi_r PREDICTED=re74_reg;
RUN; QUIT;
```

〈표 8.2〉 회귀분석의 결과 (일부)

| Parameter Estimates | | | | | |
|---|---|---|---|---|---|
| Variable | DF | Parameter Estimate | Standard Error | t Value | Pr > \|t\| |
| Intercept | 1 | 3371.31307 | 1541.83758 | 2.19 | 0.0292 |
| treated | 1 | -309.73725 | 280.18854 | -1.11 | 0.2694 |
| age | 1 | -13.84946 | 22.18974 | -0.62 | 0.5328 |
| education | 1 | -172.85969 | 107.33752 | -1.61 | 0.1078 |
| black | 1 | 280.00196 | 486.94826 | 0.58 | 0.5655 |
| married | 1 | -263.5512 | 386.6286 | -0.68 | 0.4957 |
| nodegree | 1 | -1257.8744 | 442.45914 | -2.84 | 0.0046 |
| re75 | 1 | 1.05006 | 0.02728 | 38.49 | <.0001 |
| re78 | 1 | 0.02859 | 0.02248 | 1.27 | 0.2039 |
| hispanic | 1 | -308.92584 | 634.25975 | -0.49 | 0.6264 |

| Root MSE | 3406.83238 | R-Square | 0.7288 |
|---|---|---|---|
| Dependent Mean | 3722.37862 | Adj R-Sq | 0.7249 |
| Coeff Var | 91.52299 | | |

```
DATA survey.ll_mi_r;
     SET survey.ll_mi_r;
     IF re74_mcar^=. THEN re74_r=re74_mcar;
         ELSE IF re74_mcar=. THEN re74_r=re74_reg;
RUN;
```

- REG Procedure: 나머지 9개의 변수들을 이용하여 re74_mcar에 대한 회귀식을 추정하고 각 개체에 대하여 예측값을 계산한다. 그 결과는 〈표 8.2〉와 같으며, 이 계수 추정치들을 이용한 회귀추정식은 다음과 같다.

$$\text{re74\_r} = 3371.3 - 309.7 \times \text{Treated} - 13.8 \times \text{Age} + \cdots - 308.9 \times \text{Hispanic}$$

- DATA Step: 변수 re74_mcar이 결측값이 아닐 경우 원래의 값을 유지하고, 결측값일 경우 회귀추정식에 의한 예측값으로 대체하여 새로운 변수 re74_r을 생성한다.

# 제 9 장
# 자료 입력 및 분석과 보고

설문지가 모두 수합되면 기입 내용을 검토한 다음 컴퓨터에 자료를 입력하고, 자료 입력이 제대로 되었는지를 검토해야 한다. 자료입력이 제대로 되면 통계분석에 들어간다. 여기서는 설문지의 자료 분석에 많이 쓰이는 교차표 분석, $t$-검정, 일반선형모형, 상관분석 분석 등을 적용해 보기로 하겠다. 여기에서 다룰 사례는 앞에서 연이어 다루어온 「Y대와 K대의 여학생 조사」이다. 통계 소프트웨어로는 SAS를 사용하기로 한다. 또한, 분석을 마치면 결과보고서를 작성해야 한다. 보고서에는 조사에 관한 모든 정보가 간결하면서도 정확하게 기록되어야 한다. 이 장에서는 이와 관련된 사항을 소개하고자 한다.

## 9.1 자료 입력

컴퓨터에 자료를 입력하기 위해서는 체계화된 코딩 설계가 필요하다. 또한 자료 입력이 제대로 되었는지에 대한 최소한의 검토로서 단순한 기술통계를 활용할 수 있다.

### 9.1.1 코딩 설계

설문에 대한 응답은 코딩 형태에 따라 몇 가지 유형으로 나뉠 수 있다. 첫째는 수치로 기록된 형태로서 이에는 연속형 수치, 순서형 수치, 명목형 수치 등이 포함된다. 연속형 수치는 평균을 내고 표준편차를 계산하는 등 구간척도 반응의 형태이고, 명목형 수치는 외양은 숫자이지만 사칙연산을 할 수 없는 일종의 부호이다. 따라서 명목형 수치에 대하여는 빈도 등이 산출될 수 있을 뿐이다. 연속형 수치와 명목형 수치의 중간쯤에 순서형 수치가 있다.

〈연속형의 예〉

당신의 나이는 몇 세입니까? ____ 세

〈순서형의 예〉

당신은 현재 생활에 얼마나 만족하십니까? ____

1. 매우 만족
2. 약간 만족
3. 보통
4. 약간 불만족
5. 매우 불만족

〈명목형의 예〉

당신의 전공분야는 무엇입니까? ____

1. 인문학/사회과학
2. 자연과학/공학
3. 음악/미술/스포츠
4. 의학/약학
5. 기타

둘째는 문자로 기록할 수 있는 형태이다. 이런 형태의 응답은 대개 개방형의 설문에게 얻어진다.

〈예 1〉 당신은 어느 잡지를 정기적으로 구독하고 있습니까? 구독하는 잡지가 있으면 잡지 이름을 모두 적어주십시오. 그렇지 않다면 그냥 넘어가십시오.

__________, __________, __________

〈예 2〉 당신이 가장 좋아하는 외국의 가수(음악그룹) 이름을 써 주십시오.

__________

원 설문에서의 응답은 문자형이지만 이의 실제 입력시에는 가능하다면 수치로 전환해 주는 것이 편리하다. 예컨대, 성별을 묻는 설문

당신의 성별은? 남자( ), 여자( )

에서 응답이 남자면 1, 여자면 2라는 코드를 부여하는 것이다.

개방형 질문의 경우에도 응답내용을 범주화하여 수치를 부여하는 것이 좋다. 예를 들어,

이 강의에서 가장 좋았던 점은? ____________________

과 같은 설문에 대한 자유기술식 응답을 취합해 본 결과

- 질의-응답의 기회가 많았던 점
- 가족 같은 수업분위기
- 창의력을 필요로 하는 과제의 부과
- 이해하기 쉬운 강의 스타일
- 기타

등 몇 가지 패턴으로 분류할 수 있었다면 이에 각각 1, 2, 3, 4, 5라는 코드를 줄 수 있을 것이다.

각 설문의 응답에 대한 코딩 형태가 결정되었으면, 이에 변수명과 입력 열(column)을 부과하고 코드가 부여된 경우에는 설명을 붙여둔다. 보기는 〈표 9.1〉과 같다.

〈표 9.1〉 코딩 설계의 예

| 문항 | 내용 | 변수명 | 입력열 | (수) | 형태 | 코드 및 설명 |
|---|---|---|---|---|---|---|
| | 일련번호 | ID | 1–4 | (4) | | |
| Q01 | 나이 | AGE | 5–6 | (2) | | |
| Q02 | 성별 | SEX | 7 | (1) | | 1=남, 2=여 |
| Q03 | 대학 | COLLEGE | 8 | (1) | | 1=법과, 2=경영, ···, 9=사범 |
| Q04 | 학과 | DEPT | 9–12 | (4) | 한글 | 법학, 경영, 국문, ···, 수교 |
| | | | 13 | (1) | 빈칸 | |
| Q05 | 전공만족도 | S1 | 14 | (1) | | 1=매우만족, ···, 5=매우불만족 |
| Q06 | 생활만족도 | S2 | 15 | (1) | | 1=매우만족, ···, 5=매우불만족 |
| | | | 16 | (1) | 빈칸 | |
| Q07 | 평균학점 | GPA | 17-19 | (3) | | x.xx |
| Q08 | 주거형태 | HOUSE | 20 | (1) | | 1=자기집, 2=자취, ··· |
| . | . | . | . | . | . | . |

코딩 설계시 특히 신경 써야 하는 것은 무응답의 처리이다. 가급적 무응답이 발생하지 않도록 조사단계에서 노력해야 하지만, 무응답이 저질러진 경우 어쩔 수 없이 이를 혼동되지 않게 적절히 코딩해야 한다.

무응답의 코딩방식은 이후 어떤 팩키지 프로그램을 써서 자료분석을 해야 하는지에 따라 다르다. 예컨대 SAS를 쓰는 경우라면 무응답에 '.'(마침표 1개)를 입력하면 별 무리가 없고 R이라면 'NA'(not available)를 넣어둔다. SPSS에서는 해당하는 열의 수만큼 '9'를 넣으면 무리가 없다. 예를 들어, 〈표 8.1〉의 예에서 문항 5(변수명 S1)나 문항 6(변수명 S2)에서 무응답이면 '9'를 넣는다. 그 숫자가 응답항 중 하나여서는 안된다. 예를 들어 문항 3(변수명 college)에서 무응답인 경우 '9'로 코딩하는 것은 곤란하다. 사범대학에 코드 '9'가 부여되었기 때문이다. 이런 경우에는 이 변수에 대한 입력 열의 폭을 2로 하여 무응답을 '99'로 코딩한다.

수치변수의 경우에는 무응답을 빈칸으로 남겨두면 수치 '0'과 혼동되는 수가 있으므로 조심해야 한다.

### 9.1.2 입력 확인 및 검토

자료분석에 앞서 제대로 입력되었는지에 대한 확인·검토가 반드시 필요하다. 잘못 입력된 자료는 자료분석 결과에 막대한 영향을 줄 수도 있기 때문이다. 앞에서 자료입력시 이따금 입력 열을 빈 칸으로 남겼는데 그 이유도 입력 열(column)이 밀리는 경우 쉽게 알아보기 위해서이다. 이 밖에도 입력 실수는 어디서나 어떤 형태로 일어날 수 있기 때문에,

〈표 9.2〉「K대학교와 Y대학교의 여학생 조사」에 대한 코딩 설계

| 문항 | 내용 | 변수명 | 입력열 | (수) | 형태 | 코드 및 설명 |
|---|---|---|---|---|---|---|
| | 대학교 | UNIV | 1 | (1) | | 1=Y대학, 2=K대학 |
| | 일련번호 | ID | 2–3 | (2) | | 01, ···, 82 |
| | | | 4 | (1) | 빈칸 | |
| 1 | 소비성향1 | C1 | 5 | (1) | | (부정)1, 2, 3, 4, 5(긍정) |
| 2 | 소비성향2 | C2 | 6 | (1) | | (부정)1, 2, 3, 4, 5(긍정) |
| 3 | 소비성향3 | C3 | 7 | (1) | | (부정)1, 2, 3, 4, 5(긍정) |
| . | . | . | . | . | . | |
| 9 | 소비성향9 | C9 | 13 | (1) | | (부정)1, 2, 3, 4, 5(긍정) |
| 10 | 소비성향10 | C10 | 14 | (1) | | (부정)1, 2, 3, 4, 5(긍정) |
| | | | 15 | (1) | 빈칸 | |
| 11 | 성의식1 | S1 | 16 | (1) | | (부정)1, 2, 3, 4, 5(긍정) |
| 12 | 성의식2 | S2 | 17 | (1) | | (부정)1, 2, 3, 4, 5(긍정) |
| 13 | 성의식3 | S3 | 18 | (1) | | (부정)1, 2, 3, 4, 5(긍정) |
| . | . | . | . | . | . | |
| 19 | 성의식9 | S9 | 24 | (1) | | (부정)1, 2, 3, 4, 5(긍정) |
| 20 | 성의식10 | S10 | 25 | (1) | | (부정)1, 2, 3, 4, 5(긍정) |
| | | | 26 | (1) | 빈칸 | |
| 21 | 학년 | P1 | 27 | (1) | | 1, 2, 3, 4 |
| 22 | 주거지 | P2 | 28 | (1) | | 1=자기집, 2=하숙, 3, 4, 5... |
| 23 | 종교 | P3 | 29 | (1) | | 1=개신교, 2=천주교, 3=불교, 4, 5... |

가능하면 수거된 설문지 원본과 입력 자료 파일을 일일이 대조해 보아야 한다. 그것이 너무 많은 업무량을 요구하는 경우 1/10의 비율로 설문지를 임의추출하여 입력 내용과 대조·확인해 볼 필요가 있다. 드물지 않게 오류가 발생하는 경우에는 확인·검토 대상을 전체로 확대한다.

통계적인 보완절차로서 각 변수별로 적절한 기술통계를 뽑아보는 것도 좋다. 예를 들어, 연속형 수치변수이면 평균, 표준편차, 최대값, 최소값 등을 구해보고, 명목형·순서형 수치변수이거나 문자값 변수이면 빈도를 구해본다든지 간단한 교차표를 작성해보는 것이다. 부적절한 값이 입력되어 있는 경우 이런 과정을 통해 검출될 수도 있다.

### 9.1.3 [사례] 자료 입력 및 확인

〈표 9.3〉은「K대학교와 Y대학교의 여학생 조사」에서 얻어진 자료이며, 〈표 9.2〉의 코딩 설계에 따라 입력되었다. 변수 UNIV와 ID는 설문지 표지에서 인지되는 고유속성 및 번

〈표 9.3〉 조사자료: SurveyData.txt

```
101 2442223232 4134352445 142
102 1222235232 4433422252 112
103 2343325444 4234432543 143
104 3553345244 4233421334 142
105 3244435234 4425432244 111
106 4334213444 4244342433 121
107 3442235233 5425541553 113
108 4244445344 5234432443 115
109 4453444344 5542342512 145
110 4242325434 3424512233 115
...
201 3243555233 5221332252 143
202 2222334232 3425411345 141
203 3242335233 4224432344 142
204 3342224223 4435431252 115
205 4452534444 5444343454 115
206 3442445243 2434412534 113
207 2322112222 2314512323 115
208 2341445232 5414512353 115
209 2332324322 4222343354 113
210 2132445443 4414411245 143
...
```

호이고, 변수 P1-P3는 인적 사항에 관한 것이며, 변수 C1-C10과 S1-S10은 각각 소비성향 10문항과 성의식 10문항에 관한 5점척도 반응이다.

이 자료를 본격적으로 분석하기 전에 변수 별로 자료의 간단한 기술통계로써 단순한 입력 오류를 찾아낼 수 있다. 범주형 변수에 대하여는 빈도표를, 연속형 변수에 대하여는 최소값과 최대값을 구해보는 것이다. 허용되지 않은 값이 나타난다면 그것은 입력오류일 가능성이 높다. 이 자료에서는 일련번호 ID를 제외한 나머지 24개 변수들 'UNIV, C1-C10, S1-S10, P1-P3' 모두가 범주형이므로 빈도표로 자료를 요약하면 좋을 것이나. 예를 들이, 변수 C1(소비성향1)에 대한 빈도표는 다음과 같다.

| C1 | 빈도 | 백분율 | 누적 빈도 | 누석 백분율 |
|---|---|---|---|---|
| 1 | 11 | 6.71 | 11 | 6.71 |
| 2 | 50 | 30.49 | 61 | 37.20 |
| 3 | 65 | 39.63 | 126 | 76.83 |
| 4 | 37 | 22.56 | 163 | 99.39 |
| 5 | 1 | 0.61 | 164 | 100.00 |

또한 변수 P3(종교)에 대한 빈도표는 다음과 같다(1=개신교, 2=천주교, 3=불교, 4=기타, 5=없음).

| P3 | 빈도 | 백분율 | 누적 빈도 | 누적 백분율 |
|---|---|---|---|---|
| 1 | 52 | 31.71 | 52 | 31.71 |
| 2 | 29 | 17.68 | 81 | 49.39 |
| 3 | 12 | 7.32 | 93 | 56.71 |
| 4 | 2 | 1.22 | 95 | 57.93 |
| 5 | 69 | 42.07 | 164 | 100.00 |

이 빈도표에서 범주 4(기타)의 빈도는 2에 불과하다. 따라서 이후의 교차표 분석 등에서 범주 4를 결측값으로 처리하여 제외하기로 한다.

## 9.2 자료 분석

자료 입력이 제대로 되면 통계분석에 들어간다. 여기서는 설문지 자료의 분석에 많이 쓰이는 교차표 분석, $t$-검정, 일반선형모형, 상관 및 신뢰도 분석 등을 적용해 보기로 하겠다. 여기에서 다룰 사례는 앞에서 연이어 다루어온 「K대학교와 Y대학교의 여학생 조사」이다.

### 9.2.1 [사례] 교차표 분석

교차표는 설문의 답지가 범주형인 자료를 분석하는 데 쓰는 가장 기본적인 도구이다. 여기서는 대학별(Y대학 대 K대학)로 인적 요인, 소비성향 및 성의식을 비교해 보기로 한다.

| 대학 | 학년 1 | 학년 2 | 학년 3 | 학년 4 | 합계 |
|---|---|---|---|---|---|
| Y | 24 | 22 | 20 | 16 | 82 |
| | 29.3% | 26.8% | 24.4% | 19.5% | |
| K | 22 | 21 | 19 | 20 | 82 |
| | 26.8% | 25.6% | 23.2% | 24.4% | |
| 합계 | 46 | 43 | 39 | 36 | 164 |

| 통계량 | 자유도 | 값 | $p$-값 |
|---|---|---|---|
| 카이제곱 | 3 | 0.5803 | 0.9009 |
| 크래머의 V | | 0.0595 | |

앞의 표는 대학교(UNIV) 간 학년(P1)의 분포를 비교해서 보여준다. Y대학의 경우 저학년에 약간 쏠리는 경향이 있기는 하나, 두 대학의 학년별 분포 차이가 통계적으로 유의하지는 않다(카이제곱 $p$-값=0.901, 크래머의 $V$=0.060).

대학교(UNIV) 간 거주지(P2)의 분포에 있어서는 대학교 간 차이가 통계적으로 유의하지 않았다(출력 생략).

| 대학 | 종교 | | | | 합계 |
|---|---|---|---|---|---|
| | 개신교 | 천주교 | 불교 | 없음 | |
| Y | 33 | 11 | 5 | 32 | 81 |
| | 40.7% | 13.6% | 6.2% | 39.5% | |
| K | 19 | 18 | 7 | 37 | 81 |
| | 23.7% | 22.2% | 8.6% | 45.7% | |
| 합계 | 52 | 29 | 12 | 69 | 162 |

결측값 빈도 = 2

| 통계량 | 자유도 | 값 | $p$-값 |
|---|---|---|---|
| 카이제곱 | 3 | 6.1545 | 0.1043 |
| 크래머의 V | | 0.1949 | |

위의 표는 대학교(UNIV) 간 종교(P3)의 분포를 비교해서 보여준다. Y대학이 K대학에 비하여 개신교(P3=1)의 빈도가 큰 반면 천주교(P3=2)와 종교없음(P3=5)의 빈도가 작은 경향이 있으나, 통계적으로 유의하지는 않다(카이제곱 $p$-값=0.104, 크래머의 $V$=0.195). 이는 Y대학이 개신교와 관련 있기 때문인 것으로 보인다. 또한 결측값(기타, P3=4)이 2개 있음을 알 수 있다.

| 대학 | 소비성향 1 | | | | | 합계 |
|---|---|---|---|---|---|---|
| | 1 | 2 | 3 | 4 | 5 | |
| Y | 6 | 21 | 34 | 21 | 0 | 82 |
| | 7.3% | 25.6% | 41.7% | 25.6% | 0.0% | |
| K | 5 | 29 | 31 | 16 | 1 | 82 |
| | 6.1% | 35.4% | 37.8% | 19.5% | 1.2% | |
| 합계 | 11 | 50 | 65 | 37 | 1 | 164 |

| 통계량 | 자유도 | 값 | $p$-값 |
|---|---|---|---|
| 카이제곱 | 4 | 3.1850 | 0.5273 |
| Mantel-Haenszel 카이제곱 | 1 | 0.6272 | 0.4284 |
| 크래머의 V | | 0.1394 | |
| 감마 | | -0.1186 | |

앞의 표는 대학교(UNIV) 간 소비성향1(C1: "장신구나 액세서리들을 많이 갖고 싶다")의 분포를 비교해서 보여준다. 대학교 간 차이를 카이제곱 검정으로 살펴본 결과 유의하지 않았다(카이제곱 $p$-값=0.527, 크래머의 $V$=0.139).

그러나 이 교차표에서 열 범주들이 순서화되어 있음에 주목할 필요가 있다. 카이제곱 검정에는 열 범주들의 순서성이 반영되지 않는다. 교차표에서 행과 열이 순서화되어 있는 경우[1], 선형 연관성(lenear association)을 보는 것이 더 옳은 경우가 있다. 선형 연관성에 대한 검정은 위의 표에서 Mantel-Haenszel 카이제곱 검정으로 수행할 수 있다.

| 대학 | 소비성향 4 | | | | | 합계 |
|---|---|---|---|---|---|---|
| | 1 | 2 | 3 | 4 | 5 | |
| Y | 5 | 27 | 36 | 14 | 0 | 82 |
| | 6.1% | 32.9% | 43.9% | 17.1% | 0.0% | |
| K | 7 | 38 | 29 | 8 | 0 | 82 |
| | 8.5% | 46.3% | 35.4% | 9.8% | 0.0% | |
| 합계 | 12 | 65 | 65 | 22 | 0 | 164 |

| 통계량 | 자유도 | 값 | $p$-값 |
|---|---|---|---|
| 카이제곱 | 3 | 4.5851 | 0.2048 |
| Mantel-Haenszel 카이제곱 | 1 | 4.0725 | 0.0436 |
| 크래머의 V | | 0.1672 | |
| 감마 | | -0.2625 | |

변수 UNIV와 C1(소비성향1)의 선형 연관성에 대한 검정은 유의하지 않았다(MH 카이제곱 $p$-값=0.428, 감마=−0.119). 그러나 무방향 카이제곱 검정 결과와 Mantel-Haenszel 카이제곱 검정 결과가 다른 문항도 발견되었다. 예를 들어, 위의 표에서서와 같이 C4(소비성향4: "새로운 패션이나 유행을 빨리 받아 들이는 편이다")가 그렇다. 무방향 카이제곱 검정의 $p$-값은 0.205이지만, Mantel-Haenszel 카이제곱 검정은 유의함을 볼 수 있다(MH 카이제곱 $p$-값=0.044, 감마=−0.263). 이것은 Y대 학생들이 "새로운 패션이나 유행을 빨리 받아 들이는 편이다"에 상대적으로 긍정적(K대 학생들이 상대적으로 부정적)임을 나타낸다.

어떤 문항에서는 무방향 카이제곱 검정 결과와 Mantel-Haenszel 카이제곱 검정 결과가 모두 유의하게 나타났다. 변수 C9, C10이 그러하였나. 무방향 카이제곱 검정은 유의하나 Mantel-Haenszel 카이제곱 검정이 유의하지 않을 수도 있다. 이것은 행들의 열 분포가 중심에서는 일치하지만 형태가 다른 경우에 발생한다. C7이 그러하였다.

변수 S1부터 S10까지 10개 성 의식 문항에 대한 교차표 분석에 대한 출력과 해석은 여기서 생략한다.

[1]이항변수는 종종 순서형 변수로 간주될 수 있다.

### 9.2.2 [사례] $t$-검정

종합적인 '소비 성향' C와 '성 의식' S를 개별 항목 C1–C10 및 S1–S10으로부터 다음과 같이 구성하기로 한다.

C_sum = C1 + C2 + C3 + C4 + C5 + C6 + C7 + C8 + C9 + C10

S_sum = S1* + S2 + S3* + S4 + S5 + S6* + S7* + S8 + S9* + S10

단, '성 의식'에 대한 종합척도 계산 시 문항 S1, S3, S6, S7, S9에 대하여는 역코딩($S_i^* = 6 - S_i$)을 적용하기로 한다.

'소비 성향'(값이 클수록 소비성 성향이 많음을 나타냄)에 관한 종합척도 C_sum을 10개 항목의 합으로 둔 이유는 C1부터 C10까지 각 항목이 약간씩 다른 것을 재기는 하지만 대체적으로 '그렇다'는 높은 소비성을 '그렇지 않다'는 낮은 소비성을 반영하기 때문이다. 그러나, 결혼식에 대한 문항 C3, 자기개발 욕구에 관한 문항 C7, 저가품 · 고가품 선호에 대한 문항 C8 등 일부 문항은 이와 무관하지 않나 하는 회의를 가질 수도 있을 것이다. 종합척도의 신뢰도에 대하여는 8.5절에서 검토될 것이다.

'성 의식'(값이 클수록 성 의식이 진보적 · 개방적임을 나타냄)에 관한 종합척도 S_sum을 계산할 때, 일부 문항들에 대하여는 역코딩을 적용하였다. 그 이유는 S1–S10 중에서 어떤 문항(예컨대 S1, S3, S6, S7, S9)은 '그렇다'가 보수적 · 전통적인 견해이지만 또 어떤 문항(그 밖의 문항들)은 '그렇다'가 진보적 · 개방적인 견해이기 때문이다. 물론 여기서도 일부 문항의 속성에 대하여는 개인적으로 다른 견해를 가질 수도 있을 것이다. 따라서 이 척도에 대하여도 신뢰도를 검토할 필요가 있다.

종합척도 C_sum과 S_sum에 대하여 대학교(UNIV) 간 차이가 있는가를 보자. 각 변수에 대하여 대학간 평균 차이를 $t$-검정을 통해 분석해 보자는 것이다.

| 변수 | 대학 | N | 평균 | 표준편차 | $t$-값 | $p$-값 |
|---|---|---|---|---|---|---|
| C_sum | Y | 82 | 32.342 | 4.225 | 2.08 | 0.0389 |
| | K | 82 | 30.951 | 4.326 | | |
| | 차이 | | 1.390 | 4.276 | | |
| S_sum | Y | 82 | 32.195 | 4.723 | -0.75 | 0.4539 |
| | K | 82 | 32.781 | 5.249 | | |
| | 차이 | | -2.125 | 4.993 | | |

위의 표로부터 '소비 성향' C_sum에 대한 두 대학교 간 평균 차이는 유의하지만($p$-값=0.039), '성 의식' S_sum에 대하여는 대학교 간 평균 차이가 유의하지 않음($p$-값=0.454)을 알 수 있다. 즉,

(1) '소비 성향'에 있어서 Y대학 여학생들이 K대학 여학생들에 비해 평균적으로 더 소비 지향적인 경향이 있는데, 이는 통계적으로 유의한 차이이며,
(2) '성 의식'에 있어서 K대학 여학생들이 Y대학 여학생들에 비해 평균적으로 더 개방적 · 진보적인 경향이 보이나, 이는 통계적으로 유의한 차이가 아니다.

그러나 이런 통계적 분석결과는 단순히 외견적인 것일 수 있기 때문에, 두 학교간 존재하는 인적 요소의 차이까지 고려한 일반선형모형 분석을 하여야 학교간 차이가 내재적인 것인지 아닌지를 알게 될 것이다. 다음 절에서 이를 다룬다.

### 9.2.3 [사례] 일반선형모형

소비 성향 C_sum과 성 의식 S_sum를 종속변수로 하고 대학(UNIV), 학년(P1), 거주형태(P2), 종교(P3)를 설명변수로 하는 2개의 일반선형모형을 생각해보기로 하자. 여기서는 4개 설명변수가 모두 범주형이다.

| Source | DF | Sum of Squares | Mean Square | F Value | Pr > F |
|---|---|---|---|---|---|
| Model | 10 | 208.192874 | 20.819287 | 1.12 | 0.3521 |
| Error | 151 | 2811.46762 | 18.618991 | | |
| Corrected Total | 161 | 3019.660494 | | | |

| R-Square | Coeff Var | Root MSE | C Mean |
|---|---|---|---|
| 0.068946 | 13.62357 | 4.314973 | 31.67284 |

| Source | DF | Type III SS | Mean Square | F Value | Pr > F |
|---|---|---|---|---|---|
| UNIV | 1 | 97.92610831 | 97.92610831 | 5.26 | 0.0232 |
| P1 | 3 | 78.51500239 | 26.17166746 | 1.41 | 0.2434 |
| P2 | 3 | 19.31796095 | 6.43932032 | 0.35 | 0.7922 |
| P3 | 3 | 29.55657694 | 9.85219231 | 0.53 | 0.6629 |

위의 표에서 제 3종 제곱합(Type III SS)을 살펴보면, 대학교(UNIV)가 통계적으로 유의한 설명변수이다($p$-값=0.023). 그러나 나머지 설명변수들인 P1, P2, P3는 유의하지 않다. 즉 '소비 성향'에 있어 대학교 간 평균 차이가 유의한 반면 학년, 거주형태, 종교 등에 대하여는 유의하지 않다.

| Parameter | Estimate | Standard Error | t Value | Pr > \|t\| |
|---|---|---|---|---|
| Intercept | 30.07429068 | 1.51612225 | 19.84 | <.0001 |
| UNIV 1 | 1.60222318 | 0.69863740 | 2.29 | 0.0232 |
| UNIV 2 | 0.00000000 | . | . | . |
| P1 1 | 0.61217146 | 1.09513233 | 0.56 | 0.5770 |
| P1 2 | 1.14475912 | 1.05236659 | 1.09 | 0.2784 |
| P1 3 | 2.00328471 | 1.04380322 | 1.92 | 0.0568 |
| P1 4 | 0.00000000 | . | . | . |
| P2 1 | -0.41646205 | 1.20844316 | -0.34 | 0.7309 |
| P2 2 | 0.15479237 | 1.97293431 | 0.08 | 0.9376 |
| P2 3 | 0.69208591 | 1.60651695 | 0.43 | 0.6672 |
| P2 4 | 0.00000000 | . | . | . |
| P3 1 | -0.29106077 | 0.81994771 | -0.35 | 0.7231 |
| P3 2 | 0.27848140 | 0.98103271 | 0.28 | 0.7769 |
| P3 3 | 1.51297654 | 1.38109744 | 1.10 | 0.2750 |
| P3 5 | 0.00000000 | . | . | . |

위의 표에서 각 설명변수의 마지막 범주의 수량화 값(추정모수)이 0으로 되어 있다. 추정모수 출력에서 대학 UNIV=1(Y대학)이 1.60으로 수량화되고 UNIV=2(K대학)은 0.00으로 수량화됨을 볼 수 있다. 즉, Y대학이 K대학에 비해 '소비 성향'의 척도 상에서 1.60만큼 높다고 할 수 있다.

다른 변수들의 경우 통계적으로 유의하지는 않지만, 수량화 결과를 해석하여 보면 다음과 같다. 1학년은 0.61, 2학년은 1.14, 3학년이 2.00, 4학년이 0.00으로 수량화되어 P1(학년)은 2.00의 범위를 가진다. 한편, P2(거주형태)는 자택 및 친척집이 −0.42, 하숙이 0.15, 자취가 0.69, 기숙사가 0.00으로 P2(거주형태)는 1.11의 범위를 가진다. 풀어보면, 3학년이 가장 높은 '소비 성향'을 보이고 4학년이 가장 낮은 '소비 성향'을 가지며, 주거형태 중에는 자취가 가장 높은 '소비 성향'을, 자택 및 친척집이 가장 낮은 '소비 성향'을 갖고 하숙과 기숙사는 이들의 중간에 있다. P3(종교)에 대한 수량화 결과를 보면, 기독교가 −0.29, 천주교가 0.27, 불교가 1.51, 무종교가 0.00으로서 1.80의 범위를 갖는다.

'성 의식' 척도 S에 대하여도 이와 같은 방식으로 분석을 수행하여 그 결과를 해석하여 보기 바란다(출력 생략).

### 9.2.4 [사례] 상관분석

소비 성향과 성 의식은 어떤 관계에 있는가? 상관 정도를 살펴보기로 하자.

| 피어슨 상관 계수, N = 164<br>H0: Rho=0 가정하에서 Prob > \|r\| | | |
|---|---|---|
| | 소비 성향 | 성 의식 |
| 소비 성향 | 1.00000 | −0.15571<br>0.0465 |
| 성 의식 | −0.15571<br>0.0465 | 1.00000 |

두 변수 간 상관계수는 −0.156으로 나타났다($p$-값=0.047). 즉, 소비 성향과 성 의식은 절대값이 크지는 않지만 음의 상관이 있는데, 이는 소비 성향이 클수록 성 의식이 보수적인 경향이 있고, 역으로 소비 성향이 작을수록 성 의식이 진보적인 경향이 있음을 의미한다.

### 9.2.5 [사례] 신뢰도 분석

제6장에서 설명한 바와 같이 $k$개 문항의 합으로 구성된 지수의 신뢰도는 크론바흐(Cronbach)의 알파로 측정된다. 알파 계수는 그 지수가 독립적으로 2회 측정되는 경우 1차 측정과 2차 측정 간 상관에 대한 추정치이다.

| 크론바흐의 α계수 | |
|---|---|
| 변수 | α계수 |
| 원데이터 | 0.600316 |
| 표준화 | 0.609954 |

| 변수를 제외했을 때의 크론바흐의 α계수 | | | | |
|---|---|---|---|---|
| | 데이터 변수 | | 표준화된 변수 | |
| 제외한 변수 | 합계에 대한 상관 계수 | α계수 | 합계에 대한 상관 계수 | α계수 |
| C1 | 0.288339 | 0.571537 | 0.293241 | 0.581782 |
| C2 | 0.120190 | 0.613815 | 0.109564 | 0.623425 |
| C3 | 0.229393 | 0.587642 | 0.224478 | 0.597753 |
| C4 | 0.479163 | 0.530563 | 0.488253 | 0.533911 |
| C5 | 0.307916 | 0.566136 | 0.308163 | 0.578255 |
| C6 | 0.232404 | 0.585837 | 0.230224 | 0.596436 |
| C7 | 0.112742 | 0.608057 | 0.120563 | 0.621022 |
| C8 | 0.072757 | 0.619947 | 0.079890 | 0.629851 |
| C9 | 0.544220 | 0.512090 | 0.548052 | 0.518445 |
| C10 | 0.446670 | 0.531604 | 0.464843 | 0.539863 |

위의 표는 소비성향 문항 C1−C10에 대한 신뢰도 분석 결과이다. 소비성향 지수 C의 신뢰도 알파계수는 0.600로서 수용할 수 있는 수준이며, 특별히 문제가 되는 변수는 없는 것으로 보인다.

| 크론바흐의 α계수 | |
|---|---|
| 변수 | α계수 |
| 원데이터 | 0.645192 |
| 표준화 | 0.638726 |

| 변수를 제외했을 때의 크론바흐의 α계수 | | | | |
|---|---|---|---|---|
| | 데이터 변수 | | 표준화된 변수 | |
| 제외한 변수 | 합계에 대한 상관 계수 | α계수 | 합계에 대한 상관 계수 | α계수 |
| S1 | 0.647397 | 0.542782 | 0.639257 | 0.536898 |
| S2 | 0.215540 | 0.642018 | 0.204023 | 0.635072 |
| S3 | 0.201087 | 0.643256 | 0.205833 | 0.634699 |
| S4 | 0.383008 | 0.605863 | 0.387373 | 0.595796 |
| S5 | 0.209447 | 0.639239 | 0.200900 | 0.635716 |
| S6 | 0.457795 | 0.583708 | 0.462873 | 0.578756 |
| S7 | 0.179630 | 0.643546 | 0.175775 | 0.640866 |
| S8 | 0.142746 | 0.654880 | 0.144216 | 0.647258 |
| S9 | 0.359103 | 0.609855 | 0.353300 | 0.603318 |
| S10 | 0.313880 | 0.619706 | 0.310598 | 0.612600 |

앞에서 설명한 바와 같이 성의식 S의 경우 10개 문항 S1부터 S10 중에서 S1, S3, S6, S7, S9은 신뢰도 분석 이전에 역코딩을 수행하여야 한다(즉, 1, 2, 3, 4, 5를 각각 5, 4, 3, 2, 1로 바꾼다). 위의 표는 성의식 문항 S1−S10에 대한 신뢰도 분석 결과이다. 성의식 지수 S의 신뢰도 알파계수는 0.645로서 수용할 수 있는 수준이며, 특별히 문제가 되는 변수는 없는 것으로 보인다.

## 9.3 보고서 작성

조사자료에 통계적 분석을 하고나면 그 결과를 엮어 조사결과 보고서를 작성한다. 보고서에는 조사에 관한 모든 정보가 간결하면서도 정확하게 기록되어야 한다.

### 9.3.1 보고서의 양식

보고서에는 통계조사 과정과 결과를 정리하여 기록한다. 꼭 어떤 양식을 따라야 하는 것은 아니지만 다음 양식이 그런대로 표준적이라고 할 수 있다. 참고하기 바란다.

⟨사례 9.1⟩ 보고서의 양식

겉장: 제목, 조사자/단체 이름, 출간일

본문: 0. 요약

1. 조사 목적
2. 조사 설계
   2.1 표집방법
   2.2 조사방법
   2.3 주요 설문내용
3. 주요 결과
   3.1 ...
   3.2 ...
   3.3 ...
   3.4 ...
4. 결론 또는 맺음말

별첨: 부록 1. 설문지

부록 2. 문항별 집계결과

---

### 9.3.2 [사례] 보고서

이 절에서는「Y대와 K대 여학생 조사」의 사례를 이용하여 작성된 보고서의 예를 제시한다. 여기서는 지면 관계상 겉장을 따로 두지는 않는다.

---

**K대학교와 Y대학교 여학생의 소비성향 및 성의식 비교**

K대학교 통계학과

김OO, 이OO, 박OO

OOOO년 O월

**<요약>**

개교이래 상호 경쟁관계에 있는 K대학교와 Y대학교는 여러 측면에서 대비되는 것으로 인식되어 왔다. 본 조사연구에서는 조사대상을 여학생으로 한정하여 소비성향과 성의식의 두 측면에서 비교해보고자 한다. 조사결과는 양교 여학생들의 행태와 의식을 정확히 인지하는데 도움을 줄 것이다.

### 1. 조사 목적

K대학교와 Y대에학교 재학중인 여학생들을 대상으로 소비성향과 성의식을 조사하여 비교하고자 한다. 소비성향은 소비에 대한 태도의 적극성, 정보의 활용도, 생활양식 등으로 측정하고 성의식은 여성관의 전통성·보수성과 진보성·개방성의 대비에 균형을 두어 측정한다. 본 조사연구의 의의는 그 동안 회자되어오던 양교간 특성차이를 실증적으로 규명하는 데 있다.

### 2. 조사 설계

2.1 표집방식

K대학교에서는 문과대학과 사범대학의 두 단과대학을 제외하면 여학생의 비율이 미미하다. 그런 이유로 두 단과대학의 출구에서 매 시간단위로 자료수를 비례할당하여 표집하였다. Y대학교에서는 정문 출구에서 매 시간단위로 자료수를 비례할당하여 표집하였다. 표본크기는 시간과 여건의 제약으로 고려대학교와 연세대학교에서 각각 82명씩 총 164명으로 하였다.

2.2 조사방식

자기식(自記式) 면접방법으로 주어진 설문지를 기입하게 하였고 응답자에게는 소정의 사례품을 증정하였다. 본조사는 OOOO년 O월 xx일부터 1주일간 실시되었다.

2.3 주요 설문내용

1) 인적사항: 학과, 학년, 주거형태, 종교
2) 소비성향: 소비에 대한 태도, 정보, 생활양식 등에 관한 10개 문항
3) 성의식: 여성관의 전통성·보수성과 진보성·개방성에 관한 10개 문항

### 3. 주요 결과

3.1 자료의 특성

1) 학년:

…

2) 거주지:

…

3) 종교:

…

3.2 소비성향 비교

(... 앞 절의 분석결과를 요약하여 제시함 ...)

3.3 성의식 비교

(... 앞 절의 분석결과를 요약하여 제시함 ...)

**4. 결론**

K대학교와 Y대학교의 여학생들을 대상으로 소비성향과 성의식을 비교해 본 결과, 소비성향에 있어서는 Y대학교 여학생들이 K대학교 여학생들에 비해 적극적·정보활용적·소비지향적인 것으로 나타났다.

성의식에 있어서는 학교간 차이보다는 종교가 큰 영향을 주는 것으로 드러났다.

학교간 차이가 통계적으로 유의하지는 않았지만 고려대 여학생들이 연세대 여학생들에 비해 다소 개방적·진보적이였다.

**부록 1. 설문지**

(... 설문지를 제시함 ...)

**부록 2. 문항별 집계 결과**

(1)호사스런 장신구나 액세서리를 많이 갖고 싶다.

| | 결코... | 아니다 | 보 통 | 그렇다 | 매우... | 합계 |
|---|---|---|---|---|---|---|
| Y 대학 | 6 | 21 | 34 | 21 | 0 | 82 |
| K 대학 | 5 | 29 | 31 | 16 | 1 | 82 |
| 합계 | 11 | 50 | 65 | 37 | 1 | 164 |

(2) 신문을 읽는 것보다 TV 보는 것을 좋아한다.

| | 결코... | 아니다 | 보 통 | 그렇다 | 매우... | 합계 |
|---|---|---|---|---|---|---|
| Y 대학 | 4 | 27 | 17 | 31 | 3 | 82 |
| K 대학 | 4 | 27 | 23 | 26 | 2 | 82 |
| 합계 | 8 | 54 | 40 | 57 | 5 | 164 |

(3) 결혼식은 결혼하는데 꼭 필요한 절차라고 생각한다.

| | 결코... | 아니다 | 보 통 | 그렇다 | 매우... | 합계 |
|---|---|---|---|---|---|---|
| Y 대학 | 2 | 14 | 12 | 41 | 13 | 82 |
| K 대학 | 1 | 16 | 16 | 31 | 18 | 82 |
| 합계 | 3 | 30 | 28 | 72 | 31 | 164 |

(... 후략 ...)

---

앞에서도 말하였지만 보고서의 형태는 얼마든지 다를 수 있다. 중요한 요인은 그 보고서가 누구를 겨냥한 것인가이다. 조직체의 최고책임자에게 보고되어야 하는 경우, 또는 신문 등의 언론매체에 배포할 보도 자료로 쓸 요량이라면, 3-4 페이지 이내로 간략히 축약되어야 할 것이다. 그러나 소그룹의 전문가 모임에서 토의 자료로 쓸 것이라면 이보다는 훨씬 상세한 보고서가 필요할 것이다.

통계조사의 규모가 큰 경우 조사보고서는 100 페이지 이상 되는 책의 형태가 되기도 한다. 이런 경우는 머리말과 차례가 필요하다. 머리말은 조직체의 최고책임자 또는 해당 부서 책임자가 쓰는 것이 관례이다. 차례는 각 장과 절의 페이지 번호를 보여준다. 별도로 그림과 표의 차례를 둘 수도 있다.

<사례 9.2> 참고문헌의 기재 방식

학술적인 조사보고서라면 참고문헌을 두는 것이 필요하다. 참고문헌의 기재 방식은 다양하지만 다음 형식을 따를 것을 권고한다.

- 허명회 (1991). "설문지·시험지 문항의 신뢰성분석", ≪응용통계연구≫, 4권 1호. 93-114. (국내 학술지 논문의 경우)
- 허명회 (2010). ≪조사방법론 강의≫. 자유아카데미, 서울. (국내 간행 책의 경우)
- Cochran, W.G. (1963). *Sampling Techniques.* Wiley, New York. (국외 간행 책의 경우)
- Gabriel, K.R. (1986). "Biplot display of multivariate matrices with applications to principal component analysis", *Biometrika* **58**. 453-467. (국외 학술지 논문의 경우)

---

## 9.4 조사결과의 보고 시 주의사항

조사방법은 충분히 자세하게 기록되어야 한다. 조사방식과 표본추출에 대하여 실제 어떻게 실행되었는지가 정직하게 자세히 기술되어야 한다. 또한 실사 응답률이 측정되고 공표되어야 한다.

설문지는 측정도구이다. 설문지는 조사 보고서의 독자가 조사 결과를 해석하면서 참조할 수 있어야 한다. 그런 이유로 설문지를 조사 보고서에 부록으로 첨부한다.

조사보고서를 완료하고 나서도 몇 가지 마무리할 일이 남아 있다.

첫째, 조사 결과의 프리젠테이션이다. 조사자의 공력을 주변에 제대로 알릴 필요가 있다. 이를 위해 효과적인 커뮤니케이션이 필요하다. 프리젠테이션은 1인극(劇)이다. 포인트가 없는 프리젠테이션은 실패한다.

둘째, 관련 자료의 보관과 정리이다. 응답설문지는 일정기간 동안 보관되어야 한다. 자료 파일과 프로그램 등은 적절하게 정리하여 보관하여야 한다. 여러 차례 편집 작업으로 여러 버전의 파일이 생성되는 경우 이들을 구분하기 위하여 파일명의 일부로 날자를 넣는 방법이 추천된다. 예컨대 Survey Data 20100625.sav, Survey Data 20100626.sav, Survey Data 20100627.sav 등이다.

셋째, 조사 프로세스 전반에 대한 재검토이다. 모집단과 프레임, 표본추출, 설문지, 실사 관련 사후적으로 볼 때 미흡하였던 점들을 정리해 두고 차후 개선책을 모색할 필요가 있다. 다음은 조사에서의 4대 오차이다.

- 비포함 오차(coverage error): 프레임이 모집단 전체를 포함하지 못함으로 인해 발생한다. 모집단과 프레임의 일치도를 검토해볼 필요가 있다.
- 표본추출 오차(sampling error): 조사를 모집단의 일부인 표본에 국한함으로써 발생한다. 확률적 표본추출의 경우 이 오차는 크기를 예상할 수 있으며 통제가 가능하다. 그러나 비확률적 표본추출의 경우는 그렇지 않다.
- 측정 오차(measurement error): 설문지가 측정 도구로서 결함을 갖기 때문에 발생한다. 설문이 개선되어야 한다.
- 무응답 오차(nonresponse error): 이상적으로는 응답률이 100%여야 하지만 실제 그런 조사는 없다. 그러나 응답률이 낮은 조사는 응답자 그룹과 비응답자 그룹 간 체계적인 특성의 차이가 조사 오류로 전이된다.

조사연구에서 정직성과 투명성은 모든 조사자에게 가져야 할 최소요구 사항이다. 조사과정의 정확한 기록은 조사자가 갖춰야 할 중요한 덕목이다.

조사결과 보고서가 작성과정에서 조사자는 자신의 조사연구가 일정한 과학적 기준에 맞도록 보고해야 하며, 이를 위하여 몇 개의 기본 원칙을 준수해야 하는데, 여기서는 과학적 부정, 최소공개기준, 원자료 보호와 활용 등을 다루겠다.

### 9.4.1 조사부정과 최소공개기준

우리나라에서 과학적 부정(scientific misconduct)이 황우석 사건으로 큰 사회적 이슈가 된 일이 있었지만 그 건은 실험연구와 관련된 것이었다. 조사연구에서는 아직 그만한 건이 없었으나 논란의 소지는 충분히 있다.

- 날조(捏造, fabrication): 조사자가 특정 목적을 위하여 자료를 "만드는(make up)" 행위이다. 면접원이 실제 응답자로부터 응답을 취하지 않고 설문지를 가공 기입하는 경우도 이에 포함된다.
- 변조(變造, falsification): 고의로 자료일부를 편집하는 일, 또는 고의로 타당하지 않은 분석절차를 사용하거나 조사결과를 다르게 공표·보고하는 행위이다.
- 표절(剽竊, plagiarism): 조사 자료와 결과는 일종의 지적 자산(intellectual property)이다. 따라서 타인의 자료 또는 결과를 허락 없이 사용하는 것은 일종의 절도 행위이다.

자료의 수집, 편집과 분석 시 약간의 부주의가 큰 부정 의혹을 부를 수 있다. 따라서 조사자는 각 과정별·일정별 기록을 철저히 해야 할 필요가 있다. 실험연구자들이 연구 노트를 작성하듯이 조사연구자들은 조사 노트를 작성해야 한다.

조사책임자는 조사에 참여하는 조사원(면접원) 및 연구원에 일정한 윤리교육을 시행하고 정상적인 절차가 진행되고 있는지 점검해야 한다. 전화조사의 경우에는 실사감독자가 면접실 CATI 감청장비를 활용하여 면접원별 처리상황을 확인한다. 면대면 조사의 경우에는 실사감독자가 회수 질문지 일부를 재추출하여 전화로 확인작업을 한다.

조사결과의 공표 시에는 일정한 기준을 지켜야 한다. 다음은 미국여론조사협회(AAPOR, American Association for Public Opinion Research)의 최소공개기준(minimal disclosure standards)이다.

- 조사의 후원자와 주관사
- 조사 설문지 (질문과 답항, 지시문과 설명문 포함)
- 표본추출 프레임
- 표본추출 방법
- 표본의 크기, 선별 절차 및 응답률 등
- 조사의 정확도에 대한 정보 (추정 절차 및 표본추출 오차, 가중치 등)
- 표본 일부만 실제 사용된 경우
- 자료수집 방법, 장소 및 일시

| 조사후원 | The ABC Magazine, The XYZ Custom Research |
|---|---|
| 조사주관 | The XYZ Custom Research |
| 모집단 | 미국 내 성인 |
| 표본크기 | 1,001 |
| 자료수집방식 | 전화 (RDD 유선전화 및 무선전화) |
| 표본추출 | 확률 |
| 자료수집기간 | 2009/04/03 - 2009/04/07 |
| 총표본 추출오차범위 | ±3.1% (신뢰수준 95%) |
| 부표본 추출오차범위 | ±4.3% (신뢰수준 95%), 소득정산자 그룹 |
| 가중치 | 적용 |
| 응답률 | 15 % (AAPOR RR4) |
| 추가정보 | Susan G. Survey, The ABC Magazine<br>(123)456-7890, survey@magazine.com |

위 표의 내용은 AAPOR이 제시한 한 예이다(http://www.aapor.org/).

### 9.4.2 원자료의 보호와 활용

조사 원자료(raw data)는 통계적 용도 이외의 목적으로는 쓰일 수 없다. 따라서 조사자는 응답자의 개인정보와 응답내용이 외부에 알려지지 않도록 원자료를 보호할 책임이 있다.

한편으로 원자료는 다른 시각과 방법에 의한 재분석의 필요가 생긴다. 또한 메타 분석(meta analysis)을 위하여 원자료를 쌓아 놓을 필요가 있다. 조사자료는 크게 보면 사회의 공동자산이다.

원자료의 보호와 활용은 서로 충돌한다. 예컨대, 우리나라 인구주택총조사의 경우 조사표에 온갖 개인정보가 들어가 있는데 그것이 외부에 그대로 노출된다면 큰 일이 날 것이다. 그러나 그런 일을 너무 우려하여 많은 문항을 삭제하여 외부 연구자에 제공한다면 자료 활용도는 심하게 제약될 것이다.

따라서 중간점에서 절충을 취하는 수밖에 없다. 원자료를 적절한 수준에서 마스킹(masking, 얼굴가림)하여, 누구의 응답인지가 겨우 드러나지 않도록 최소의 가림 조치만 해야 한다. 이와 관련하여 최근 많은 조사연구가 이루어지고 있다.

### 9.4.3 조사결과의 해석

조사는 실험과는 달리 있는 그대로를 관찰하는 연구 방법이다. 따라서 특별한 경우를 제외하고는 인과적 추론(causal inference)을 할 수 없다. 예컨대, 현재의 흡연여부와 건강

상태를 조사한 결과 다음과 같이 나온 경우를 생각해보자.

| | Healthy | Not H. | Total |
|---|---|---|---|
| Smoking | 60 | 40 | 100 |
| No smoking | 40 | 60 | 100 |
| Total | 100 | 100 | 200 |

이것으로부터 흡연자가 더 건강하다고 말할 수는 있다(건강한 사람들의 흡연율이 더 높다고 말하는 것이 좋겠다). 그러나 흡연이 사람을 더 건강하게 한다고 말할 수는 없다.

조사 결과의 요약은 흔히 2차원 교차표(two-dimensional cross-tabulation)의 형태로 제시된다. 행(行, row)은 인구사회적 그룹으로 하고, 열(列, column)은 문항 반응으로 하여 행과 열의 관계를 살펴보게 된다. 그러나 2차원 교차표는 한 번에 두 변수 간 관계를 보여줄 뿐이어서 제3의 변수(배경변수, background variable)의 역할이 간과되는 경우가 있다. 예를 보도록 하자.

연령 그룹과 지지후보 간 관계 교차표가 다음과 같이 나왔다고 하자.

| | 후보 A | 후보 B | Total |
|---|---|---|---|
| Young | 60 | 40 | 100 |
| Old | 40 | 60 | 100 |
| Total | 100 | 100 | 200 |

이로부터 Young 그룹의 후보 A에 대한 지지율이 Old 그룹에 비하여 높다고 말할 수 있다.

그런데 학력(High/Low) 변수를 부차적으로 고려해보면 다음과 같이 된다고 하자.

| | 후보 A | 후보 B | Total |
|---|---|---|---|
| Young High | 48 | 32 | 80 |
| Young Low | 12 | 8 | 20 |
| Old High | 8 | 12 | 20 |
| Old Low | 32 | 48 | 80 |
| Total | 100 | 100 | 200 |

위 표는 Young 그룹에서 후보 A에 대한 지지율은 학력과 아무 관련이 없음을 보여준다. Old 그룹에서도 그렇다.

그런데 위 표를 학력 대 후보의 2차원 교차표로 정리해 보자.

| | 후보 A | 후보 B | Total |
|---|---|---|---|
| High | 56 | 44 | 100 |
| Low | 44 | 56 | 100 |
| Total | 100 | 100 | 200 |

이 표만 보면 학력과 지지후보 간 관계가 있는 것처럼 보인다. 고학력(High) 그룹에서 후보 A 지지율이 더 높다는 것이 사실이 아닌 것은 아니지만, 마치 학력이 후보선택에 영향을 주는 것처럼 해석되어서는 곤란하다.

이것은 Young 그룹의 후보 A 지지율이 Old 그룹에 비하여 높고, 다음 표와 같이 단지 Young 그룹의 학력수준이 Old 그룹의 학력수준에 비하여 높아서 생기는 착시 현상이기 때문이다.

| | High | Low | Total |
|---|---|---|---|
| Young | 80 | 20 | 100 |
| Old | 20 | 80 | 100 |
| Total | 100 | 100 | 200 |

교차표가 관측 현상을 명백히 보여주는 것은 사실이다. 그러나 어떤 형태와 차원의 교차표를 만들어 볼 것인가는 전적으로 연구자의 통찰력에 달려 있다.

## 9.5 프리젠테이션

조사를 마치면 그 결과를 프리젠테이션 하게 되기 마련이다. 예전에는 통상 오버헤드 프로젝터와 투명 플라스틱 필름을 썼지만, 요즘은 대개 노트북 PC, 파워포인트와 빔 프로젝터를 사용한다. 예전에 비해 대부분 좋아졌지만 한 가지 점에서는 나빠졌다. 그 한 가지는 발표자가 시선을 스크린에 둠으로써, 청중과 눈 맞춤(eye contact) 커뮤니케이션이 소홀해지는 경향이 생겼다는 점이다. 발표자는 스크린이 아니라 노트북 화면과 청중에 시선을 두어야 한다.

프리젠테이션은 청중이 누구이냐에 따라 달라진다. 조사 결과의 프리젠테이션에서는 크게 두 가지 경우가 있다.

- 자료 사용자를 대상으로 하는 경우: 조사 내용과 결과의 전달에 치중하게 된다. 그렇다고 조사 모집단, 프레임과 표본추출, 표본의 크기, 조사방식, 응답률 등 조사방법론 관련 기본 사항을 생략할 수는 없다.

- 조사방법론 전문가를 대상으로 하는 경우: 조사 모집단, 프레임과 표본추출, 표본의 크기, 조사방식, 응답률 등 조사방법론 관련 기본 사항은 물론 가중치 산출, 결측값 처리 등 기술(技術)적 부분에 중점을 두게 된다.

따라서 어떤 사람들을 대상으로 하는 프리젠테이션인가를 사전에 파악해야 한다.

프리젠테이션에서 유용한 팁(tip)들은 너무 많아서 여기에는 정말 중요한 몇 가지만 제시한다.

○ 시간 준수: 발표에 주어진 시간을 알아보고 이에 맞는 분량을 준비한다. 1분에 1매 정도가 적절하다.
○ 품위와 절제: 발표 내용과 별 관련 없는 사진과 동영상은 청중의 집중력에 방해가 된다.
○ 글자 크기: 맨 마지막 줄의 청중이 어렵지 않게 볼 수 있을 정도로 글자가 커야 한다.
○ 역지사지(易地思之): 자신이 프리젠테이션을 받는 입장이라고 생각해 보라.
○ 시간엄수: 아무리 강조해도 지나침이 없다.

## 9.A [부록] SAS 프로그램의 사용 예

여기에서는 이 장에서 다루었던 분석 사례들에 대한 SAS 프로그램의 사용 예를 설명한다.

### ○ 자료 입력 및 확인 – 빈도분석

```
PROC FREQ DATA=survey.university;
     TABLES univ p1-p3 c1-c10 s1-s10;
RUN;
```

- FREQ Procedure: 빈도분석 및 다양한 형태의 연관성 분석을 수행한다.
- TABLES 명령문: 빈도분석에 사용될 변수들을 지정한다.

### ○ 교차표 분석

```
DATA survey.university1;
     SET survey.university;
     IF p3=4 then p3=.;
RUN;

PROC FREQ DATA=survey.university1;
     TABLES UNIV*(p1 p2 p3) / NOPERCENT NOCOL CHISQ;
RUN;
```

```
PROC FREQ DATA=survey.university1;
     TABLES UNIV*(c1-c10) / NOPERCENT NOCOL CHISQ MEASURES;
RUN;

PROC FREQ DATA=survey.university1;
     TABLES UNIV*(s1-s10) / NOPERCENT NOCOL CHISQ MEASURES;
RUN;
```

- DATA Step: 변수 p3의 값 4를 결측값을 바꾼다.
- TABLES 명령문: X*Y의 형태로 교차표를 작성할 변수들의 조합을 지정한다.
  - NOPERCENT: 전체 백분률을 출력하지 않는다.
  - NOCOL: 행 백분률을 출력하지 않는다.
  - CHISQ: 카이제곱 검정을 수행하고 이와 관련된 통계량들을 출력한다.
  - MEASURES: Mantel-Haenszel 카이제곱 검정을 수행하고 다양한 연관성 측도들을 출력한다.

### ○ $t$-검정

```
DATA survey.university2;
     SET survey.university1;
     s1 = 6-s1;
     s3 = 6-s3;
     s6 = 6-s6;
     s7 = 6-s7;
     s9 = 6-s9;
     c_sum = c1 + c2 + c3 + c4 + c5 + c6 + c7 + c8 + c9 + c10;
     s_sum = s1 + s2 + s3 + s4 + s5 + s6 + s7 + s8 + s9 + s10;
RUN;

PROC TTEST DATA=survey.university2;
     CLASS univ;
     VAR c_sum s_sum;
RUN;
```

- DATA Step: 변수 s1, s3, s6, s7, s9에 대하여 역코딩을 수행한다. 또한 문항들의 합점수 c_sum과 s_sum을 구한다.
- TTEST Procedure: 두 집단의 평균 차이에 대한 $t$-검정을 수행한다.
- CLASS 명령문: 집단 변수를 지정한다.
- VAR 명령문: 반응변수(종속변수)들을 지정한다.

### ○ 일반선형모형

```
PROC GLM DATA=survey.university2;
     CLASS univ p1 p2 p3;
     MODEL c_sum s_sum = univ p1 p2 p3 / SOLUTION;
RUN;
```

- GLM Procedure: 일반선형모형(general linear model)에 의한 분석을 수행한다.
- CLASS 명령문: 설명변수(독립변수) 중 범주형 변수들을 지정한다.
- MODLE 명령문: 등호의 왼쪽에는 반응변수(종속변수)를 지정하고, 등호의 오른쪽에는 설명변수(독립변수)들을 지정한다.
  - SOLUTION: 계수 추정치와 이에 대한 검정 결과를 출력한다.

### ○ 상관분석

```
PROC CORR DATA=survey.university2;
     VAR c_sum s_sum;
RUN;
```

- CORR Procedure: 양적변수들에 대한 상관분석을 수행한다.
- VAR 명령문: 분석에 사용될 변수들을 지정한다.

### ○ 내적일관성 신뢰도 분석

```
PROC CORR DATA=survey.university2 ALPHA NOCORR;
     VAR c1-c10;
RUN;

PROC CORR DATA=survey.university2 ALPHA NOCORR;
     VAR S1-S10;
RUN;
```

- ALPHA 옵션: 크론바흐(Cronbach)의 알파 계수에 의한 신뢰도 분석을 수행한다.
- NOCORR 옵션: 상관계수를 출력하지 않는다.

## 9.B [부록] 실험적 조사설계

자료는 실험에 의해서도 얻어질 수 있다. 실험(experiment)은 연구대상이 되고 있는 변수 간의 관계에 대한 통제를 최대화하고자 하는 연구설계의 한 형태를 말한다. 대부분의 조사가 연구대상 집단의 실태나 변수 간의 관계를 파악하려는 것인데 반해 실험은 변수 간의 인과관계를 밝혀낼 수 있는 과학적 방법이다.

실험에서 연구자에 의해 조작되는 원인적 변수를 **독립변수**(independent variable; 설명변수, 요인)이라고 하며, 독립변수의 원인을 받아 결과로 나타나는 변수를 **종속변수**(dependent variable; 반응변수)라고 한다. 또한 실험에서 직접 취급되지는 않지만 종속변수에 영향을 미치는 변수를 **외생변수**(exogenous variable)라고 한다.

### 9.B.1 실험적 조사설계의 유형

사회과학 연구에서 수행하는 실험적 조사설계의 유형은 다음과 같은 것들이 있다.

**○ 순수실험설계(진실험설계)**

실험대상의 무작위할당, 독립변수의 조작, 실험의 통제 등 실험적 조건을 갖춘 설계유형이다.

- 통제집단 사전-사후 비교설계: 실험집단과 통제집단의 두 집단을 무작위할당으로 구분하고, 실험집단에는 실험처치(독립변수에 대한 조작)를 하고 통제집단에는 실험처치를 하지 않는다. 두 집단에 종속변수에 대한 사전검사와 사후검사를 실시하여 비교한다.
- 통제집단 사후 비교설계: 실험집단과 통제집단의 두 집단을 무작위할당으로 구분하되, 사전검사는 실지하지 않고 사후검사만을 실시한다.
- 솔로몬 4집단 설계: 연구대상을 4개의 그룹으로 무작위할당하여 2개의 그룹을 실험집단, 다른 2개의 그룹을 통제집단으로 구분한다. 실험집단과 통제집단 각각에서 1개의 그룹에는 사전검사와 사후검사를 실시하고 다른 1개의 그룹에는 사후검사만 실시한다.

**○ 유사실험설계(준실험설계)**

순수실험설계와 가장 큰 차이점은 무작위할당의 가능여부이다. 실험대상의 무작위할당, 독립변수의 조작, 실험의 통제 등 실험적 조건 중 일부가 결여된 설계유형이다.

- 비동질 통제집단설계: 실험집단과 통제집단의 두 집단을 임의적으로 구분하고, 두 집단에 대해 사전검사와 사후검사를 실시하여 비교한다.
- 단순 시계열설계(단일집단 반복설계): 실험의 이전 또는 이후의 여러 번에 걸쳐 반복적으로 결과를 측정한다.
- 복수 시계열설계(통제 시계열설계): 단순 시계열 설계에 통제집단을 추가한 것이다.
- 분리표본 사전사후검사 설계: 통제집단에는 사전조사만 실시하고 실험집단에는 실험처치 후 사후검사만을 실시한다.

○ **전실험설계**

무작위할당에 의해 실험대상이 선정되지 않고, 통제집단이 선정되지 않았거나 선정되어도 동질성의 확보가 어려운 경우에 해당한다.

- 1회 사례연구: 어떤 단일집단에 실험처치를 하고 반응변수(종속변수)의 특성을 검사하여 결과를 평가한다.
- 단일집단 전후 비교설계: 실험대상에 사전검사를 하고 실험처치를 한 후 사후검사를 하여 효과(인과관계)를 평가한다.
- 정태집단 비교설계: 실험집단과 통제집단을 임의적으로 구분하고, 실험집단은 실험처치를 하고 통제집단은 하지 않은 상태에서 결과를 비교한다.

○ **비실험설계(사후실험설계)**

실험대상의 선정이나 실험처치 등에서 실험적인 연구방법을 사용할 수 없는 상황에서 횡단적 또는 종단적 연구설계에 의해 현상과 특성을 관찰한다.

## 9.B.2 실험적 조사설계의 타당도

실험적 조사가 타당하게 설계되어 있는지는 크게 내적 타당도와 외적 타당도로 평가된다.

○ **내적 타당도**

실험적 처리가 실제로 의미 있는 차이를 가져왔는가를 나타내는 것으로 독립변수가 종속변수의 변이에 직접적으로 기여한 원인이라고 정확하게 결론 지을 수 있는 정도를 의미한다. 내적 타당도를 저해하는 요인은 다음과 같은 것들이 있다.

- 특정 사건의 영향: 연구 기간 중에 예상치 않았던 우연한 사건이 결과에 영향을 미친다.
- 성숙효과: 시간이 경과나 자연적인 성숙효과에 의해 연구대상이나 현상에 변화가 발생함으로써 결과에 영향을 미친다.
- 시험효과: 실험대상에 동일한 측정을 반복할 경우 검사의 경험 자체가 결과에 영향을 미친다.
- 검사도구 효과: 측정도구가 달라짐으로 인해 결과에 영향을 미친다.
- 통계적 회귀: 사전검사에서 지나치게 낮거나 높은 측정값을 보인 결과가 이후의 측정에서 평균으로 회귀하는 현상을 가질 수 있다.
- 대상자 선정 편향: 연구대상을 선별할 때 편향된 표본이 뽑힘으로써 실험의 효과를 제대로 파악할 수 없다.

- 실험대상자의 탈락: 실험대상자들이 실험 도중에 탈락함으로써 결과에 영향을 미친다.
- 모방효과: 실험대상자 간의 상호작용이나 모방으로 인해 실험의 효과가 불분명해질 수 있다.

실험의 내적 타당도를 높이기 위해 실험집단과 통제집단의 동질성을 확보하는 외생변수 통제 방법에는 무작위할당(randomization), 두 집단에서 외생변수들의 분포가 동일하게 나타나도록 하는 균형화(matching), 외생변수가 실험에 개입되지 않도록 하는 제거(elemination), 외생변수의 서로 다른 조건에서 실험하는 상쇄(counter balancing) 등이 있다.

### ○ 외적 타당도

실험에 의해 얻어진 결과를 어느 정도 일반화할 수 있는가를 나타내는 정도를 의미한다. 외적 타당도를 저해하는 요인은 다음과 같은 것들이 있다.

- 표본의 대표성: 실험의 대상, 환경, 절차 등이 모집단의 일반적인 상황과 유사하지 않으면 결과를 일반화하기 어렵다.
- 실험조사에 대한 반응성: 실험대상자가 실험을 의식하여 반응함으로써 결과가 왜곡될 수 있다. 예) 위약효과(placebo effect).
- 생태적 대표성: 실험의 상황과 결과가 적용되는 현실의 상황이 다름으로 인해 일반화가 어려울 수 있다.
- 다중실험의 효과: 다수의 실험을 함으로써 개별 실험처치의 효과가 불분명해질 수 있다.

# 찾아보기

**|저자 소개|**

**허명회** 서울대학교 자연과학대학 계산통계학과 (졸업)
미국 스탠포드대학교 대학원 통계학과 (통계학 박사)
현: 고려대학교 정경대학 통계학과 교수
e-mail : st420@korea.ac.kr

**강현철** 고려대학교 정경대학 통계학과 (졸업)
고려대학교 대학원 통계학과 (이학 박사)
현: 호서대학교 사회과학대학 응용통계학과 교수
e-mail : hychkang@hoseo.edu

**한상태** 고려대학교 정경대학 통계학과 (졸업)
고려대학교 대학원 통계학과 (이학 박사)
현: 호서대학교 사회과학대학 응용통계학과 교수
e-mail : sthan@hoseo.edu



**사례를 활용한 통계조사의 이해**

| 저　　자 허명회 · 강현철 · 한상태
| 발 행 인 주정희
| 발 행 처 자유아카데미
| 주　　소 경기도 파주시 회동길 37-42
파주출판도시
| 전　　화 031-955-1321
| 팩　　스 031-955-1322
| 홈페이지 www.freeaca.com
| 전자우편 main@freeaca.com(대표)
editor@freeaca.com(편집)
crm@freeaca.com(영업)
| 등　　록 제406-2003-017호, 1980. 7. 12
| 제1판1쇄 2015년 10월 20일 발행
| 정　　가 18,000원





ISBN 979-11-5808-040-2 93310